双语经典

格列佛游记

〔英国〕乔纳森·斯威夫特 著

杨昊成 译

译林出版社

目　录

译　序

一

　　不论是不是真正读过，或者通读过，大约所有人都知道《格列佛游记》是一部世界名著。在中国读者中，乔纳森·斯威夫特的名字或者不如莎士比亚、狄更斯、萧伯纳来得响亮，可是他的"小人国"、"大人国"的故事倒差不多称得上家喻户晓了。我记得十多年前中学英语的课本上好像就有过"小人国"游记的节选，当然是简写过的。这么一来，在"家喻户晓"的同时，《格列佛游记》在一般人的心中仿佛成了一本儿童读物。那么到底是不是呢？如果不是，它究竟又是怎样的一部书？

　　《格列佛游记》是一部奇书，但我不同意有些评论家的观点，认为这是一本"儿童读物"。神奇的想象、夸张的手段、寓言的笔法（第四卷），固然是一般儿童读物普遍的特点，但《格列佛游记》是以其杰出的讽刺而名垂世界文学史的，而斯威夫特的大名，至少在英国讽刺作家中，至今仍罕有其匹。也实在是斯威夫特的手段太高明了，把那些乌有之邦的故事讲得煞有介事，连最容易被人忽视的细节也描写得一丝不苟，以致近三百年来多少读者只贪婪地享受书中那异想天开的情节和横生的妙趣，而不去管那些故事背后的意义以及作者写这部游记的真正动机。

《格列佛游记》一共由四部分组成。第一卷利立浦特（小人国）游记和第二卷布罗卜丁奈格（大人国）游记写于一七二一年至一七二二年之间。第四卷慧骃国游记先于第三卷，写于一七二三年。第三卷比较松散，铺的面较开，以勒皮他（飞岛）游记为主，兼及巴尔尼巴比、拉格奈格、格勒大锥和日本四个地方的游记，从一七二四到一七二五写了两年。四个部分应该可以说是相互独立的，表面上的某种联系或者对照也许只存在于第一卷和第二卷之间；格列佛由小人国中的"巨人山"，一下变为大人国中的可怜的矮子。当然，不论从正面颂，还是从反面讽，斯威夫特的情感和思想在四个部分中都是一以贯之的，那就是不留情面地对十八世纪前半期的英国社会进行全面的批判，尤其对统治阶级的腐败、无能、无聊、毒辣、荒淫、贪婪、自大等作痛快淋漓的鞭挞。这种批判和鞭挞的声音在第四卷慧骃国游记中甚至达到了凶野暴烈的程度，批判和鞭挞的范围也似乎要越出十八世纪初期的英国，而将矛头直接指向罪孽深重、愚蠢肮脏、毫无理性的整个人类。这也就难怪不少批评家都指责斯威夫特对人类只有憎厌，至少也是个厌世主义者。慧骃国是他理想中的乌托邦，格列佛遭到智慧而理性的慧骃的放逐，满心怅惘地回到那块生他养他如今却叫他厌恶的故土，愤怒却又无可奈何地与一帮

"野胡"在一起度过自己的余年。

二

第一卷是标准的讽刺，可是写得很迷人。虽说大家现在都承认小人国实际就是暗指英国，利立浦特宫廷也就是英国宫廷的缩影，但人们还是不得不佩服斯威夫特惊人的想象力。他何以会想得出小人国这么一个点子来的呢？格列佛与利立浦特人之间的大小比例为1∶12，这一比例在全卷书中从头到尾都得到严格遵守，不曾出一点差错。从写作技巧上讲，这种视觉的选择是天才的，而它所产生的效果则是无处不在的幽默。我们当然知道作者是在讽刺，在挖苦，然而这种讽刺和挖苦是理性的、冷静的，甚至是较温和的，作者还没有完全激动起来，他只是在煞有介事地给你讲故事，讲一连串在读者看来是闻所未闻的有趣故事：

国王自然是体态威严，只消一眼就可以看出他是所有利立浦特人的统治者。可是他到底了不起在什么地方呢？原来也就是比他手下的大臣们高一个手指甲。利立浦特人也对做官怀有浓厚的兴趣，尤其渴望到朝廷去做官。那么如何才能"入仕"呢？自然不是"学而优"，事实上根本都不用"学"。他们的方法是呈请皇帝准许他们给皇帝陛下及朝廷百官表演绳上舞蹈，谁跳得最高而又不从绳上跌落下来，谁就接任宫中某个空缺的要职。比方后来老是跟格列佛过不去的财政大臣，他就比全王国任何一位大臣跳得都要高，至少高出一英寸。当然也不是没有"意外事故"发生，格列佛听说，在他到这个国家之前，有一次财政大臣"就差点儿跌死，要不是皇帝的一块坐垫恰好在地上减轻了他跌落的力量，他的脖子是肯定折断了"。

官做成，接下来的事就是明争暗斗、互相倾轧。为什么事呢？就为他们穿的鞋子的跟高低不一样。"高跟党"和"低跟党"积怨极深，"从不在一块儿吃喝或谈话"。皇帝是"低跟党"，按理说他手下的"低跟党"大臣们很可以趾高气扬地在宫廷里出出进进。可令他们不安的是，"作为王位继承人的太子殿下有几分倾向于高跟党"，至少他们看到他的"一只鞋跟比另一只要高些，所以走起路来一拐一拐"。如今得势的"低跟党"前途是很有些渺茫的。

内患方殷，利立浦特却还要对另一个小人国不来夫斯库发动战争。又是为什么呢？原来是两国在人们吃鸡蛋时应该先打破大的一端还是小的一端的问题上意见相左。利立浦特本来是"大端派"，可当朝皇帝的祖父小时候吃鸡蛋时，一次依古法打鸡蛋，不幸将一根手指弄破了，从此一道敕令，全国上下一律改打鸡蛋小的一端。百姓不服，纷纷逃往较为开明的不来夫斯库去避难。"大端派"流亡者在那里受到庇护，还深得不来夫斯库朝廷的信任，于是双方之间掀起血战，各有胜负。可是如今不一样了，利立浦特有了"巨人山"格列佛，一下子就征服了敌国，逼使对方俯首称臣。

格列佛在利立浦特的结局却颇令他丧气。本来他涉过海峡只手将不来夫斯库最大的五十艘战舰拖了就走，应该说是为利立浦特王国立下了史无前例的功勋；事实上他也确实被封了"那达克"——利立浦特最高的荣誉称号。可是皇帝贪心不足，居然要格列佛再去把剩下的敌方军舰全部拖到他的港口来，将不来夫斯库整个灭掉，化作他的一个行省，派一位总督去治理，还要强迫那里的人民也全都改作"小端派"，这样他就认为自己是世界上独一无二的至高至上的君主了。格列佛自然不能答应，不为别的，只因为他"不愿做人家的工具，使一个自由、勇敢的民族沦为奴隶"。格列佛就这样失了皇帝的恩宠。

不只如此。海军大臣自格列佛立功以后一直视这个"巨人山"为眼中钉。他心想，你只手就可以将敌国的整个舰队拖了就走，我这个海军大臣还有什么可混的？财政大臣本来就与格列佛不和，之后又疑心他和自己的老婆有说不清的关系。更要命的是，有一天夜里皇后的寝宫忽然失火，格列佛赶去救火，可惜救火用的水桶只有针箍那么大，水源又不在附近，情急之中，他想到一条妙计：小便灭火。他仗着自己前一天晚上喝了大量的酒，这酒又正好有极好的利尿作用，于是就"狠狠地撒了一泡，撒得也正是地方，结果三分钟火就整个儿被浇灭了，花了多少年心血建成的其他皇家建筑也终于免遭毁灭，被救了下来"。这本来也该算是立了大功吧，皇后却引为奇耻大辱，当着几个主要心腹的面，"发誓定要报复"。

格列佛的面前自然就只有险恶的命运了。事实上，皇帝和大臣们已经准备了一篇"义正词严"的弹劾状，要将他处死，几位对他怀恨在心的大臣还各自提出了将他处死的具体的措施。最后倒还是皇帝慈悲为怀，念他往日有功，力争免他一死，而改判较轻的刑罚：刺瞎两眼，逐渐减少他的口粮以致其慢慢饿死。幸亏格列佛事先得到消息，才得以逃往不来夫斯库。不来夫斯库皇帝当然把他视作宝贝，表示只要格列佛愿意为他效劳，他可以尽一切力量予他以保护。可格列佛至此已经对一切所谓的君王绝望了，他无论如何也不能在那里待下去了。

　　读者就是这样被他——斯威夫特——的这些故事迷住了，忘记了他的每一个故事其实差不多都是有所指的。不论是"高跟党"还是"低跟党"、"大端派"还是"小端派"，甚至于像财政大臣这样具体的人，都可以从当时的英国上层社会找到他们的影子。有些评论家甚至认为，那么一些"有所指"的讽刺，其实也完全适用于整个人类，而并不仅仅限于英国。

　　第一卷中的讽刺是正面的、直接的。格列佛俨然以巨人的身份在由袖珍的人、事、物组成的利立浦特雄视阔步。虽然他也时常受到骚扰，经历种种不如意，在大街上走路必须时刻注意，以免一不小心就将人踏死或者将房屋踩塌，可他永远是居高临下的，无论皇帝还是大臣，任其何等自傲自狂，在格列佛的眼中，永远只是一群荒唐愚蠢的、微不足道的小动物。这里的比例是 1:12，格列佛从头至尾享受着"俯视"的便宜和痛快。当然，就是这么一个小人国，其内部的腐败和纷争，也终有一天会将其自身毁灭。

三

第二卷布罗卜丁奈格游记与第一卷适成对比。格列佛来到了大人国，一下子由"巨人山"缩为"格里尔特里格"（侏儒），置身大人国，自己仿佛变成了一个利立浦特人。比例倒了过来，成了12∶1，格列佛的视角一下由居高临下变为处处仰视。这一强烈的对照手法是具有象征意义的。大人国虽不是斯威夫特的理想国，但他在这里似乎找到了一位较为开明的理想的君主。这位君主博学而善良，他以一种十分简单的政治和法律统治着这个国家。人是复杂的动物，何以简单的统治就能奏效呢？这就对人的道德心提出了要求，尤其是对统治者的道德提出了要求；统治者腐败堕落，不能身正，老百姓的歪和邪是必然的，不能一味骂人心不古。斯威夫特当然不便直接来痛骂英国的统治阶级；和第一卷中一样，他依然用讽刺，可这时的讽刺在方式上已经和前面不一样了，不是正面去讽，而是大说反话，故意把自己立为靶子，然后借大人国国王的口加以无情的攻击。

格列佛牢记古希腊哲学家和历史学家的"教诲"，尽量掩饰自己的"政治妈妈"的缺陷和丑陋，"而竭力宣扬她的美德和美丽"。他满怀自豪地向国王叙述自己的祖国在过去一百年中的重大事件以及各个方面的辉煌成就，希望引起国王的重视和赞赏。不料，国王听后大为震惊，断然宣称"那些事不过是一大堆阴谋、叛乱、暗杀、大屠杀、革命和流放，是贪婪、党争、虚伪、背信弃义、残暴、愤怒、

疯狂、仇恨、嫉妒、淫欲、阴险和野心所能产生的最恶的恶果"。他还不厌其烦地帮格列佛总结英国的"业绩":

> 我的小朋友格里尔特里格,你对你的祖国发表了一篇最为堂皇的颂词。你已十分清楚地证明:无知、懒散和腐化有时也许正是做一个立法者所必备的唯一条件;那些有兴趣、有能力曲解、混淆和逃避法律的人,才能最好地解释、说明和应用法律。我想你们有几条规章制度原本还说得过去,可是那一半已被废除了,剩下的全被腐败所玷污。从你所说的一切来看,在你们那儿,获取任何职位似乎都不需要有一点道德,更不用说人要有什么美德才能封爵了。教士地位升迁不是因为其虔诚或博学;军人晋级不是因为其品行或勇武;法官高升不是因为其廉洁公正;议会议员也不是因为其爱国;国家参政大臣也不是因为其智慧而分别得到升迁。

他最后得到的结论是:

> 你的同胞中,大部分人是大自然从古到今容忍在地面上爬行的小小害虫中最有毒害的一类。

格列佛自然很是"失望",不过很快就从心里"原谅"了这位国王。他明白,国王之所以不能欣赏他所宣扬的自己祖国的种种"伟业",完全是因为国王与世隔绝,孤陋寡闻,结果自然是无知与偏见。他说:"如果把生活在这么偏远地方的一位君王的善恶观提出来作为全人类的标准,那真是叫人难以忍受了"。

这种反讽相当尖刻,具有叫对方无法还手的力度。斯威夫特也显然越说越没有顾忌了,他开始激动,他抛却了利立浦特游记中那种冷静和幽默;微缩的人和物对读者造成的迷惑力没有了,放大的人和物对读者造成的最初的冲击力也逐渐减弱,故事性被降到次要的地位,我们明显地感觉到斯威夫特已经是义愤填膺了,他那强烈的感情似乎正在冲向一个顶点。这可由格列佛向国王敬献火药枪炮的制造方法而遭断然拒绝这一事情得到清楚地证明。国王听了格列佛的建议大为震惊,他"很惊异像我这么一只无能而卑贱的昆虫,竟怀有如此非人道的念头,说起来还这么随随便便,似乎我对自己所描绘的那些毁灭性的机器所造成的流血和破坏这样普通的结果压根就无动于衷。他说,最先发明这种机器的人一定是恶魔天才、人类公敌"。他表示宁可失去半壁河山,也不愿拥有这样一种杀人的武器。他警告格列佛,如果"还想保住一命,就决不要再提这事了"。于是格列佛只好感叹:"狭隘的教条和短浅的目光就产生了这么奇怪的结果!"

要说斯威夫特对人类怀有憎厌,他的这种情绪到第二卷结束已经暴露得很清楚了,只是还没有发展到最狂烈的地步。我们正期待着高潮的到来,忽然却插进来一个勒皮他(飞岛)游记,从而使我们的注意力稍稍地有所转移。

四

不论作者是出于何种考虑，第三卷的出现多少有点破坏了《格列佛游记》作为一个整体的形式的完美性。就组成第三卷的那一系列断片来说，本身也缺乏力度，结构显得较为松散。涉及的范围扩大了，可更多的倒好像是作者在说笑话；即使不是笑话，许多地方还谈不上是讽刺。从写作手法上讲，直接的叙述和描写代替了反语。强烈的对照也不见了，却时见夸张。当然神奇的想象依然存在，作者对细节的关注和驾驭力也给人以深刻的印象。第三卷充当了一种缓冲剂，缓和了第二和第四卷之间强烈的感情。读者在这里也获得某种休息，得以舒一口气，会心一笑，说一句："这么多荒唐事，真有趣！"

第三卷实际是由五个游记组成的。勒皮他（飞岛）游记是第一个，它讽刺的主题显而易见，就是英国对爱尔兰的统治和剥削。斯威夫特是爱尔兰人，他希望自己的民族获得自由和独立是很自然的。事实上斯威夫特曾亲身参加过爱尔兰人民争取自由、摆脱英国殖民统治的斗争，并且被拥为民族的英雄。勒皮他永远悬在空中，岛上的人终日无所事事，却又永远在沉思默想。想什么呢？天文学和数学，两个遥远、抽象、不切实际的题目。岛上的生活了无生气。所有的人，尤其是宫里的人，除了天文学和数学，没有一样能引起他们的兴趣。这些人甚至冥思苦想到几乎不会用耳朵和嘴巴的地步，往往需要雇一两个用人，手持气囊拍子时刻守候或跟随左右，在需要的时候由用人用拍子拍打一下他们的耳朵和嘴巴，这样他们才听得到周围的声音或别人的说话，也知道自己该开口说话了。相比较之下，倒还是那些没有教养的、从来不爱思考数学和天文学的太太更可爱些。她们富有，地位也不低，却不安分守己，偏偏喜欢想尽办法跑到下面的世界去看看，吃苦遭累受委屈也心甘情愿。这其中就有最有钱的首相的夫人。其实"首相人极优雅体面，对她恩爱有加"；她自己住在岛上最漂亮的宫里，却借口调养身体，到地面上去了，结果"在那里一躲就是几个月，后来是国王签发了搜查令，才找到她衣衫褴褛地住在一家偏僻的饭馆里"。在那里干什么呢？原来首相夫人找到了一个她爱的人，"一个年老而又丑陋的跟班"。她似乎很爱她的情人，也爱这地上的生活，因为她被人抓回岛上时，竟是那样的恋恋不舍。回到岛上，首相倒是"仁至义尽地接她回家，丝毫都没有责备她，可是不久，她竟带着她所有的珠宝又设法偷偷地跑到下面去了，还是去会她那老情人，从此一直没有下落"。

这一视角的选择实在太富于天才了！斯威夫特也真够大胆，敢于肆无忌惮地大开首相的玩笑。

当然，飞岛上的人也并非完全笨伯，他们之所以有充分的时间终日沉浸于不切实际的冥思苦想，是因为他们的实际生活有保障——地上的人民供养着他们。所以，下面一有风吹草动，他们是非常敏感的，哪里拒绝效忠纳贡，国王就有两种可以使人民归顺的手段：一种是将飞岛长时间地浮翔在该地人民的头顶，剥夺他们享受阳光和雨水的权利，"当地居民就会因此而遭受饥荒和疾病的侵袭"。不过这种手段是"比较温和"的。第二种手段是将岛上的大块石头往下扔，把人们的房屋砸得粉碎，叫他们无处藏身。下面的人如果实在顽固不化，国王就只好拿出他最后的办法："让飞岛直接落到他们的头上，由此将人和房屋一起统统毁灭。"

自然，下面的人也不是没有对策。终于有人想出在巨塔的顶端安装巨大的磁石，在飞岛下降的时候猛地将它往地面上吸，如果飞岛被吸住而无法再往上升，"居民们就决定把它永远固定住，杀死国王及其所有走卒，彻底改换一下政府"。

飞岛最后幸免于难，但国王及其走卒却终于尝到了百姓的厉害，不得不做出让步和妥协。

在接下来的巴尔尼巴比游记中，斯威夫特的讽刺是直接的、不加掩饰的，讽刺的对象是拉格多大科学院。显然，拉格多大科学院影射的是英国皇家科学院。斯威夫特似乎对不切实际的、脱离生产的所谓科学研究很反感，所以予以无情的调侃和挖苦。从黄瓜中提取阳光供阴雨湿冷的夏天取暖；将人的粪便还原为食物；把冰煅烧成火药；造房子从屋顶造起，自上而下一路盖到地基；瞎子教授教徒弟靠触觉和嗅觉来区分不同的颜色；用猪耕地；以养蜘蛛代替养蚕来纺丝织线；用吹风器从肛门鼓风打气来治疗病人的腹胀；软化大理石想做出枕头和针毡……笑话实在很多！

政治设计家科学院的情况也是一样。我们从这里看到的东西只有一个，那就是肮脏。作者借一位头脑极其聪明、对政府的性质和体制完全精通的医生的口，提出了一系列治疗一切弊病和腐化堕落行为的有效的方法。

此外，斯威夫特还讽刺了文学和历史学的所谓新批评主义的方法。更有趣的是他在拉格奈格游记中设计了一种长生不老的人"斯特鲁德布鲁格"。似乎谁都希望自己长生不老，格列佛也不例外。然而长生不老的人又会是什么样呢？作者一步步写出他们的不幸，最终得出的结论是，"他们是我生平所见到的最受屈辱的人"。不只是长生不老的人自己受屈辱，对别人，对整个世界也是一大不幸。所以到最后斯威夫特似乎在告诉人们：去他妈的长生不老吧，那是灾难，那是人类出了丑！

五

第四卷慧骃国游记看来是最有争议的一部分了。斯威夫特在这一卷里到底想告诉我们一些什么？两百多年来，人们对这一问题的探讨已远远越出了学术的范围，研究斯威夫特的学者似乎对寻找这一问题的答案大有兴趣，因为找到了答案也就找到了斯威夫特关于人的本性及命运的终极答案。《格列佛游记》一出版就受到了广泛的欢迎，但几乎就在斯威夫特刚刚告别人世之后，一场旷日持久的针对第四卷的抨击就开始了，到十九世纪，这种抨击达到顶点。评论家们几乎全都暴怒了，他们否定、排斥第四卷，不为别的，只为斯威夫特太凶猛、太粗野，对人类太不怀好意。约翰逊博士、麦考利、萨克雷等名闻一时的作家都纷纷出来指责斯威夫特，说他丑化、仇视人类。其中萨克雷的这段话是很具有代表性的，他说斯威夫特是"一个恶魔，急切地叫嚣着，咬牙切齿地诅咒人类，撕下了每一缕端庄，抛却了每一点男子气概，没有羞耻，言辞肮脏，思想肮脏，暴怒、狂野、污秽可憎"。萨克雷感情与言辞的激烈，绝不下于他所抨击的斯威夫特在第四卷中的表现，这种相似之处倒令人觉得非常有趣！

斯威夫特到底是不是反人类的呢？二十世纪的评论家们已经温和得多了，虽然我们仍然可以听到不少愤怒的声音。人类的发展，一方面展示了它的真正的文明和美德，同时也更全面地、更清楚地暴露了它的堕落和丑恶。不少人只愿意看到光明的一面，认为唯有这样才可能满怀信心、充满希望地往前走。但偏偏总有另外一些人，他们非要来揭短露丑，将常人竭力想遮掩的肮脏拿出来示众，唤起人们的觉醒，至少也要令其觉得尴尬，不至于脸都不红地吹嘘自己是天地间最完美的族类。批判现实主义作家大都走的是这条道路，而讽刺作家不过在这条路上走得更远罢了。其实，批判或讽刺往往并非出于恶意，倒可能是因为更深的爱。也许是"怒其不争"吧，作家们才睁圆了眼睛在那里一代又一代地呐喊。真正"咬牙切齿地诅咒人类"的作家有几个呢？或者——有没有呢？歌功颂德，大唱赞美诗，到头来被发现是居心不良的人，历史上倒是屡见不鲜。当然，批判和讽刺到底不如赞美诗那样听起来顺耳，这也就解释了为什么从古到今不肯唱赞美诗的作家十有八九命运不佳，有的甚至落得非常凄惨的下场！斯威夫特无疑也是不幸者中的一个。

斯威夫特受到那样强烈的抨击当然是不公平的，不过我们仔细读过第四卷之后，很可能会得出这样的结论：他的遭遇是必然的结果。为什么呢？大人国游记中的反讽手法在这里得到沿用，作者的感情也变得越来越强烈，然而这就至于让斯威夫特背上反人类的骂名吗？萨克雷自己也是个批判现实主义作家，《名利场》中到处是尖锐猛烈的抨击，那么萨克雷算不算反人类？《格列佛游记》的第四卷是斯威夫特炮制的一则寓言；"骃"就是马，"慧骃"即有智慧的马。有智慧的马会说话，这在寓言中也不算稀奇，慧骃照样可以开口说话。问题是，越到后来我们越清楚地看出：慧骃所有的种种美德和理性，我们人类丝毫都没有；相反，人类卑鄙龌龊、贪婪好斗、肮脏淫荡、好吃懒做，恰恰和慧骃国里供马驱使的畜生"野胡"属于同一个种类；但又因为人类自以为有理性，就使我们得以用那几分理性变本加厉地来为非作歹、腐化堕落。这样，人类不仅绝不能跟慧骃相提并论，就连那毫无理性的、最最可恶的"野胡"也不如。正是斯威夫特向我们揭示的这一点，大大地激怒了两百多年来的众多的批评家。

有一个古老的、为许多人接受的比喻，说宇宙就是一条长长的链子，每一环代表了一种生命的形式，一头连着上帝，一头延伸到最低微的生物。人类处在这条链子的中间，那是上连着天使、下连着野兽的一环，所以天使和野兽的特性人类兼而有之；人类的潜能发挥得最好时，人差不多就是天使了，相反，则人与野兽相去不远。如果把这链子颠倒一下，重新安排那些环的位置，情况会怎么样呢？

野兽将其潜能发挥到极致就接近了天使，远远优于人类，人则变成了畜生。斯威夫特似乎就是将这根链子颠倒了一下，并且重新安排了人和马的位置，结果慧骃做了人的主宰，人却降为供慧骃驱使的"野胡"。人不如兽，只好如此，就是这样。

格列佛到最后的处境是尴尬的。他在慧骃国享受了种种在人类中间从未享受过的好处和心灵的快乐，他立志要在这块远离尘嚣的土地上以慧骃为榜样，宁静地、不再像人那样堕落地度过自己的余年。他虽然承认自己还是"野胡"，可他至少已经开始学好，至少比欧洲那些"野胡"要少一点兽性。事实上，他从心灵深处已经决定划清同"野胡"的界限；身为"野胡"，他实际已义无反顾地摈弃了自己的同类。为此他感到非常满足，他终于在慧骃的教诲和感召下，把自己救出了罪恶的深渊。

不幸的是，慧骃到底还是将他放逐了！因为"野胡"终究是"野胡"，虽然已经开始学好，说不定哪天就会兽性复发，慧骃怎么也不能容忍与他为伍。格列佛接到马主人让他离开慧骃国的通知，伤心绝望地昏倒在地上。

回到英国，格列佛的伤心以及对慧骃国的留恋渐渐为对他的同类的厌恶所代替。他开始根本不能出门，因为一出去见到的全是"野胡"。待在家里时，连妻子儿女也不让靠近，因为他受不了他们身上的那种气味。他甚至想到自己曾和一只"野胡"交媾过，从而成了几只"野胡"的父亲，就无法抑制地"感到莫大的耻辱、惶惑和恐惧"。他只好花钱首先去买两匹小马来养在马厩里，虽然它们无法和慧骃国的那些马相比，可终究比"野胡"要强得多。他有空就往马厩跑；看到马，他不仅心里舒服、崇敬，就是那马厩的气味，他"闻到就来精神"。最后他差不多是带了威胁的口气在警告那些还自以为了不起的"野胡"："不要随便走到我的眼前来！"

这就是斯威夫特的反人类吗？如果是，我们也就不妨接受吧。我们由此看到了最强烈、最深刻、最有力度、最不妥协的讽刺，《格列佛游记》的价值和斯威夫特的伟大也正基于此。

六

乔纳森·斯威夫特一六六七年十一月三十日生于爱尔兰首府都柏林。父亲在他出世前约八个月就去世了，留下的两个孩子连同他们的母亲都由父亲的哥哥戈德温照料。斯威夫特一岁时就被带他的保姆拐到了英国，大约三年后才回到爱尔兰。六岁上学，在基尔肯尼学校读了八年。一六八二年进都柏林著名的三一学院继续学习。伯父戈德温在侄儿的教育上相当吝啬，而斯威夫特自己除了对历史和诗歌有兴趣外，别的一概不喜欢，还常常违反校纪，最后是学校"特别通融"，才使他拿到了学位。之后，斯威夫特倒还是继续留在三一学院读他的硕士，一直到一六八六年。那时已爆发了政变，即所谓的一六八八年革命，爱尔兰面临着英国军队的入侵。斯威夫特愤懑不安，郁郁地离开故乡，前往英国寻找出路。

接下来的十年在斯威夫特的一生中是一个产生重要影响的关键时期。斯威夫特通过亲戚的关系，做到了穆尔庄园主人威廉·坦普尔爵士的私人秘书。坦普尔是一位经验丰富的政治家，也是位哲学家，修养极好，退休在家，莳花弄草，著书立说，过着优雅闲适的生活。做这样一位有身份、有教养的绅士的秘书，对许多年轻人来说应该是个美差。但这时的斯威夫特热衷的却是仕途和宗教方面的发展；优雅闲适的生活适合退休的坦普尔，却并不适合风华正茂的斯威夫特。本来，斯威夫特到穆尔庄园也只是把它看作一个临时的避难所，眼看在这里没有什么发展，他待了大约六个月时间就离开了。他带着坦普尔为他写的一封推荐信前去求见爱尔兰的一位大臣罗伯特·索斯威尔，不幸什么结果也没有。无奈之下，斯威夫特只好再回穆尔庄园做绅士主人的秘书。他依然盼望着坦普尔爵士能在他的仕途上助他一臂之力，可是坦普尔似乎不很出力。斯威夫特渐渐变得不耐烦了，并且对这种寄人篱下、仰人鼻息的生活也越来越感到厌倦。一六九四年，他第二次离开穆尔庄园回到爱尔兰，靠家乡一些亲戚的帮忙，谋到了贝尔法斯特附近一个不知名的教区的牧师职位。这自然不是斯威夫特的理想。一六九六年，他再次回到穆尔庄园坦普尔的身边。三年之后，坦普尔去世，斯威夫特在政治和宗教方面发展的希望至此几乎完全破灭，他不得不在三十二岁的年龄上面临着决定前途的重大选择。

但是，就"作家"这一角度来看，这十年的时间对于斯威夫特并不只是接二连三的不如意；恰恰相反，这是一个自我教育、自我提高、锻炼才能、气质风格逐渐形成的时期。坦普尔虽是一位政治家，但他几乎可以称得上是一个很好的文人；他的论文《论古今学术》，且不说它观点的保守趋向，实在清楚地反映了坦普尔渊博的学识和很好的文化素养。这么一位主人，对后来成为伟大作家的斯威夫特来说，无疑是具有积极的甚至是导师性质的作用的。这一点斯威夫特本人未必会承认。事实上，不只是坦普尔一人是"文化人"，他的全家都有很不错的修养，穆尔庄园因此对斯威夫特构成一种氛围、一种环境、一个写作的试练场，斯威夫特也许是不自知地在其中沐浴了近十个年头。所以，从政治或者其他较实际的角度看，穆尔庄园对斯威夫特可能是一种失望，但就一个讽刺作家来说，近十年的时间却使他得到了充分的学习和潜移默化。讽刺家斯威夫特的羽毛差不多已经长丰满了。作为一个讽刺的天才，斯威夫特是在穆尔庄园"定位"的。他早期的两部讽刺杰作《一只澡盆的故事》和《世纪战争》正是在这里写成。《格列佛游记》虽然在二十八年后的一七二六年写成，但那里面的辉煌的讽刺已经在此"崭露头角"。

这里还必须提到一件事，那就是斯威夫特的恋爱。恋爱几乎对每一位艺术家都是重要的，有些艺术家甚至为了恋爱可以放弃艺术。所以，不难想象斯威夫特被一个他追求的女子拒绝之后，心情有多么痛苦。一六九六年，斯威夫特在贝尔法斯特附近那个不知名的教区碰到了简·韦利恩，斯威夫特叫她瓦丽娜。年轻的牧师向瓦丽娜求爱，但遭到回绝。接下来的四年，两人之间只有书信来往。最后瓦丽娜成了追求者，可斯威夫特在一封信中以几乎是残酷的傲气反过来拒绝了那位他曾经想与之结婚的姑娘。有评论家认为，是瓦丽娜最初的拒绝深深地伤害了斯威夫特的心，这种心灵的创伤使他后来总是设法避开女人。他永远也没有真正摆脱这一创伤。

但是，斯威夫特受伤的心在穆尔庄园得到了抚慰，不是坦普尔，不是坦普尔太太，而是坦普尔妹妹的一个用人的女儿埃丝特·约翰逊，这就是和斯威夫特保持了一辈子亲密关系的他的"斯特拉"。斯威夫特进穆尔庄园时，斯特拉只有八岁，十年后他离开庄园，斯特拉已长成一个十八岁的姑娘，求爱就从那时正式开始。然而他们的关系很有些不同寻常。他们确实彼此相亲相爱，斯特拉成为斯威夫特不少诗歌、书信的灵感的源泉。实际上其中的许多就是写给斯特拉本人的，最有名的莫过于《致斯特拉日记》，斯威夫特用一种秘密的儿童的语言，详尽生动地叙述了一七一〇至一七一三年间他在伦敦的日常生活；那时他正处于政治活动的巅峰，与托利党的大臣们过往甚密。一七〇〇年，斯特拉甚至搬到爱尔兰，在离斯威夫特很近的地方住下。他们之间可能有过某种"形式上的婚姻"，但这也只是传说。到底有没有结婚？如果没有，又是为什么？这些问题到今天仍是谜。不过有一点是清楚的，斯特拉是斯威夫特一生中一个很重要的人物，他们之间那种亲密的关系一直保持到一七二八年斯特拉告别人世时为止。

一七〇八年，另一个年龄只有斯威夫特一半大的女子瓦尼莎也曾闯进讽刺作家的生活，可那是以悲剧而告终的。瓦尼莎深深地爱着斯威夫特，但她受不了自己所爱的人还有另一个女人，她抑制不住对斯特拉的妒忌。斯威夫特也常常困于两个女人的爱。他想忠于爱情，可爱情是自私的，两个女人的爱对他来说成了一种不幸。斯威夫特因为瓦尼莎对斯特拉的妒嫉，终于在一七二三年彻底中断了与她的关系，瓦尼莎于当年死亡。

离开穆尔庄园后，斯威夫特回到爱尔兰继续做他的牧师。可是为了教会事务他得常常往伦敦跑，这就使他不可避免地要卷入到政治活动中去。斯威夫特在后半生写了无数的政治小册子，并因此获得了相当的声誉。一时间，他早期的那些诗歌、散文以及讽刺杰作，在人们的眼中倒仿佛成了他的副产品。事实上，斯威夫特自己从头起就没有打算做一名讽刺作家，那不是他的追求。他虽然以讽刺作家名垂青史，可终其一生，他主要还是一名牧师，一位政治撰稿人，一个才子。他一生都在为他人服务。首先是为辉格党出力；尽管他从来就没有真正拥护过辉格党，可他还是为这个党写了十二年的政治宣传小册子。后来哈里内阁上台，他又做了托利党的撰稿人，不过他的努力没有得到相应的报答。作为牧师，他所得到的地位未免太微不足道了，来得也太迟了些。他最后被授予圣帕特里克教堂教长一职，似乎与他所付出的一切劳动相称，可圣帕特里克教堂在远离政治及宗教活动中心的爱尔兰，斯威夫特自己领了这一职，倒感觉像遭了流放一样。所以，在以罗伯特·哈里为首的托利党倒台之后，斯威夫特干脆全心全意地坚决站到自己的家乡爱尔兰的一边，为它的早日独立和自由摇旗呐喊了。他猛烈地攻击英国的统治阶级，同时也毫不留情地痛骂爱尔兰政府对英国的屈从。他成了爱尔兰人民争取自由和独立的伟大的战士，他是普通老百姓心目中的英雄。可是，不论是爱还是憎，这时的斯威夫特都是以前所未有的狂暴形式来表现的。他虽然一时间闻名遐迩，可只有他自己内心最清楚，一个个美好希望的破灭带给他的是什么样的痛苦。他很失望，虽然他还在呐喊。他的内心是孤独的。他甚至一步步走到了绝望的边缘。他经历了一切，也看透了一切，于是，他写了《格列佛游记》。

晚年的斯威夫特只和当时的几个文人通通信，平时交往的也只是少数几个朋友。他将自己积蓄的三分之一用于各种慈善事业，另用三分之一的收入为弱智者盖了一所圣帕特里克医院。然而，这时的斯威夫特自己已经被疾病折磨得不成样子了。他早年就患有脑病，最后几年日益加剧，听觉视觉等能力几乎完全丧失，许多人认为斯威夫特已经成了一个精神失常的疯子。一七四五年十月十九日，斯威夫特在黑暗和孤苦中告别了人世，终年七十八岁。死后葬于圣帕特里克，斯特拉的墓紧挨着他。墓碑上是他用拉丁文自撰的墓志铭："他去了，狂野的怒火再不会烧伤他的心。"

斯威夫特一生写了大量的作品，几乎全都是匿名出版的。只有他的代表作《格列佛游记》是例外，他得到了两百英镑的稿酬。

杨昊成

格列佛船长
给他的亲戚辛浦生的一封信①

　　每当有人要你出来说明时，我都希望你能立即公开承认，我是在你一再竭力催促下被说服同意出版这么一部非常不严谨的、错误的游记的。我曾嘱你聘请几位大学里的年轻先生把游记整理一下，文体也修改修改；我的亲戚丹皮尔②发表他的《环球航行记》时，就是听从我的意见那么办的。但是，我记得我不曾给你什么权力可以同意别人删去任何内容，更不要说同意人增添任何东西。因此，我要在此郑重声明，添上去的每一点点东西都与我无关，特别是有关流芳百世的已故安女王陛下的那一段，虽然我对她的敬重确实要超过其他任何人。可是，你或者你找的那位窜改文章的人都应该考虑到，我是不会在我的"慧骃"主人面前称赞我们这类动物中的任何一位的，那么做很不

---

① 　亲戚辛浦生，作者虚构的一个人物，斯威夫特借此信对《格列佛游记》第一版出版时横遭窜改一事提出抗议。

② 　丹皮尔（1651—1715），英国探险家、游记作家。他的《环球航行记》出版于一六九七年。

礼貌；再说，那一段也完全是捏造，因为据我所知，在女王陛下统治下的英国，一度确曾任用过一位首相掌朝执政，不，不是一位，甚至是连续两位；第一位是戈多尔芬伯爵，第二位是牛津伯爵。因此，是你使我"说了乌有之事"。另外，在关于设计家科学院的那一段叙述中，我和我的"慧骃"主人的几段谈话，你们不是删去了其中的一些重要情节，就是把它们改得一塌糊涂，弄得我差点儿自己都认不出自己的作品。我以前曾在一封信里向你暗示过此类事情，你回信说你怕触犯禁忌，说是掌权的人对出版界非常注意，不仅会曲解内容，而且会对任何看上去像是"影射"（我想你当时是这样说的）的东西加以惩处。但是请问：我那么多年前在五千多里格①以外的另一个国家说过的话，和据说现在正做着统治者的任何"野胡"又怎么能联系得上呢？尤其是那个时候我几乎就没有想到，也谈不上害怕，会有一天要在他们的统治下过这不幸的生活。当我看到，就是这些"野胡"反倒由"慧骃"拉着坐在车上，好像"慧骃"是畜生，而"野胡"却是理性的动物，难道我还没有理由来发发牢骚吗？说老实话，我之所以退隐在此，一个主要的动机也就是为了避免看到如此荒谬可恶的情景。

因为我信任你，也因为事情与你本人有关，我才觉得还是应该把这么多话都告诉你。

其次，我也只怪自己太没有见识，被你和别的几个人

---

① 里格，长度单位。一里格约为三英里或三海里。

的恳求和错误的推论所说服，大大违背我自己的本意，同意让游记发表出来。请你想想，当你以公众利益为借口坚持要发表我的游记时，我曾一再请你考虑考虑，"野胡"这种动物是完全不能靠教训或者榜样就能改好的，这一点现在已经得到了证明。本来我还有理由希望能看到一切弊端以及腐化堕落的行为都消除了，至少在这个小岛上可以做到；可是你看，六个多月过去了，我却看不出来我在书中提出的警告是否产生了一丁点儿我所期望的效果。我原指望你能来封信，告诉我党派纷争已经销声匿迹；法官已经变成有学问而正直的人；辩护律师已经变得诚实、谦虚，并且也懂了点常识；成堆的法律书籍正在史密斯费尔德①化作熊熊烈火；年轻贵族们的教育完全变了样；医生们已被放逐；女"野胡"们已有了德行、贞操、忠实和理性；大臣们的庭院已经彻底清除了杂草，打扫得干干净净；有才、有功、有学问的人受到了奖励；出版界一切无耻之徒，不论是弄散文的还是搞诗的，全都判了罪，只准他们吃自己身上穿的棉花充饥，喝墨水解渴。所有这一切，还有上千件别的改革，因为有你的鼓励，我本来都坚定地指望它们能够实现；事实上，有我在书里面给的那些教训，也确实很容易就可以推断出它们是可以实现的。必须承认，只要"野胡"的本性中还有一点点向善、向智之心，那么改掉他们身上的每一点罪恶和愚蠢，七个月的时间也就足够了。然而，你的来信总是与我所期望的相去甚远，恰恰相

――――――――――

① 史密斯费尔德，伦敦旧城垣外的一个广场，四周书肆林立。

3

反，你每星期都让邮差给我送来大批的诽谤性文章，大批的指南、随感、回忆录和续篇，我在其中看到别人指责我说国家大臣的坏话，作践人性（他们还自信可以这么说），辱骂妇女。我还发现，那一捆捆东西的作者彼此之间意见都不统一；有的不承认我那游记是我作的，有的说我是某些书的作者，而我对那些书一无所知。

我还发现，你找的印刷的人非常粗心大意，他们把时间全都搞乱了，我几次出航和回家的日期都弄错了，年份、月份、日子全不对。我还听说，我的书出版后，原稿已全部被毁。我也没留任何底稿，可我还是寄你一份勘误表，要是书还能再版，你可以把它加进去。当然我不能坚持己见，还是由公正、坦诚的读者去看着办吧。

我听说有几位海上的"野胡"对我所使用的航海术语吹毛求疵，说是许多地方都不恰当，如今也不再通用了。这我可没有办法。在我最初的几次航海中，我还很年轻，我接受老水手的教导，他们怎么说，我就跟着怎么说。但是我后来发现，海上的"野胡"也和陆地上的"野胡"一样，用语方面好翻新花样；陆地上的"野胡"说起话来是年年都在变，我记得每次回国，原来的方言是完全变了，新的方言我几乎就听不懂。我还注意到，每当有"野胡"出于好奇从伦敦赶来我家看我时，我们双方都无法使对方明白自己的意思。

假如说"野胡"的责难对我有什么影响，应该说我有很大的理由埋怨他们。他们中居然有人敢认为我的游记纯属凭空捏造。他们甚至暗示，"慧骃"和"野胡"就像乌托邦中的人物一样，是并不存在的。

　　事实上，我应该承认，对于利立浦特、布罗卜丁赖格（这个词本来应该这么拼，而不是错误地写作"布罗卜丁奈格"）和勒皮他的人民，我还从来没有听说有什么"野胡"敢胆大妄为要怀疑他们是不是存在，或者我叙述的有关他们的情况是否确有其事，因为只要是真理，每一位读者是立即就会信服的。那么我关于"慧骃"和"野胡"的叙述就没有那么可信吗？至于后者，即使在这座城市里分明就有成千上万，他们除了会叽叽喳喳地说话、不赤身裸体之外，和"慧骃国"里的畜类又有什么不一样呢？我写书的目的是为了使他们能变好，不是为了得到他们的赞许。他们全族对我的一致赞美，还不如我养在马厩里那两位退化的"慧骃"的嘶叫于我来得更重要；它们虽然退化，我却依然可以从它们身上学到一些德行，它们的德行里没有掺杂丝毫的罪恶。

　　这些可怜的动物难道竟认为我已堕落到这步田地，居然需要为自己辩护，来证明我说的全是实话吗？我固然是个"野胡"，但众所周知，在两年的时间里，我在整个"慧骃国"受到我那杰出的主人的感召和教导，已经摆脱了（尽管我承认那是极其困难的）撒谎、蒙混、欺骗和推诿等该死的恶习，这些恶习在我所有同类尤其是欧洲人的灵魂里，是深深地扎了根的。

　　在此烦恼时刻我还有别的牢骚要发，可我忍住了，我不想再自寻烦恼，也不想再打扰你了。我应该坦白承认，自我上一次回来以后，由于同你们这样一些同类谈话，尤其是无法避免地要跟我自己家里的人说话，我那"野胡"天性里一些堕落的成分又抬头了，否则我绝不会想出这么一个荒唐的计划，企图要来改造这个王国里的"野胡"种。不过，现在我已经永远放弃了所有这一类不切实际的计划了。

一七二七年四月二日

出版者致读者

　　这些游记的作者莱缪尔·格列佛先生是我的知心老友了，同时从母亲这一边说起来，我们还沾点亲。大约三年以前，因为老有一群群好奇的人上格列佛先生在瑞德里夫的家里去看他，他厌烦起来，就在故乡诺丁汉郡的尼瓦克附近买了一小块地，还有一座方便舒适的房子。如今他就住在那儿过着退休的生活，很受邻居们的敬重。

　　格列佛先生虽出生在诺丁汉郡（他父亲就在那儿住），可我曾听他说过他家原籍是在牛津郡。为了证实这一点，我到牛津郡班波立的教堂墓地看过，那里还真有几座格列佛家族的坟墓和纪念碑。

　　他在离开瑞德里夫之前把下面的这些书稿交给我保管，让我按照自己认为合适的方式自由处理。稿子我仔细地读了三遍，文章风格十分简洁明了；唯一的缺点我觉得是写得太详细了一点，旅行家们都是这个样子。全书明显贯穿着一种真实的气息；事实上作者是以忠实闻名的，在瑞德里夫他的邻居中间，如果有人要证实一件事，就说那事千真万确，就像格列佛先生说的一样。这几乎都成了一句谚语了。

我征得作者的同意曾把这些稿子给几位可敬的人看过，我听从他们的意见现在大胆地将其公之于世，希望它至少在一段时间内对我们年轻的贵族来说尚不失为一本有趣的读物，总比那些有关政治和政党的拙劣作品要更有意思。

我大胆地删去了关于风向、潮流、历次航海的变化和方位、用海员的文体对船只在风暴中航行所作的细微的描写以及经纬度等等烦琐的叙述；如果不是这样，这部书的篇幅至少要比现在多一倍。我有理由相信格列佛先生对此可能会不大满意，但我是决意要让作品尽量适合一般读者阅读。当然，要是由于我对海事的无知而弄出什么错来，责任全由我一个人承担。如果有旅行家好奇想看看作者的亲笔原稿全文，我随时都可以满足他的要求。

关于作者情况的更进一步的细节，读者从本书开头的几页里就可以得到满意的答复。

理查德·辛浦生

第一卷　利立浦特游记

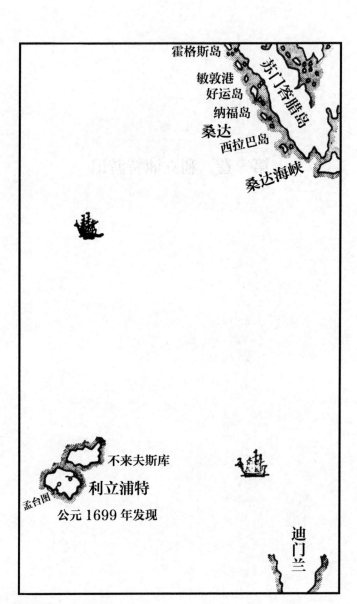

霍格斯岛

敏敦港
好运岛
纳福岛
桑达
西拉巴岛

苏门答腊岛

桑达海峡

不来夫斯库
利立浦特
孟台图
公元 1699 年发现

迪门兰

第一章

作者略述自身及其家庭——出游的最初动机——海上船只失事，泅水逃生——利立浦特境内安全登陆——被俘，押解到内地。

我父亲在诺丁汉郡有一份小小的产业；在他的五个儿子中，我排行老三。我十四岁那年，他送我进了剑桥的意曼纽尔学院。在那儿我住了三年，专心读书。虽然家里给我的补贴少得很，但对于一个贫困的家庭来说，这项负担还是太重了。于是我就到伦敦著名的外科医生詹姆斯·贝茨先生手下当学徒；我跟了他四年。其间父亲也时有小额款项寄给我，这些钱我就用来学习航海及数学中的一些学科，对那些有志于旅行的人来说，这些东西都很有用处。我总相信，终有一天我会交上好运外出去旅行的。辞别贝茨先生后，我回家去见父亲；多亏他和约翰叔叔以及其他几个亲戚帮忙，我得了四十英镑，他们还答应以后一年给我三十英镑以维持我在莱顿①求学。我在莱顿学医两年零七个月。我知道在长途航行中，医学是有用处的。

从莱顿回来后不久，恩师贝茨先生推荐我到亚伯拉罕·潘耐尔船长统率下的"燕子号"商船上去当外科医生。我跟随潘耐尔船长干了三年半，曾几下黎凡特②和其他一些地方。回来之后，受恩师贝茨先生的鼓励，我决定就在伦敦住下来。他又给我介绍了几位病人。我在老周瑞街的一座小房子里租下了几个房间；那时大家都劝我改变一下生活方式，我就跟新门街上做内衣生意的埃德蒙·伯顿先生的二女儿玛丽·伯顿小组结了婚。我得到了四百英镑的嫁资。

可是，两年之后恩师贝茨过世，我没有几个朋友，而良心又不容许我像我的许多同行那样胡来，生意因此渐渐萧条。我和妻子以及几个熟人商量了一下，决心再度出海。我先后在两艘船上当外科医生，六年中几次航行到东印度群岛和西印度群岛，我的财产也因此有所增加。由于我总能得到大量的书籍，空余时间我就用来阅读古今最优秀的作品。到岸上去的时候，就观察当地人的风俗、性情，也学学他们的语言，我仗着自己记性强，学起来非常容易。

这几次航海中的最后一次却不怎么顺利，我开始厌倦起海上生活，想着要待在家中与老婆孩子一起过日子。我从老周瑞街搬到脚镣巷，接着又搬到威平，盼着能在水手帮里揽点生意，结果却未能如愿。三年过去了，眼看着时

---

① 莱顿，荷兰西部的一个城市，为当时欧洲医学研究的中心。

② 黎凡特，地中海东岸一带地方。

来运转已经无望，我就接受了"羚羊号"船主威廉·普利查德船长的待遇优厚的聘请；那时他正准备去南太平洋一带航海。一六九九年五月四日，我们从布里斯托尔①起航。我们的航行起初一帆风顺。

由于某些原因，把我们在那一带海上历险的细枝末节全都告诉读者扰其视听是不合适的，只说说下面这些情况也就够了：在往东印度群岛去的途中，一阵强风暴把我们刮到了范迪门地②的西北方。据观测，我们发现所在的位置是南纬三十度零二分。船员中有十二人因操劳过度和饮食恶劣而丧生，其余的人身体也极度虚弱。十一月五日，那一带正是初夏时节，天气雾塞霾布，水手们发现在离船半链③的地方有一块礁石；但是风势太猛，我们被刮得直撞上去，船身立刻触礁碎裂。六名船员，连我在内，将救生的小船放下海去，竭尽全力脱离大船和礁石。据我估计，我们只划出去三里格远，就再也划不动了，因为大家在大船上时力气已耗尽，我们于是只好听凭波涛的摆布。大约过了半个小时，一阵狂风忽然从北方吹来，一下将小船掀翻了。小船上的同伴，以及那些逃上礁石或者留在大船上的人后来怎么样，我说不出，可我断定他们全都完了。至于我自己，则听天由命地游着，被风浪推向前去。我不时将腿沉下去，却总也探不到底。眼看我就要完蛋而又再也无力挣扎时，忽然觉得水深已经不及没顶了，

---

① 布里斯托尔，英国西南部一海港。
② 范迪门地，澳大利亚的塔斯马尼亚岛，原名范迪门地。
③ 链，海程长度。一链等于十分之一海里（185.2 米）。

而这时风暴也已大大减弱。海底的坡度很小，我走了差不多一英里才到岸上，那时我想大约是晚上八点钟。我继续又往前走了近半英里，不见有任何房屋或居民的迹象，至少是我没能看得到，因为当时我实在太虚弱了。我疲惫至极，加上天气炎热，离船前又喝过半品脱的白兰地，所以极想睡觉。我在草地上躺了下来。草很短，软软的，一觉睡去，记忆所及真是前所未有的酣甜香沉。我估计睡了有九个小时，因为醒来时，正好已天亮了。我想起来，却动弹不得；由于我恰好是仰天躺着，这时我发现自己的胳膊和腿都被牢牢地绑在地上；我的头发又长又厚，也被同样地绑着；从腋窝到大腿，我感觉身上也横绑着一些细细的带子。我只能朝上看。太阳开始热起来了，阳光刺痛了我的眼睛。我听到周围一片嘈杂声，可我那样躺着，除了天空什么也看不到。稍过了一会儿，我觉得有个什么活的东西在我的左腿上蠕动，轻轻地向前移着，越过我胸脯，几乎到了我的下巴前。我尽力将眼睛往下看，竟发现一个身高不足六英寸、手持弓箭、背负箭袋的人！与此同时，我感觉到至少有四十个他的同类（我估算）随他而来。我大为吃惊，猛吼一声，结果吓得他们全都掉头就跑。后来有人告诉我，他们中有几个因为从我腰部往下跳，竟跌伤了。但是他们很快又回来了，其中的一个竟敢走到能看得清我整个面孔的地方，举起双手，抬起双眼，一副惊羡的样子，他用尖而清晰的声音高喊："海琴那·德古尔！"其他的人也把这几个字重复了几遍，可我那时还不明白那是什么意思。读者可以相信，我一直这么躺着是极不舒服的。最后，我努力挣脱，侥幸挣断了绳子，拔出了将我的左臂绑到地上的木钉。我把左臂举到眼前，发现了他们绑缚我的方法。这时我又用力一扯，虽然十分疼痛，却将左边绑着我头发的绳子扯松了一点，这样我才得以稍稍将头转动两英寸光景。但是，我还没来得及将他们捉住，他们就又一次跑掉了。于是就听到他们一阵尖声高喊，喊声过后，我听见其中的一个大叫道"托尔戈·奉纳克"，即刻就感觉有一百多支箭射中了我的左臂，我的胳膊像许多针刺一样地痛；他们又向空中射了一阵，仿佛我们欧洲人放炮弹一般。我猜想许多箭是落到我的身上了（尽管我并没有感觉到），有些则落在我的脸上，我赶紧用左手去遮挡。这一阵箭雨过去之后，我痛苦地呻吟起来。接着我再一次挣扎着想脱身，他们就比刚才更猛烈地向我齐射，有几个还试图用矛来刺我的腰；幸亏我穿着一件米黄色的牛皮背心，他们刺不进去。我想最稳妥的办法就是安安静静地躺着。我的打算是，就这么挨到夜晚，因为既然我的左手已经松绑，我是可以很轻松地就获得自由的。至于那些当地的居民，假如他们长得全和我看到的那一个一般大小，那么我有理由相信，就是他们将最强大的军队调来与我拼，我也是可以敌得过他们的。但是命运却给我另作了安排。当这些人发现我安静下来不动，就不再放箭；但就我听到的吵闹声来判断，我知道他们的人数又增加了。在离我约四码远的地方，冲着我的右耳处，我听到敲敲打打地闹了有一个多钟头，就好像有人在干活似的。在木钉与绳子允许的范围内，我把头朝那个方向转过去，这才看见地上已竖起了一个一英尺半高的平台，平台可容纳四个人，旁边还有两三副梯子靠着用以攀登。这中间就有一个看上去像是有身份的人，对我发表了一通长长的演说，只是我一个字也听不懂。我刚才应该先提一下，就是，在那位要人发表演说前，他高喊了三声"朗格罗·德胡尔·桑"（这句话和前面那些话他们后来又都重新说过，并且向我作了解释）。他一喊完，立即就有大约五十个居民过来将我头左边的绳子割断，我因此得以把头往右边转动，也得以看得清要说话的那人的样子。他看上去是个中年人，比跟随他的另外三人都要高。三人中一个是侍从，身材好像只比我的中指略长些，正替那人牵着拖在其身后的衣服；另外两人分站在他左右扶持着他。他演说家派头十足，我看得出来他用了不少威胁的话语，有时也许下诺言，表示其同情与友好。我答了几句，但态度极为恭顺，我举起左手，双目注视着太阳，请它给我作证。我离船前到现在已有好几个小时没吃一点东西了，饥肠辘辘的。我感觉这种生理要求是那样强烈，再也忍不住要表露，我已等不及了（也许这有悖礼仪），就不时地把手指放到嘴上，表示我要吃东西。那位"赫够"（后来我才得知，对一个大老爷他们都是这么称呼）很明白我的意思。他从台上下来，命令在我的两侧放几副梯子，一百个左右的居民就将盛满了肉的篮子向我的嘴边送来；这肉是国王一接到关于我的情报之后，就下令准备并送到这儿来的。我看到有好几种动物的肉，但从味道上却分辨不出那是些什么肉。从形状上看，有些像是羊的肩肉、腿肉和腰肉，做得很可口，但是比百灵鸟的翅膀还要小。我一口吃两三块，步枪子弹大小的面包一口就是三个。他们尽可能快地给我供应，一边对我的高大身躯与胃口惊讶万状。

接着我又示意要喝水。他们从我吃东西的样子看出，一点点水是不够我喝的。这些人非常聪明，他们十分熟练地吊起一只头号大桶，然后把它滚到我手边，敲开桶盖。我一饮而尽，这我很容易做到，因为一桶酒还不到半品脱。酒的味道很像勃艮第产的淡味葡萄酒，但要香得多。他们又给我弄了一桶来，我也是一口气喝个精光，并表示还想喝，可他们已拿不出来了。我表演完这些奇迹之后，他们欢呼雀跃，在我的胸脯上手舞足蹈，又像起先那样，一遍又一遍高喊"海琴那·德古尔"。他们向我做了个手势，要我把这两只酒桶扔下去，可是先警告下面的人躲开，高喊着："勃拉契·米浮拉。"当他们看到酒桶飞在空中时，齐声高喊："海琴那·德古尔。"我得承认，当这些人在我身上来来回回地走动时，我常想将首先走近我的四五十个一把捉住砸到地上去。可是想起我刚才所吃的苦头，而那也许还不是他们最厉害的手段；我也曾答应对他们表示敬重（我是这样解释我那恭顺的态度的），想到这些，我就立即打消了以上的念头。再说，这些人如此破费而隆重地款待我，我也理应以礼相待。然而，私下里我又不胜惊奇，这帮小人儿竟如此大胆，我一手已经自由，还敢爬上我身走来走去；在他们眼中我一定是个庞然大物，可见到我居然抖都不抖。过了一些时候，他们看我不再要吃肉了，我的面前就出现了一位皇帝派来的高官。钦差大臣带着十二三个随员，从我的右小腿爬上来，一直来到我的脸前。他拿出盖有国玺的身份证书，递到我眼前，大约讲了十分钟话，虽然没有任何愤怒的表示，说话样子却很坚决。他不时地手指前方，后来我才明白他是在指半英里外的国都，皇帝已在那里的御前会议上决定，得把我运到那儿去。我回答了几句，可是没什么用。我用空着的那只手做了一个手势，把左手放到右手上（从钦差大人的头顶掠过，以免伤了他和他的随员），接着又碰了碰头和身子，示意他们我想要获得自由。他像是很明白我的意思，因为他摇了摇头表示不同意；他举起手来做了个手势，告诉我非得把我当俘虏运走不可。不过他又做了另一些手势，让我明白可享受足够的酒肉，待遇非常好。这么一来，我倒又想要努力挣脱束缚了，可同时我感觉到脸上手上的箭伤还在痛，而且都已经起疱，许多箭头还扎在里面；同时我看到敌人的人数又已增加，这样我就只有做手势让他们明白，他们爱怎么处置我就怎么处置吧。这样，"赫够"及其随员才礼貌而和颜悦色地退了下去。很快我就听到他们一齐高喊，不断地重复着："派布龙·塞兰。"这时我感觉我左边有许许多多人在为我松绑，使我能够将身子转向右边，撒泡尿放松一下。我撒了很多，使这些人大为惊讶；他们看我的举动，推想我要干什么，就赶忙向左右两边躲闪那股又响又猛的洪流。在这以前，他们在我的脸上手上涂了一种味道很香的油膏，不过几分钟，所有的箭伤全部消失了。这一切，加上我用了他们那营养丰富的饮食，使得我精力恢复，不觉昏昏欲睡。后来有人证实，我睡了大约有八个小时。这倒也并不奇怪，因为医生们奉皇帝之命，事先在酒里掺进了一种安眠药水。

　　看来我上岸以后一被人发现在地上躺着，就有专差报告了皇帝，所以他早就知道了这事，于是开会决定用我前面叙述的方式把我绑缚起来（这是在夜间我睡着时干的），又决定送给我充足的酒肉，并备一架机器将我运到国都。

　　这一决定也许太大胆危险，我敢说在同样情形下，任何一位欧洲的君主都不会效仿这一做法的。不过依我看，他们这么做既极为慎重，又很宽宏大量，因为假如这些人趁我睡着的时候企图用矛和箭杀死我，那么我一感觉疼痛，肯定就会惊醒过来，那样或者就会使我大怒，一用力气就能够挣断绑着我的绳子，到那时，他们无力抵抗，也就不能指望我心慈手软了。

　　这些人是十分出色的数学家，在皇帝的支持与鼓励下，他们的机械学方面的知识也达到了极其完备的程度。皇帝以崇尚、保护学术而闻名。这个君主有好几台装有轮子的机器，用来运载树木和其他一些重物。他经常在生产木材的树林子里建造最大的战舰，有的长达九英尺，然后就用这些机器将战舰运到三四百码以外的海上去。这次五百个木匠与工程师立即动手建造他们最大的机器。这是一座木架，离地三英寸，长约七英尺，宽约四英尺，装有二十二个轮子。看来是我上岸后四小时他们就出发了，我听到的欢呼声就是因为这机器运到了。机器被推到我身边，与我的身体平行。可是主要的困难是怎样把我抬起来放到车上去。为此他们竖起了八十根一英尺高的柱子，工人们用绷带将我的脖子、手、身子和腿全都捆住，然后用包扎线粗细的极为结实的绳索，一头用钩子钩住绷带，一头缚在木柱顶端的滑车上。九百名最强壮的汉子齐拉绳索，结果不到三小时，就把我抬了起来吊到了车上。在车上我依然被捆得严严实实。这一切全都是别人跟我说的，因为他们在工作时，我由于掺在酒里的催眠药药性发作，睡得正香呢。一千五百匹个头最大的御马，每匹都高约四英寸半，拖着我向都城而去。前面我已说过，都城就在半英里之外。

我们在路上走了大约四个小时以后，一件很可笑的事忽然把我弄醒了。原来是车子出了点毛病，需要修理，停住的一会儿就有两三个年轻人一时好奇，想看看我睡着时是什么模样，就爬上机器来，悄悄地来到我的脸前；其中一个是卫队军官，他把他那短枪的枪尖直往我左鼻孔里伸，像一根稻草那样弄得我鼻孔发痒，猛打喷嚏；他们随即偷偷溜走了，并未被人发觉；事情过了三个星期，我才弄清楚为什么我那时会突然醒来。那天接下来我们又走了很长的路，夜里休息时，我的两边各有五百名卫士，他们一半手持火把，一半拿着弓箭，只要我想动弹一下，就随时向我射击。第二天太阳一出，我们又继续上路，大约中午时分，离城门就不足两百码了。皇帝率全朝官员出来迎接，但他的大将们却坚决不让皇帝冒险爬上我的身子来。

停车的地方有座古庙，据说是全王国最大的。几年前庙里曾发生过一桩惨无人道的凶杀案，就当地那些虔诚的人看来，这有污圣地，所以就把所有的家具及礼拜用品全都搬走了，只当作一般的公共场所使用。他们决定就让我在这大厦里住下。朝北的大门约有四英尺高两英尺宽，由此我可以方便地爬进爬出。门的两边各有一扇小窗，离地不会超过六英寸。国王的铁匠从左边的窗口引进去九十一条链条；那链条很像欧洲妇女表上所挂的链子，粗细也一样；铁匠再用三十六把挂锁把我的左腿锁在链条上。在大路的另一边，与这庙相对的，是二十英尺外的一座塔楼，楼高至少五英尺，皇帝及其朝中主要官员就由此登楼，以便瞻仰我的风采。这是我后来听说的，因为我看不到他们。估计有十万以上的居民也都出城来看我。虽然我有卫队保护，可我猜想有不下万人好几次由梯子爬上了我的身体。但不久就发出公告禁止这种行为，违者处死。当工人们发现我不可能再挣脱时，就将捆绑我的所有绳子全都砍断。我站立起来，生平从来没有这样沮丧过。可是人们看到我站起来走动，其喧闹和惊讶的情形简直无法形容。拴住我左腿的链条长约两码，不仅使我可以在一个半圆的范围内自由地前后走动，而且因为拴链条的地方离大门不到四英寸，所以我可以爬进庙去，伸直身子躺在里面。

第二章

利立浦特皇帝在几位贵族的陪同下前来看在押的作者——描写皇帝的仪容与服饰——学者们奉命教授作者当地语言——他因性格温顺博得皇帝的欢心——衣袋受到搜查，刀、手枪被没收。

我站起来，四下里一望，应该承认，我从未看见过比这更赏心悦目的景色。周围的田野像无尽的花园，圈起来的田地一般都是四十英尺见方，就像许许多多的花床。田地间夹杂着树林，树林占地八分之一英亩，据我推断，最高的树大约是七英尺。我望向左边的城池，那里看上去就像戏院里所绘的城池的布景。

几个小时以来，我憋得非常难受；这也不奇怪，因为从上一次放松到现在我已经两天没有排便了。我又急又羞，十分难堪。眼下我所能想到的最好的办法就是爬进屋去。我这么做了，进去后在身后把门关上，尽链子的长度走到里面，把身体里那叫我难受的负担排掉。但是这么不干不净的事我也就做过这一次，为此我只有希望公正的读者多少包涵一些了，能够实实在在、不偏不倚地考虑一下我当时的处境与所受的痛苦。从此以后，我通常是早上一起来就拖着链子到户外去办这件事。这也得到了适当的处理，每天早上行人出来之前，由两个特派的仆人用手推车将这讨人厌的东西运走。因为这与我好清洁的习性有关，所以我才认为有为自己辩明的必要，否则也不会啰唆这半天来说这么一件乍看起来似乎微不足道的事。不过，我听说一些中伤我的人却很乐意在这件事和别的一些事情上表示他们的怀疑。

　　这件事完了之后，我重又走出屋来，因为有必要呼吸一下新鲜空气。这时皇帝已经下了塔，正骑着马向我走来，这却差点儿使他付出不小的代价；因为那马虽然受过良好的训练，见了我却整个儿都不习惯，仿佛是一座山在它面前动来动去，不由得受了惊，前蹄悬空站了起来；幸亏这君王是位出色的骑手，依然能在马上坐住，这时侍卫跑过来勒住缰绳，皇帝才得以及时从马上下来。下马之后，他以极其惊讶的神情绕我一周，仔细打量，不过一直保持在链子长度以外的活动范围。他下令他的厨师和管家把酒菜送给我。他们早已做好准备，一听到命令就用一种轮车把饮食推到我能够得到的地方。我接过这些轮车，一会儿就把上面的东西吃个精光。二十辆车装满了肉，十辆车盛着酒；每辆肉车上的肉足够我吃两三大口；每辆酒车上有十小陶罐的酒，我把它们倒在一起，一饮而尽；剩下的几车我也是这样吃掉的。皇后以及年轻的王族男女，在许多贵妇人的陪伴下，坐在稍远一点的轿子里，但是皇帝的马出事之后，他们就下轿来到了皇帝的跟前。现在我来描述一下皇帝的仪容。他比所有的大臣高出大约我的一个指甲盖宽，仅此一点就足以使看到他的人肃然起敬。他容貌雄健威武，长着奥地利人的嘴唇，鹰钩鼻，橄榄色皮肤，面相坚毅端庄，四肢十分匀称，举止文雅，态度庄严。他现年二十八岁零九个月，青年时代已经过去；在位大约七年，国泰民安，大体上都是战无不胜。为了更方便地看他，我侧身躺着，脸对着他的脸。他在只离我三码远的地方站着，后来我也曾多次把他托在我手中，所以我的描述是不会有问题的。他的服装非常简朴，式样介于亚洲式和欧洲式之间，但头上戴了一顶饰满珠宝的黄金轻盔，盔顶上插着一根羽毛。他手握着抽出的剑，万一我挣脱束缚，他就用剑来防身。这剑大约三英寸长，柄和鞘全是金做的，上面镶满了钻石。他的嗓音很尖，但嘹亮清晰，我站起来也可以听得清清楚楚。贵妇人和廷臣们全都穿得非常华丽，他们站在那里看起来仿佛地上铺了一条绣满了金人银人的衬裙。皇帝陛下不时跟我说话，我也回答他，但彼此一个字都听不懂。在场的还有他的几个牧师和律师（我从他们的服装推断），也奉命跟我谈话。我就用我一知半解的各种语言与他们说话，这其中有高地荷兰语和低地荷兰语①、拉丁语、法语、西班牙语、意大利语，和通行于地中海一些港口地区的意、西、法、希腊、阿拉伯等的混合语，可

---

① 高地荷兰语指德语，低地荷兰语指荷兰语。

是全都不抵用。大约过了两个小时，宫廷的人才离去，留下一支强大的卫队，以防止乱民们无礼或者恶意的举动；这些人急不可耐地往我周围挤，大着胆子尽可能地挨近我；我在房门口地上坐着的时候，有些人竟无礼地向我放箭，有一支就差点儿射中了我的左眼。领队的上校下令逮捕了六个罪魁祸首，他觉得最合适的惩罚莫过于将他们捆绑了送到我手中。他的几个兵照办了，用枪杆将他们推到我手可以够得着的地方。我一把将他们全都抓在右手里，五个放入上衣口袋，至于第六个，我做出要生吃他的样子。那可怜虫号啕大哭，上校和军官们也都痛苦万状，尤其当他们看见我掏出小刀来的时候。但我很快就消除了他们的恐惧，因为我和颜悦色地立即用刀割断了绑着那人的绳子，轻轻地把他放到地上，他撒腿就跑。其余几个我也做了同样的处理，将他们一个一个从我的口袋放出。我看得出来，不论士兵还是百姓，对我这种宽宏大量的表现都万分感激，后来朝廷就得到了十分有利于我的报告。

到了傍晚时分，我好不容易才爬回屋里，在地上躺了下来，这样一直睡了大约两个星期。这期间皇帝下令给我准备一张床。他们用车子运来了六百张普通尺寸的床，在我的屋子里安置起来。一百五十张小床被拼在一起，做成一张长宽适度的床，其余的也照样拼好，四层叠在一起。但是我睡在上面也不见得比睡在平滑的石板地上好到哪里去。他们又以同样的计算方法给我准备了床单、毯子和被子，对于像我这么一个过惯了艰苦生活的人来说，这一切也就很过得去了。

我来到的消息传遍整个王国，引得无数富人、闲人和好奇的人前来看我。乡村里人差不多都走空了，要不是皇帝陛下下敕令颁公告禁止这种骚乱，那么随之就要产生无人耕种无人理家的严重后果。他命令那些已经看过我的人必须回家，没有朝廷许可证，不得擅自走近离我房子五十码以内的地方，廷臣们倒还因此获得了数量可观的税款。

与此同时，皇帝多次召开会议，讨论应对我采取的措施。我有一位地位很高的特殊的朋友，被认为参与了这桩机密事件，他后来向我证实，因为我，朝廷面临重重困难。他们怕我挣脱逃跑；我的伙食费太贵，可能会引起饥荒。他们一度曾决定将我饿死或者用毒箭射我的脸与手，那样很快就可以将我处死。但他们又考虑到，这么庞大的一具尸体，发出恶臭来，可能会造成都城瘟疫，说不定还会在整个王国传染开来。正当大家在商讨这些事情的时候，会议大厅门口来了几位部队的军官，其中两位被召见，进去报告了上文提到的我处置六名罪犯的情形。我的这一举动在皇帝陛下以及全体廷臣的心中留下了极好的印象，皇帝随即颁下一道令：城市周围九百码以内所有的村庄，每天早上必须送上六头牛、四十只羊以及其他食品作为我的给养；此外还须提供相应数量的面包、葡萄酒和其他酒类；这笔费用，皇帝指令由国库支付。原来这位君王主要靠自己领地上的收入生活，除非遇上重大事件，一般难得向百姓征税；只是一旦战事发生，百姓须随皇帝出征，费用由自己负担。皇帝又指令一个六百人的队伍做我的听差，发给他们伙食费以维持生计；为方便服务，又在我的门两旁搭建帐篷供他们居住。他还下令三百个裁缝按本国式样给我做一套衣服；雇六名最伟大的学者教我学习他们的语言；最后，他还要他的御马、贵族们的马以及卫队的马时常地在我跟前操练，使它们对我习惯起来。所有这些命令都得到及时执行。大约过了三个星期，我在学习他们的语言方面大有进步；这期间皇帝时常驾临，并且十分乐意帮助我的老师一起教我。我们已经可以开始做某些方面的交谈了。我学会的第一句话就是向他表达自己的愿望，他是否可以让我获得自由。这句话我每天都跪在地上重复。根据我的理解，他的回答是：这得经过时间的考验，不征求内阁会议的意见，是不予考虑的，而且首先我要"卢莫斯·凯尔敏·派索·德丝玛·龙·恩普索"，意思是说，宣誓与他及他的王国和平相处。当然，他们总会很好地待我；他还劝我要耐心谨慎，以此来赢得他及他的臣民的好感。他又希望，假如他敕令几个专门官员来搜我的身，我不要见怪，因为我身上很可能带着几件武器，要是这些武器的大小配得上我这么一个庞然大物，那一定是很危险的东西。我说我可以满足陛下的要求，我随时可以脱下衣服，翻出口袋让他检查。这番意思我是一半用话一半用手势来表达的。他回答说，根据王国的法律，我必须经过两位官员的搜查；他也知道，没有我的同意和协作，这事是办不到的；但是他对我的大度与正直极有好感，很放心将他们的安全托付给我；并且无论他们从我身上取走什么，我离开这个国家时自当奉还，或者按我规定的价格如数赔偿。于是我把那两位官员拿到手上，先放入上衣口袋，接着又放入身上的其他口袋，只有两只表袋和另一只放着几件零用必需品的秘密口袋没有让他们搜查，因为那些东西对别人没有什么意义，我觉得没有搜查的必要。一只表袋里是一块银表，另一只则放着一只存有少量金币的钱包。两位先生随身带着钢笔、墨水和纸，他们将所看到的一切列出一份详细的清单；做完之后，要我把他们放回地上，以便将清单呈交皇帝。这份清单我后来将它译成了英文，逐字抄录如下：

第一，在巨人山（"昆布斯·弗莱斯纯"一词我是这样翻译的）上衣的右边口袋里，经过最严格的搜查，我们只发现了一大块粗布，大小足可做陛下大殿的地毯。在左边口袋里，我们看到一口巨大的银箱，盖子也是银制的，我们搜查的人打不开。我们要巨人山打开，我们中有一人就跨了进去，结果有一种尘土一般的东西一下没到他腿的中部，尘埃扑面，弄得我们俩一起打了好几个喷嚏。在他背心的右边口袋里，我们发现了一大捆白而薄的东西，层层相叠，有三个人这么大，用一根结实的缆绳扎着，上面记着黑色的图形，依我们的愚见，这大概就是他们的文字，每个字母差不多有我们半个巴掌那么大小。左边那只袋里是一部机器一样的东西，它的背面伸出二十根长长的柱子，仿佛陛下宫前的栏杆，我们推测那是巨人山用来梳头的东西。我们没有老拿问题去麻烦他，因为我们发现要他听懂我们的话很是困难。在他的中罩衣（"栾佛路"一词我译作中罩衣，他们指的是我的马裤）右边的大口袋里，我们看见一根中空的铁柱子，有一人来高，固定在比铁柱子还要粗大的一块坚硬的木头上，柱子的一边伸出几块大铁片，做得奇形怪状，我们不明白这是做什么用的。左边的口袋里放着同样的一部机器。在右边稍小一点的口袋里，是一些大小不等的圆而扁的金属板，颜色有白有红；白的像是银子，又大又重，我和我的同伴都难以搬动。左边那一只里，是两根形状不规则的黑柱子；由于我们站在口袋底部，轻易到不了柱子的顶端。一根柱子被东西覆盖着，看上去只是一件整的东西；可是另一根柱子的顶端上似乎有一样白色的圆东西，大约有我们的两个头大小。两根柱子都镶着一块巨大的钢板，我们怕是什么危险的机器，就命令他拿出来给我们看。他把它们从盒子里取出，告诉我们，在他国内，他一般是用其中的一件刮胡子，另一件切肉。还有两只口袋我们进不去，他管它们叫表袋，实际是他中罩衣上端开着的两个狭长的缝口；因为他肚子的压力，这两只袋子很紧。右边表袋外悬着一条巨大的银链，底端拴着一部神奇的机器。我们指令他把链子上拴着的东西拉出来，却是一个球体的东西，半边是银，半边是种透明的金属；在透明的一边，我们看到画着一圈奇异的图形，我们想也许可以去摸一下，手指却被那透明的物质挡住了。他把那机器放到我们耳朵边，只听得它发出不间断的声音，仿佛水车一般。我们猜想这不是某种我们不知名的动物，就是他所崇拜的上帝，但我们更倾向于后一种猜测，因为他对我们说（如果我们理解正确的话，他表达得很不清楚），无论做什么事，他都要向它请教。他管它叫作先知，说他一生中的每一个活动都由它来指定时间。他从左边的表袋里掏出一张差不多够渔夫使用的网，不过可以像钱包一样开合，实际也就是他的钱包。我们在里边找到几大块黄色的金属，要真是金子的话，其价值可就大了。

我们遵奉陛下之命，将他身上所有的口袋都认真地搜查了一遍。我们还在他腰间看到了一条腰带，是由一种巨兽的皮革制成的。腰带的左边挂了一把五人高的长刀，右边挂着一只皮囊，里面又分做两个小袋，每只小袋均可装得下三个陛下的臣民；其中的一只装了些和我们脑袋一样大小的重金属球，要一手好力气才拿得起来；另一只盛了一堆黑色颗粒，个儿不大也不重，我们一手可以抓起五十多个。

这就是我们在巨人山身上搜查结果的详细清单。他对我们极有礼貌，对陛下的命令表现了应

有的尊重。陛下荣登宝位第八十九月初四日。签
名盖章。

克莱弗林·弗利洛克

马尔西·弗利洛克

当这份清单给皇帝宣读完之后，他虽然措辞婉转，却还是命令我把那几件物品交出来。他首先要我交出腰刀，我就连刀带鞘一起摘了下来。与此同时，他命令三千精兵（当时正侍卫着他）远远地将我围起来，持弓搭箭随时准备向我放射；不过我并没有去留心那个，因为我两眼正全神贯注于皇帝身上。他接着要我拔出腰刀；刀虽然受海水浸泡有点生锈，但大体上还是雪亮的。我拔出刀来，所有士兵又惊又怕，立即齐声叫喊；此时正烈日当空，我手持腰刀舞来舞去，那刀光使他们眼花缭乱。陛下到底是位气概非凡的君王，并没有像我预想的那么惊恐；他命令我将刀收回刀鞘，轻轻地放到地上离拴着我的链子的末端约六英尺的地方。他要我交出的第二件东西是那两根中空的铁柱之一，他指的是我那支袖珍手枪。我把枪拔出来，按照他的要求，尽可能清楚地向他说明这枪的用途。因为皮囊收得紧，其中的火药幸而没有被海水浸湿（所有谨慎的航海家都会特别小心以免火药被海水浸湿这种不方便的事情发生）。我只装上了火药，并且事先提请皇帝不要害怕，然后向空中放了一枪。他们这一次所受的惊吓，大大超过了刚才见我腰刀时的惊吓。几百人倒地，好像被震死了一

样，就是皇帝，虽然依旧站着没有倒下，却也是半天不能恢复常态。我像交出腰刀那样，交出了两把手枪以及弹药包。我请求他注意，不要让火药接近火，因为一丁点儿火星就会引起燃烧，把他的皇宫轰上天去。我同样又交出了表，皇帝看了非常好奇，命令两个个子最高的卫兵用杠子抬在肩上，就像英格兰的运货车夫抬着一桶淡啤酒一样。对于表所发出的连续不断的声音和分针的走动，他大为惊奇。由于他们的视力远比我们的敏锐，所以很容易就看得出分针是在走动着。他征询了身边学者们的意见，虽然实际上我不大能听得懂他们的话，却还是可以看出他们的意见各式各样，分歧很大，这也用不着我多说，读者自可想象。接着我又交出了银币和铜币、钱包以及里面的九大块金币及几枚小金币，还有我的小刀、剃刀、梳子、银鼻烟盒、手帕和旅行日记。结果是我的腰刀、手枪和弹药包被车送进了皇帝的御库，其余物件全都归还给了我。

前面也曾说到过，我还有一只秘密口袋逃过了他们的检查，那里有我的一副眼镜（我视力差，有时需戴眼镜），一架袖珍望远镜和其他一些小玩意儿。那些东西对皇帝来说无关紧要，我也就认为没有必要非献出来不可。再者，我也担心，这些东西随随便便交了出去，可能不是被弄丢就是要被搞坏的。

第三章

作者给皇帝和男女贵族表演一种极不寻常的游戏——描写利立浦特宫廷中的各种游乐活动——作者接受某些条件后获得自由。

我的君子之风和善良举止博得了皇帝和朝臣们的欢心，事实上，军队和人民也都普遍地对我有好感，所以我就开始抱有在短期内获得自由的希望。我采取一切可能的办法来讨好他们。渐渐地，当地人不太害怕我对他们会有什么威胁了。有时候我躺在地上，让他们五六个人在我的手上跳舞。到最后，男孩女孩们都敢走到我的头发里来玩捉迷藏了。在听和说他们的语言方面，如今我也有了长足的进步。有一天，皇帝想到要招待我观看他国内的几种表演。就演出的精妙与宏大而言，他们的表演超过了我所知道的任何一个国家。最使我开心的是绳舞者的表演。他们是在一根长约两英尺、离地面十二英寸的白色的细绳子上表演的。这件事我想请读者耐心一点，听我详细道来。

只有那些正在候补重要官职或希望获得朝廷恩宠的人

才来表演这种技艺。他们从小就接受此道的训练。这些人并非都是贵族出身或受过良好的教育。每当有重要官职空缺，不论是原官员过世还是失宠撤职（这是常有的事），就会有五六位候补人员呈请皇帝准许他们给皇帝陛下及朝廷百官表演一次绳上舞蹈；谁跳得最高而又不跌下来，谁就接任这个职位。重臣们也常常奉命表演这一技艺，使皇帝相信他们并没有忘记自己的本领。大家认为，财政大臣佛利姆奈浦在拉直的绳子上跳舞，比全王国任何一位大臣至少要高出一英寸。我曾见他在一块固定在绳子上的木板上面一连翻了好几个跟斗，那绳子只有英国普通的包装线那么粗。如果我没有偏心的话，那么据我看，我的朋友内务大臣瑞尔德里沙本领仅次于财政大臣，其余大官们则彼此不相上下。

这样的游戏往往伴有致命的意外事故，其中大量的事故情况有案可稽。我自己就亲眼看到两三个候补人员跌断了胳膊和腿。但是更大的危险发生在大臣们自己奉命来表现功夫的时候，因为他们想跳得比以前好，又想胜过同跳的人，猛然来一下，很少有不栽倒的，有人甚至要跌两三次。我听说在我来到这地方的一两年之前，佛利姆奈浦就差点儿跌死，要不是皇帝的一块坐垫恰好在地上减轻了他跌落的力量，他的脖子是肯定折断了。

还有一种游戏，是逢特别重大的节日专为皇帝、皇后及首相表演的。皇帝在桌上放三根六英寸长的精美丝线，一根蓝，一根红，一根绿。这三根丝线是皇帝准备的奖品，他打算用以奖励不同的人以示其不同的恩宠。表演仪式在皇宫的大殿上举行，候补人员要在此比试和前面完全不同的技艺，这类技艺我在新旧大陆的任何一个国度都未曾见过有一丝相似的。皇帝手拿一根棍子，两头与地面平行，候选人员一个接一个跑上前去，一会儿跳过横杆，一会儿从横杆下爬行，来来回回反复多次，全看那横杆是往上提还是往下放而定。有时候皇帝和首相各拿着棍子的一端，有时则由首相一人拿着。谁表演得最敏捷，跳来爬去坚持的时间最长，谁就被奖以蓝丝线，其次赏给红丝线，第三名得绿丝线。他们把丝线绕两圈围在腰间；你可以看到朝廷上下很少有人不用这种腰带做装饰的。

战马和皇家御马由于每天都被带到我的跟前，已经不再胆怯，一直走到我的脚边也不会惊吓。我把手放在地上，骑手们就纵马从上面跃过去；其中有一名是皇帝手下的猎手，他骑一匹高大的骏马从我穿着鞋子的脚面跳了过去。这确是惊人的一跳。一天，我很荣幸有机会表演一种非常特别的游戏供皇帝消遣。我请求他吩咐人给我弄几根两英尺长的棍子来，像普通手杖一样粗细的就行。皇帝就命令他负责森林的官员前去照办。第二天早晨，六个伐木工人驾着六辆马车来到了，每辆车都由八匹马拉着。我从车上取下九根木棍，牢牢地插在地上，摆成一个二点五平方英尺的四边形。我又取四根木棍，横绑在四边形的四角，离地面约两英尺。接着我把手帕缚在九根直立的木棍上，四面绷紧就像鼓面一样。那四根横绑的木棍高出手帕约五英寸充作四边的栏杆。这活干完之后，我就请皇帝让一支由二十四人组成的精骑兵上这块平台来操演。皇帝同意了我的这一建议，我就用手将这些马一匹匹拿起来放到手帕上，马上骑着全副武装的军官，准备操练。他们一站整齐就立即分成两队，进行小规模的军事演习，一时弩箭齐发、刀剑出鞘，跑的跑，追的追，攻的攻，退的退，总之表现出了我从未见过的严明的军事纪律。那四根横木棍保护了人马，他们没有从平台上跌下来。皇帝高兴至极，命令他们几天内反复表演这个游戏。有一次他甚至乐意我把他举到平台上去发号施令。他甚至于费尽口舌说动皇后，让我把她连人带轿举到离平台不到两码的高处，从那里她得以饱览操练的全景。也算我运气好，几次表演都没有什么不幸的事故。只有一次，一位队长骑的一匹性情暴烈的马用蹄子乱踢，在手帕上踹了一个洞，马腿一滑，人仰马翻。但我马上就将人马都救起了，一手遮住洞，一手像原先送他们上台时那样将人马放回了地上。失足的马左肩胛扭伤了，骑手则什么事也没有。我尽量将手帕补好，不过我再也不相信这手帕有多么坚韧，能经得起玩这种危险的玩意儿了。

就在我获得自由的前两三天，一次当我正在给朝廷上下表演这类技艺供他们取乐时，忽然来了一位专差，向皇帝报告说，有几个百姓在骑马走近我原先被俘的地方时，发现地上躺着一个很大的黑色的东西，样子怪极了，圆圆的边，伸展开去有陛下的寝宫那么大，中部突起有一人高。他们起初还怕那是什么活的动物，可是有人绕它走了几圈，它还是在草地上躺着一动不动，就觉得并不是了。他们踩着彼此的肩膀爬到了顶上，顶部平平扁扁的，用脚一踩才发现里面是空的。依他们浅陋之见，这可能是巨人山的东西。如果皇帝准许，他们用五匹马就可以将它拉了来。我立即就明白他们说的是什么了。听到这个消息，我真打心眼里高兴。可能是翻船以后我刚上岸那会儿狼狈不堪，还没走到睡倒的地方，帽子就被搞掉了。我划船时曾把那帽子用绳子系在头上，泅水时也一直戴着，我估计后来是什么意外事故，绳子断了，而我却一无所知，还以为帽子掉在海里了呢。我恳请皇上下令尽快将帽子给我送来，一边给他说了帽子的用途和特性。第二天，车夫将帽子运来了，可是已经不很完好。他们在帽檐上离边不到一英寸半的地方钻了两个孔，孔上扎了两个钩，再用一根长绳系住钩子一头接到马具上，这样将我的帽子拖了半英里多路。不过这个国家的地面极为平整光滑，所以帽子所受的损伤比我预想的要轻。

这件事之后两天，皇帝命令驻扎在都城内外的一部分部队做好演习准备。原来他又想出了一种花头，要以一种十分奇怪的方式来取乐。他要我像一座巨像那样站在那儿，两腿尽可能地分开，然后命令他的将军（一位经验丰富的老将，也是我的一位大恩人）集合队伍排成密集队形，从我的胯下行军。步兵二十四人一排，骑兵十六人一排，擂鼓扬旗，手持长枪向前进。这一支军队由三千步兵与一千骑兵组成。皇帝命令，前进中每一名士兵必须严守纪律，尊敬我个人，违者处死。不过这道命令并没有禁止住几位年轻军官在我胯下经过时抬起头来朝我看。说实话，我的裤子那时已经破得不成样子了，所以会引起那些军官的哄笑与惊奇。

我向皇帝上了许多奏章要求恢复自由，他终于先在内阁会议上，接着又在全体国务委员会议上提出了此事。除斯开瑞什·博尔戈兰姆之外，无一人反对。这个人我并未惹他，却偏要与我为敌。但是全体阁员都反对他，因此我的请求还是得到了皇帝的批准。这位大臣是个"葛贝特"，即当朝的海军大将，深得皇帝的信任，也通晓国家事务，不过脸色阴郁而愠怒。他最后还是被说服了，却又坚持我的释放须有条件，我得宣誓信守那些条件，条件文本由他亲自起草。斯开瑞什·博尔戈兰姆在两位次官与几位显要的陪同下，亲手将文件交给了我。宣读完文件之后，他们要我宣誓遵守上面的条款，先是按照我自己国家的方式，然后再按照他们的法律所规定的方式宣誓。他们的方式是：用左手拿住右脚，右手中指置于头顶，大拇指放在右耳尖。读者也许有些好奇，想了解一下这个民族特有的文章风格和表达方式，以及我恢复自由所应遵守的条款，我就将整个文件尽可能逐字逐句地在此翻译出来，供大家一看：

高尔伯斯脱·莫马仑·依芙莱姆·歌尔迪洛·谢芬·木利·乌利·古，利立浦特国至高无上的皇帝，举世拥戴、畏惧，领土广被五千布拉斯特洛格（周界约十二英里），边境直达地球四极；身高超过所有人类的万王之王；脚踏地心，头顶太阳；头一点，全球君王双膝颤；和蔼如春，舒适如夏，丰饶如秋，可怖如冬。至高无上的我皇陛下，向最近来到本天朝国土的巨人山提出如下条款，巨人山须庄严宣誓并遵守执行：

一、如果没有加盖我国国玺的许可证，巨人山不得离开本土。

二、不得命令，他不准擅自进入首都；如经特许，居民应在两小时前接到通知闭户不出。

三、巨人山只准在我国的主要大路上行走，不得随便在草地上或庄稼地里行走卧躺。

四、他在上述大路走动时，须绝对小心，不得践踏我国良民及其车马；没有本人同意，不得将我国良民拿到手里。

五、如遇需要特殊传递的急件，巨人山须将专差连人带马装进口袋，跑完六天的路程。此事每月一次，如果必要，还须将该专差安全送回到皇帝驾前。

六、他应和我国联盟，迎战不来夫斯库岛的敌人，竭尽全力摧毁正准备向我们发起侵略的敌军舰队。

七、巨人山闲时应帮助我们的工匠抬运巨石，建造大公园园墙以及其他皇家建筑。

八、巨人山须用沿海岸步行的计算方法，在两个月内，呈交我国疆域周长精确测量报告一份。

最后，巨人山如果郑重宣誓遵守上述各条，他每天即可得到足以维持我国一千七百二十八个国民的肉食与饮料。可随时谒见皇帝，同时享受皇帝的其他恩典。

我皇登极以来第九十一月十二日于伯尔法勃拉克宫。

我心悦诚服地宣了誓，并且在条款上签了字。不过有几条不如我希望的那么体面，那完全是海军大将斯开瑞什·博尔戈兰姆心存不良所致。锁住我的链子一打开，我即获得了完全的自由。皇帝也特别赏光，御驾亲临了整个仪式。我俯伏在皇帝脚下以示感恩，可他命令我站起来，又说了许多好话，不过为了避免人说我虚荣，我就不再在这里重复了。他又说，希望我做一名有用的仆从，不要辜负他已经赏赐于我并且将来还可以赏赐于我的恩典。

读者也许会注意到，在让我恢复自由的最后一条中，皇帝规定每天供给我足可维持一千七百二十八个利立浦特人的肉食与饮料。不久以后，我问宫廷的一位朋友，他们如何得出了这样一个确切的数目。他告诉我说，皇帝手下的数学家们借助四分仪测定了我的身高。我身高超过他们，比例为十二比一，由于他们的身体大致相同，因此得出结论：我的身体至少可抵得上一千七百二十八个利立浦特人，这样也就需要可维持这么多人的相应数量的食物。读者由此可以想到，这个民族是多么的足智多谋，这位伟大的君王的经济原则是多么的精明而精确。

第四章

关于利立浦特首都密尔敦多以及皇宫的描写——作者与一位大臣谈帝国大事——作者表示愿为皇帝效劳，对敌作战。

我获得自由后，第一个要求就是获准参观首都密尔敦多。皇帝很爽快就答应了，只是特别关照不得伤及当地居民和民房。人们也从告示里得知我将访问都城的计划。环绕都城的城墙高两英尺半，宽至少有十一英寸，所以尽可驾驶一辆马车很安全地在上面绕行一周。城墙两侧每隔十英尺就是一座坚固的塔楼。我跨过西大门，轻手轻脚地往前行，侧着身子穿过两条主要的街道，身上只穿了件短背心，因为我怕要是我穿了上衣，衣服的下摆也许会带坏民房的屋顶或屋檐。虽然有命令严格禁止任何人出门，否则就会有生命危险，可我走路还是非常小心，免得一脚踏坏了在街上游荡的人。阁楼的窗口和房顶上全都挤满了看热闹的人，我不由得想，在我的任何一次旅行中，也没见过像这样人口众多的地方。这座城是一个标准的正方形，每边城墙长五百英尺。两条大街各宽五英尺，十字交叉将全城分作四个部分。胡同与巷子我就进不去了，只能从旁边路过时看一下，它们的宽度从十二到十八英寸不等。全城可容纳五十万人。房子有的高三层，有的高五层。商店和市场百货齐全。

皇宫在全城的中心，正当两条主要大街的交会之处，四周是高两英尺的围墙，宫殿离围墙还有二十尺。我获得皇帝的许可后跨过了这道围墙。围墙与宫殿之间的空地很大，我可以很容易地绕行，看到宫殿的每一面。外院四十英尺见方，其中又包括两座宫院。最里面的是皇家内院，我很想看一看，却发现极困难，原因是从一座宫院通往另一座宫院的大门都只有十八英寸高、七英寸宽。外院的建筑高至少也有五英尺，虽然院墙由坚固的石块砌成，厚达四英寸，可我就这么跨过去不可能不对整个建筑群造成极大的损害。皇帝这时候也很希望我去瞻仰一下他那金碧辉煌的宫殿，但这我三天以后才办到。那三天，我用小刀在离城约一百码的皇家公园里砍下了几棵最大的树，我用它们做了两张凳子，每张高约三英尺，并且都能承受得起我的体重。市民们得到第二次通告后，我又进城了，手里拿着两张凳子往皇宫而去。到达外院近旁，我站上一张凳子，把手里的另一张举过屋顶，然后轻轻地放到一院和二院中间那块宽八英尺的空地上。这样从一张凳子到另一张凳子，我很轻便地就跨过了外院的楼群，之后我再用带弯钩的棍棒把第一张凳子钩了过来。我用这样的方法来到了皇家内院。我侧着身子躺下来，脸挨到中间几层楼那些特地为我打开的窗子前，由此看到了人们所能想象到的最辉煌壮丽的内宫。我看到了皇后和年轻的王子们，他们在各自的寝宫里，身边都有一些高级侍从相随。皇后陛下很高兴，对我十分和蔼地笑了笑，又从窗子里伸出手来赐我一吻。

但是我不想读者更多地来听这一类的描述了，因为我把它们留给了另一部篇幅更大的书；那书差不多就要出版了，里边概括地叙述了这个帝国由创建到历经各代君王的整个历史，特别叙述了该帝国的战争、政治、法律、学术、宗教、动植物、特殊的风俗习惯以及其他稀奇而有益的事情。眼下我主要想来描述一下我住在这个帝国约九个月里发生在我以及公众身上的种种事件。

我获得自由后约两个星期，一天早上，内务大臣瑞尔德里沙（他们这么称呼他）来到我的寓所，随身只带了一个侍从。他吩咐他的马车在远处等候，请求同我谈一个小时。由于他的身份和个人功绩，也由于我在向朝廷提出请求时他帮过不少忙，因此我很快就答应了他。我提出躺下来，这样我听他说话可以更方便些，但他更愿意让我把他托在手里同我交谈。他先是祝贺我获得了自由。他说在这件事情上他自认为也有些功劳，不过他又说，要不是朝廷现在这个处境，我也许不会这么快就获得自由的。"因为，"他说，"虽然在外国人看来我们的国势很昌隆，实际却深为两大危机所苦：一是国内党争激烈，一是国外强敌入侵的危险。至于第一个，你要知道，七十多个月以来，帝国内有两个党派一直在互相争斗，一个党叫作特莱姆克三，一个党叫作斯莱姆克三，区别就在于一个党的鞋跟高些，另一个党的鞋跟低些。事实上，据说高跟党最合古法，但不论怎样，皇帝却决意一切政府行政管理部门只起用低跟党人。这一点你是不会觉察不到的。皇帝的鞋跟就特别低，和朝廷中任何一位官员比，他的鞋跟至少要低一'都尔'（'都尔'是一种长度，约等于十四分之一英寸）。两党间积怨极深，从不在一块儿吃喝或谈话。我们算来，特莱姆克三或高跟党的人数要超过我们，可是权力却完全掌握在我们手中。我们担心的是，作为王位继承人的太子殿下有几分倾向于高跟党，至少我们清清楚楚地看到他的一只鞋跟比另一只要高些，所以走起路来一拐一拐。而正当我们内患方殷，却又受到不来夫斯库岛敌人入侵的威胁。那是天地间又一个大帝国，面积与实力和我皇陛下治下的这个帝国几乎不相上下。至于我们听你说到过世界上还有其他一些王国和国家，住着像你一般庞大的人类，我们的哲学家对此深表怀疑，他们宁可认为你是从月球或者其他某个星球上掉下来的；因为身躯像你这么大的人只要有一百个，短期内就肯定会将皇帝陛下领地上所有的果实与牲畜吃个精光。再说，我们六千个月的历史除了利立浦特和不来夫斯库两大帝国外，也从来没有提到过其他什么地方。我下面就要告诉你的是，这两大强国过去三十六个月以来一直在苦战。战争开始是由于以下的原因：我们大家都认为，吃鸡蛋前，原始的方法是打破鸡蛋较大的一端。可是当今皇帝的祖父小时候在一次按古法打鸡蛋时，碰巧将一根手指弄破了，因此他的父亲，当时的皇帝，就下了一道敕令，命全体臣民吃鸡蛋时打破鸡蛋较小的一端，违者重罚。人民对此法极为反感。历史告诉我们，由此曾发生过六次叛乱，其中一个皇帝送了命，另一个丢了王位。这些内乱常常是由不来夫斯库国的君王们煽动起来的。骚乱平息后，流亡的人总是逃到那个帝国去寻求避难。据估计，先后几次有一万一千人情愿受死也不肯去打破鸡蛋较小的一端。关于这一争端，曾出版过几百本巨著，不过大端派的书一直是受禁的，法律也规定该派任何人不得做官。在这一切麻烦纷乱的过程中，不来夫斯库的帝王们经常派大使前来规劝，说我们在宗教上闹门户分立，违背了我们伟大的先知拉斯特洛格在《布兰德克拉尔》（即他们的《古兰经》）第五十四章中的一条基本的教义。不过我们认为这只是对经文的一种曲解，因为原文是：'一切真正的信徒应在他们觉得方便的一端打破鸡蛋。'何为方便的一端呢？依我粗陋之见，似乎只有听凭各人的良知了，或者至少也得由主要行政长官来决定。大端派的流亡者深得不来夫斯库朝廷的信任，又深受国内党羽的秘密援助和怂恿，这样两帝国之间就掀起了一场血战，三十六个月以来，双方各有胜负。这期间我们损失了四十艘主要战舰和数目更多的小艇，我们还折损了三万最精锐的水兵和陆军。我们估计敌人所受的损失比我们的还要大些。可是他们现已装备好了一支庞大的舰队，正准备向我们发起进攻。陛下深信你的勇气和力量，所以才命我来把这件事说与你听。"

我请内务大臣回奏皇上：虽然我是个外国人，不便干预党派纷争，但为了保卫皇帝陛下和他的国家，我甘冒生命危险，随时准备抗击一切入侵者。

第五章

作者以特殊战略阻止了敌人的侵略——被授予高级荣誉称号——不来夫斯库皇帝遣使求和——皇后寝宫失火；作者帮忙抢救了其余的宫殿。

不来夫斯库帝国是位于利立浦特东北方的一个岛国，两国间只隔了一条宽八百码的海峡。我还不曾见过这个岛。自从得到敌人企图入侵的这个消息以后，我就避免去那一带海岸露面，为的是不让敌人的船只发现，因为他们至今还没有得到关于我的任何情报。战争期间两国间的来往一律严格禁止，违者处死；皇帝同时下令所有船只统统禁运。我向皇帝提出了我构想的一个如何夺取敌人整个舰队的方案。据我们的侦察员报告，敌人的舰队正停泊在港湾，一有顺风，立刻起航。我向经验最丰富的海员打听海峡的深度。他们多次测量过。他们告诉我，海峡中心水位高时有七十"格兰姆格兰夫"深，大约相当于欧洲度量单位的六英尺；其他地方最多不过五十"格兰姆格兰夫"。我朝东北海岸走去，正对面就是不来夫斯库。我在一座小山丘后趴了下来，取出我的袖珍望远镜，看到了停泊在港的由约五十艘战舰和大量运输舰组成的敌军舰队。然后我回到家里，下令（皇帝颁发了我一份委任状）赶制大量最结实的缆绳和铁棍。缆绳的粗细与包扎线差不多，铁棍的长度和大小则与编织用针一样。我把三根缆绳拧成一股，这样就更结实了；同样，我又把三根铁棍扭到一起，两头弯成钩形。我这样将五十只钩子拴上五十根缆绳之后，又回到了东北海岸。我脱去上衣和鞋袜，穿着件皮背心走下海去，这时离涨潮大约还有半个小时。我赶紧涉水而过，在中心部位游了约三十码，直到我的脚能够得着海底。不到半个小时，我就到达了敌舰队的位置。敌人见我吓得要命，纷纷跳下船向岸边游去，人数不下三万。我拿出工具，把钩子在每一只船船头上的一个孔里套牢，所有缆绳的另一端收拢扎起。我这么做的时候，敌人放射了几千支箭，许多箭射中了我的手和脸，不仅使我极度疼痛，工作也大受干扰。我最担心的是我的眼睛，要不是我忽然想到了应急的措施，一双眼睛肯定是没了。我前面已经说过，我在一只秘密口袋里藏了一些日常的小用品，其中就有一副眼镜，这些东西都逃过了皇帝派来的人的搜查。我把眼镜拿出来，尽可能牢地戴在鼻子上。有了这件装备之后，我就继续大胆地工作起来。尽管敌人还在放箭，好多箭也射中了镜片，但也只是对玻璃片稍有损伤罢了。现在我已套牢了所有的钩子，我拿起绳结，开始拉；可是船一动不动，原来它们都下了锚，死死地停在那里；这样，最需要我勇气的活儿还在后头呢。我因此先放下绳索，铁钩仍旧搭在船上，取出小刀，果断地割断了系着铁锚的缆绳，这时我脸上和手上大约中了有两百支箭。接着我重又拾起系着铁钩的绳结一端，轻而易举地将敌方最大的五十艘战舰拖了就走。

不来夫斯库人一点也没有想到我要干什么，起初只是一片惊慌失措。他们看到我割绳，还以为我只是想让船只随波漂流或互相撞击而沉，可当他们发现整个舰队竟秩序井然地动起来而又见我在一头拉着时，立即尖叫起来，那种悲哀而绝望的喊叫声简直难以形容、不可想象。我脱离危险之后，稍稍停了一会儿，拔出手上脸上的箭，搽了一点油膏，这我前面已提到过，是我初到时利立浦特人给我的。然后我摘下眼镜，等了约一个小时后潮水稍退，再带着我的货物，涉水走过海峡的中心，安全返回利立浦特皇家港口。

皇帝和全朝官员站在岸边，等待这一次伟大冒险的行动结果。他们见船只成一大半月形向前推进，却不见我人影，因我在水中，水已没过我的胸脯。当我走到海峡中心时，他们就越发愁闷了，因为这时的水已没及我的脖子。皇帝断定我是淹死了，而敌方舰队正不怀好意而来。可是他很快就放心了。我越往前走，海峡的水就越浅，不一会儿工夫，就走到了彼此可以听见喊声的地方。我举起用来拖舰队的缆绳的一端，高声呼喊："最强大的利立浦特皇帝万岁！"这位伟大的君王迎我上岸，对我竭尽赞颂，当场就封了我"那达克"，这是他们最高的荣誉称号了。

皇帝希望我另找个机会把剩下的敌方军舰全都拉到他

的港口来。君王的野心深不可测，他似乎想着要把不来夫斯库整个帝国灭掉，化作一个行省，派上一位总督去统治。他想彻底消灭大端派的流亡者，强迫那个国家的人民也都打鸡蛋的小端，那样他才可以做成全世界独一无二的君主。但是，我尽力让他打消这种念头，从政策到正义，我向他列举了许多论据。我明白地表示，我不愿做人家的工具，使一个自由、勇敢的民族沦为奴隶。这件事在国务会议上辩论的时候，大臣中最聪明的一部分人都赞同我的意见。

我的这一公开而大胆的声明完全违背了皇帝的计划与政策，他因此永远也不会宽恕我。他在国务会议上以一种很巧妙的方式提到了这事。据说，最聪明的几位大臣至少是以沉默表示了他们是赞成我的意见的。可是另一些人是我的私敌，忍不住就要旁敲侧击地中伤我。从此，皇帝与一小撮对我不怀好意的大臣之间就开始达成一项阴谋。不到两个月，阴谋暴露，却差点儿以彻底消灭我而告终。最大的功绩在君王眼里又能算什么，你一拂逆他，不使其野心得到满足，再大的功劳也几乎等于零。

我立下这一功劳后约三个星期，不来夫斯库正式遣使，卑躬屈膝，提出求和。不久，两国缔结了于我们皇帝极为有利的和约。关于和约的内容我就不说了，以免劳读者之神。大使有六位，随行人员差不多五百位；入境仪式十分隆重，不失其主子的威严，也表示其使命的重大。和约签订之后，有人私下里告诉那几位大使，说我实为他们的朋友。我凭借自己当时在朝中的声望——至少表面看来是这样，也确实在签约过程中帮了他们一些忙，他们因此礼节性地来拜访了我。他们先是一大堆恭维话，说我勇敢、慷慨，接着以他们皇帝主子的名义邀请我访问他们王国。他们听说了许许多多关于我力大无穷的神奇传闻，很希望我能给他们表演一番，看看到底如何。我欣然答应了他们，详细情况就不对读者们赘述了。

我花了一些时间招待了这几位大使阁下，使他们无比满意又十分惊奇。我提出想请他们代我向他们皇帝致以最诚挚的敬意。大皇仁德远扬，举世同钦，在我回到自己祖国之前是一定要去觐见的。这样，我后来一次谒见我们皇帝时，就请求他准许我前去拜会不来夫斯库的君王。他准倒是准了，可我能看得出来，他的态度十分冷淡。我猜不出是什么原因。后来有个人悄悄告诉我，是佛利姆奈浦和博尔戈兰姆把我和那几位大使交谈的情况报告了皇帝，说那是我怀有二心的表现。不过我敢说，这件事情上我完全问心无愧。我第一次开始产生朝廷和大臣们并非完美无缺的看法。

有一点值得注意，这些大使是通过翻译与我交谈的。两帝国的语言和欧洲任何两个国家的语言一样，彼此差别很大。每一国都夸耀自己民族的语言美丽、有力，历史悠久，而对邻国的语言公然蔑视。可是，我们皇帝仗着夺了人家舰队得来的优势，强要别人用利立浦特语递交国书并致词。同时也该承认，因为两国间的商贸往来很多，因为彼此都不断接受对方的流亡人员，又因为两个帝国都有互派贵族及富家子弟到对方国家留学以广见识、了解异域风土人情的风尚，所以名门望族和住在沿海地区的商人、海员，几乎无人不会说两国话。这一点我在几个星期后去朝见不来夫斯库皇帝时就发现了。由于我的敌人们不怀好意，当时我正身处种种不幸之中，但这次朝见被证明还是一件让人开心的乐事；这，我以后还要在适当的地方加以叙述。

读者也许还记得，我在签订使我恢复自由的那些条款时，有几条我很不喜欢，因为它们使我简直像个奴隶。当时也是万不得已，否则我是决不会屈从的。而如今我是帝国最高头衔的"那达克"了，再履行这样的义务未免有失身份。说句公平话，皇帝后来也一次都没有提起要我做那些事。然而，时隔不久我就得到了一次为皇帝陛下效劳的机会，至少我当时认为我是立了一大功。一天半夜，忽有几百人在我门口呼喊把我惊醒了。因为一下子被惊醒，我心里有几分恐惧。我听到有人不停地喊"布尔格兰姆"。朝廷的几位大臣从人群中挤了过来，恳请我立刻赶到宫中去。原来是一位女侍官不小心，看传奇小说时睡着了，以致皇后的寝宫失火。我立即爬了起来，这时已有命令让众人给我让开道路，又因为这是一个月明之夜，所以我一路小心赶到宫中，一个人也没有被踏伤。我看他们已在寝宫的墙上竖好了梯子，水桶也很齐全，只是水源离这儿还有一段距离。这些水桶只有大针箍那么大小，可怜的人们以最快的速度把一桶接一桶的水递给我，但火势太猛，无济于事。本来我可以用我的上衣很容易地将火扑灭，不幸的是匆忙之中忘了带来，只穿一件皮背心就跑出来了。事情很糟糕，看来已毫无希望。要不是我忽然想出一条妙计（这种时候并不多），这么一座富丽堂皇的宫殿肯定是要烧成平地了。前一天晚上我喝了大量的一种名叫"格力姆格瑞姆"的美酒（不来夫斯库人管它叫"福禄奈克"，但我们的酒被认为更好一点），这酒有很好的利尿作用。真是凑巧不过，我一次小便都还没有解过呢。我靠火焰很近，又在忙着将火扑灭，身上一吸热，酒就开始发生作用而变成尿了。我狠狠地撒了一泡，撒得也正是地方，结果三分钟火就整个儿被浇灭了，花了多少年心血建成的其他皇家建筑也终于免遭毁灭，被救了下来。

天已亮了，我没等向皇帝道贺就回到了自己的家，因为虽说我立了一大奇功，但我说不准皇帝对我这种立功的方式是不是很反感。根据这个国家的基本法令，任何人不管其地位如何，如果在皇宫区内小便，一律处死。不过皇帝给我的一则通知又使我稍稍得了些宽慰，他说他会下令给司法部正式赦我无罪，只是我没能拿到那赦免证书。有人私下里告诉我，皇后对我的所作所为极其痛恨，她已远远地搬到皇宫的另一边去了。她坚决不让修复那被毁的寝宫，她再也不会去住了。当着几个主要心腹的面，她发誓一定要报复。

第六章

关于利立浦特居民的情况：他们的学术、法律、风俗和教育儿童的方法——作者在该国的生活方式——他为一贵妇人辩护。

我虽然想写一篇专门的文章来描述这个帝国的一切，但同时倒也乐意先介绍一点大概的情况来满足我的读者的好奇心。由于当地人一般身高不足六英寸，所以其他的动物、植物和树木都有与之相称的严格的比例。比方说，最高的马和牛身高是四五英寸，绵羊大约一英寸半，鹅大概就只有麻雀那么大，依次往下推，一直到最小的种类，我是几乎看不见了。不过大自然使利立浦特人的眼睛已经适应了他们眼前那一切特殊的东西，他们能看得非常清楚，只是看不太远。我非常高兴曾经看到一位厨师在一只不及普通苍蝇大小的百灵鸟身上拔毛，也曾看到一位年轻姑娘拿着根细得看不见的丝线在穿一枚小得看不见的针。这些都说明他们对近处的物体有着十分敏锐的视力。他们最高的树木大约有七英尺，我指的是皇家大公园里的那几棵，我举起握着的拳头刚好够得着树顶。其他蔬菜之类同样也有一定的比例，那些就留给读者自己去想象吧。

他们的学术历经许多代，各学科已经十分发达，这我现在就不用多说了。不过他们写字的方法很特别，既不像欧洲人那样从左到右，又不像阿拉伯人那样从右到左，不像中国人那样自上而下，也不像卡斯卡吉人那样自下而上，却是从纸的一角斜着写到另一角，和英国的太太小姐们一个样子。

他们埋葬死人时是将死人的头直接朝下，因为他们持这么一种意见，就是，一万一千个月之后死人全都要复活，这期间地球（他们以为是扁平的）会上下翻个个儿；用这样的埋法，死人到复活的时候，就该是稳稳当当地站在那儿了。他们中有见识的人也都承认这种说法荒诞不经，但为了随俗，这种做法仍在沿用。

这个帝国有些法律和风俗非常奇特，要不是它们与我亲爱的祖国的法律和风俗完全相反，我真想替他们说几句辩解的话。但愿我们也能实行就好。我首先要提到的是关于告密者的法律。一切背叛国家的罪行在此均将受到最严厉的惩罚。但如果被告能在开审时表明自己清白无罪，则原告将被立即处死，落得个可耻的下场；同时无辜者还可以从原告的财产或土地中获得四项赔偿：损失的时间、经历的危险、监禁的痛苦，以及全部的辩护费用。假如原告的财产不够赔偿，则多半由皇家负担。皇帝还要公开对被告有所恩赐，同时颁发通告，向全城宣布被告无罪。

他们视欺诈较偷窃为更严重的犯罪，因此欺诈者很少有不被处以死刑的。他们认为，一个人只要小心谨慎，提高警惕，再加上有点一般的常识，自己的东西就不会被偷掉，可是对于老奸巨猾，诚实的人就防不胜防。既然人们需要不断地买卖、凭信用交易，如果我们允许和纵容欺诈行为，或者没有相应的法律对其进行制裁，那么诚实的生意人就永远吃亏，流氓无赖反倒获利。我记得有一次我曾在国王面前替一个拐骗了主人一大笔钱的罪犯说情。那人奉主人之命去收款，随后竟携款潜逃。我对皇帝说，这不过是一种背信弃义的行为，希望能减轻对他的量刑。皇帝觉得我荒谬至极，竟会将最能加重其罪行的理由提出来替他辩护。说真的，我当时无言以对，只好泛泛地回答他说，各国有各国不同的习俗吧。应当承认，我那时确实羞愧难当。

虽然我们把赏与罚认作是一切政府运作的两个枢纽，但除了在利立浦特之外，我还没见过有任何一个国家能真正实行这一原则。不论是谁，只要能拿出充分证据，证明自己在七十三个月内一直严守国家法律，就可以享受一定的特权，根据其地位及生活状况的不同，从拨做专用的基金中，领取相应的一笔款子，同时获得"斯尼尔普尔"（即"守法者"）的称号，不过这种称号不能传给后代。我告诉他们，我们的法律只有刑罚没有奖赏，这些人就认为这是我们政策上的一大缺点。正因为如此，他们的法庭上正义女神像有六只眼睛，两只在前，两只在后，左右还各有一只，以此象征谨慎周全。女神右手拿一袋金子，袋口开着，左手持一柄宝剑，剑在鞘中，这表示她更倾向于赏而不是罚。

在选人任职方面，他们更注重优良的品德而非卓越的才能。他们认为，既然人类必须要有政府，那么人类的一般才能也就可以胜任各种职务了；上天从来就没有想到要把公共事务的管理弄得非常神秘，好像只有极少数杰出的天才才搞得懂，这样的天才一个时代也难得出三个。相反，他们认为每个人身上都有真诚、正义、节制等等美德，大家只要实践这些美德，加上经验和为善之心，就都能为国服务，不过还需经过一段时间的学习罢了。但是他们认为，如果一个人没有德行，那么才能再高也不抵用，任何事务都决不能交给这些有才无德的危险分子去办。一个品行端正的人如果由于无知而犯错，至少也不会像那些存心腐败的人那样给社会利益造成致命的后果，这些人本事不小，能够加倍地营私舞弊，同时还能掩饰自己的腐败行径。

同样，不相信上帝的人也不能任任何公职。利立浦特人认为，既然国王们宣称自己是上帝的代表，他所任用的人竟不承认他所凭借的权威就再荒唐不过了。

在说到这些法律以及下面的一些法律时，读者应该明白我指的只是他们原先的那些制度，而并不是后来那臭名昭著的腐败政治。由于人类天性堕落，这些人已经陷入腐败之中去了。读者要注意，那些凭借在绳子上跳舞而获取高位，在御杖上下跳跃或爬行以赢得恩宠和荣誉勋章等可耻行为，最初是由当今皇上的祖父首先开始的，随着党派纷争的愈演愈烈，这些劣迹逐渐发展到了目前的地步。

忘恩负义在他们看来应判死罪；我们在书上读到过，

其他一些国家也有这样的法律。他们的理由是这样的：不管是谁，如以怨报德，就应该是人类的公敌，不知报恩的人，根本不配活在世上。

他们关于父母亲和子女的责任的一些观念也和我们的完全不同。男女结合基于伟大的自然法则，为的是传宗接代，利立浦特人也得有这样一种结合。他们认为，和别的动物一样，男女结合的动机在于性欲，而对其儿女的怜爱呵护也是出于同样的自然法则。根据这一道理，他们绝对不认为一个孩子因为父亲生了他，或者母亲把他带到了这个世上，就应对父母尽什么义务。想想人生的悲惨，生儿育女本身也没有什么好处，做父母的也没有想到要生儿育女，相遇相爱时，心思还用在别的上面呢。根据这些还有其他一些类似的理由，他们认为最不应该让父母亲来教育他们的子女。因此，他们的每个城镇都办有公共学校，除村民和劳工外，所有父母，儿女一到二十个月被认为具备一定受教育条件时，一律必须将他们送去学校接受培养和教育。学校分几种，以适应不同等级与性别。学校里有经验丰富的教师，他们训练孩子们养成一种与其父母亲地位相符同时又符合自身能力及爱好的生活方式。我先来说说男校的情况，接着再谈女校。

接收名门贵族子弟的男学校配备有庄重博学的教师，他们手下还有几名助教。孩子们的衣食简单朴素。他们受到荣誉、正义、勇敢、谦虚、仁慈、宗教、爱国等等方面原则的培养教育，除了短暂的吃饭、睡觉时间以及包括身体锻炼在内的两小时娱乐活动之外，他们总有些事情要做。

四岁以前男仆给他们穿衣服，之后则不管身份多高，都得自己穿衣。女仆们年纪相当于我们的五十岁，只做那最粗贱的活儿。孩子们决不准许同仆人交谈，只许一小伙或一大群在一块儿玩耍，还总得有一位教师或者助教在旁，这样他们就不会像我们的孩子那样在幼年时代染上愚顽的恶习。一年中父母亲只准看望孩子们两次，每次看望的时间只有一小时，见面和分别时可以亲一下自己的子女，但那种时候总有一位教师在旁，他不准做父母的窃窃私语或对孩子表示爱抚，也不准他们带进玩具、糖果之类的礼物。

每家必须交付子女的教育及娱乐费用，到期不缴，由皇帝委派官吏强行征收。

接收一般绅士、商人、做小买卖和手艺人子弟的学校，也按照同样的方法相应管理。不过那些预备要做生意的孩子十一岁就得放出去当学徒，而贵族子弟继续在校学到十五岁（相当于我们的二十一岁），只是最后三年的管教渐渐放松了。

在女子学校里，贵族出身的女孩子所受的教育大致和男孩子的相同，不过替她们穿衣服的是整洁端庄的女仆，每次也都有一位教师或助教在场，一直到五岁她们可以自己穿衣服为止。一旦发现这些女仆擅自给女孩子讲一些恐怖、愚蠢的故事，或者玩那些我们的侍女所惯于玩弄的愚蠢把戏来给姑娘们取乐，就得把她们鞭打着在全城游街示众三次，再监禁一年，然后终身流放到这个国家最最荒凉的地方。所以那里的女孩子和男孩子一样，都耻于成为懦夫和呆子，也鄙视一切不洁不正派的个人打扮。我也没有发现她们的教育因为性别不同就有什么差别，只是女子的运动不像男孩子们的那么剧烈罢了。她们要学一些家政方面的规则，研究学问的范围也较小些，因为这里人的信条是，女人不可能永远年轻，贵族人家的主妇却应该永远做一个懂道理的、和蔼可亲的伴侣。女孩子长到十二岁，在他们看来就是结婚的年龄了，父母或监护人把她们领回家，对老师是千恩万谢；姑娘与同伴别离则少有不落泪的。

在较为低等一级的女子学校里，孩子们学习各种符合她们性别和不同身份等级的工作。打算当学徒的九岁退学，其余的留到十一岁。

有孩子在这些学校里上学的小户人家，除每年要交低到不能再低的学费之外，还得将每月所得缴一小部分给学校的财政主管作为分给孩子的一份财产，所以父母的开支是受法律限制的。利立浦特人认为，人们为了满足自己一时的欲望，把小孩子生到这个世上，却要公众来负担教养义务，也未免太不公平了。至于有身份的人，也要根据各人的情况，保证拨一笔一定数量的款额留给每一个孩子。这部分基金将永远按照勤俭节约的原则绝对公平地管理和使用。

村民和劳工把孩子养在家里，他们的本分就是耕种田地，因此他们的教育对公众来说就无足轻重。不过他们中年老多病的人将由养老院来抚养，因为这个国家中没有乞丐这一行业。

我在这个国家住了有九个月零十三天，好奇的读者也许乐意我来说说我在那里是怎么过日子的。我天生长有一个具有机械才能的脑袋，同时也由于生活中迫切需要，我就用皇家公园里最大的树木给自己做了一套相当方便适用的桌椅。两百名女裁缝受雇给我制作衬衫、床单和台布，用的虽是最牢最粗的料，却还得几层相叠缝到一起，因为他们最厚的布和我们的上等细麻布比，还是要精细几等。他们的亚麻布通常是三英寸宽三英尺长算一匹。我躺在地上给女裁缝们量尺寸，她们一个站在我脖子那儿，一个站在我腿肚那儿，各执一端拉直一根粗线，再由第三个人拿一根一英寸长的尺子来量粗线的长度。接着量过我右手的大拇指后，她们就不再要量什么了，因为按照数学的方法来计算，大拇指的两周就等于手腕的一周，依此类推，她们又算出了脖子和腰围的粗细；我再把我的一件旧衬衫摊在地上给她们做样子参考，结果她们做出的衬衣非常合我的身。他们又雇了三百名裁缝给我做外衣，但他们另有一种量尺寸的办法。我跪在地上，他们竖起一架梯子靠在我脖子上，由一人爬上梯子，将一根带铅锤的线从我的衣领处垂直放到地面，这恰好就是我外衣的长度。但腰身和手臂由我自己来量。这些衣服全是在我自己的屋子里做的，因为他们最大的房子也放不下这样大的衣服。衣服做成，看上去就像英国太太们做的百衲衣一般，只是我的衣服全身一种颜色罢了。

给我做饭的有三百名厨师，他们带了家人住在我房子附近很方便的小茅屋里。每位厨师给我做两种菜。我一手拿起二十名服务员把他们放到桌上，另外有一百名在地面上侍候，有的端着一盘盘的肉，有的肩上扛着一桶桶的葡萄酒和其他酒类。我说要吃，在上面的服务员就用绳索以一种很巧妙的方法将这一切往上吊，就像我们在欧洲从井里往上拉一桶水一样。他们的一盘肉够我吃一大口，一桶酒也够我喝一口的。他们的羊肉不及我们的好，但他们的牛肉味道却极佳。我曾吃到一块牛腰肉，非常大，咬了三口才吃完，不过这种时候很难得。我像在我们国家吃百灵鸟的腿肉一样，将那些肉连骨头什么的一股脑吞了下去，仆人们见了惊讶不已。他们的鹅和火鸡我通常是一口一只。应该承认，它们的味道远比我们的要好。至于他们的小家禽，我用刀尖一次一挑就是二三十只。

皇帝陛下听说我过日子的情形后，有一天就提出要带皇后和年轻的王子、公主来和我一起同享吃饭的快乐（他喜欢这么说）。他们真的还就来了。我把他们放在桌上的御椅里，正和我面对着面。侍卫在他们四周站着。财政大臣佛利姆奈浦手里拿着他那根白色权杖也在一旁侍奉。我发觉他不时从一旁酸溜溜地看我，我不愿多理会，反而吃得比平常还要多，一来为了我亲爱的祖国，二来也想让朝廷惊叹一下。我私下里总感觉皇帝的这一次驾临又给了佛利姆奈浦一次在他的主子面前算计我的机会。这位大臣一向暗地里与我为敌，表面上却又表示爱我，就其阴暗乖僻的本性来看，他这么做是不正常的。他向皇帝报告说，目前的财政状况很不景气，往下拨款都得打折扣，国库券的价值比票面价值低百分之九才能流通。总之，我已经花掉皇帝陛下一百五十多万"斯普鲁格"了（这是他们最大的金币，大约有我们缝在衣服上做装饰用的小金属片那么大小）；从全局考虑，皇帝最好还是一有适当的机会就把我打发走。

这里我还得为一位品质高尚的夫人的名誉辩护一下，她因我而蒙受了不白之冤。财政大臣也真想得起来，竟会猜忌起自己的妻子来。有人心怀叵测，跟他嚼舌头说他的夫人疯狂地爱上了我。朝廷的这一丑闻传遍一时，说她有一次曾秘密到过我的住处。我郑重声明这事毫无根据，纯属造谣，那位夫人只不过喜欢用完全天真无邪的坦诚和友谊对待我罢了。我承认她常到我家来，但每次都是公开的，马车里也总是另外带着三个人或者多于三个，多半是她的姊妹、年轻的女儿和某个特殊的相识，可这种事在朝廷的其他贵夫人身上也是司空见惯的呀。这事我还需请我身边的仆人作证，让他们说说，他们什么时候看到我门口停着辆马车，却不知道里面坐的是什么人。每次有人来，总是先由仆人通报，我则照例立即到门口迎接；施过礼之后，我十分当心地拿起马车和两匹马（如果是六匹马，车夫总要解下其中的四匹）放到桌子上；桌子周围我安了一道活动桌边，有五英寸高，以防万一出事。常常是我的桌上同时有四辆马车，里边全坐满了人，这时我就在椅子里坐好，脸朝前向着他们。我和一辆马车中的客人交谈时，马车夫就驾着其余几辆车在桌子上慢慢兜圈子。我就在这样的交谈中度过了许多愉快的下午。可是我要向财政大臣或者向他告密的那两个人挑战（我要说出他俩的名字，让他们看着办好了），这两个人就是克拉斯特利尔和德隆洛。我要他们拿出证据来，除了我以前说到过的瑞尔德里沙内务大臣曾奉皇帝陛下特遣来过以外，还有什么人隐姓埋名私下来找过我。要不是这件事和一位贵夫人的名誉密切相关，我是不会絮絮叨叨说这么多的，我自己的名誉受损也就算了。当时我的爵位是"那达克"，财政大臣却并不是，大家都知道他只是一个"克拉姆格拉姆"，比我要低一级，就像在英国侯爵比公爵要低一级一样。但是我承认，他在朝廷的地位比我的要高。这些虚假的谣言我是在后来一次偶然的机会得知的，至于怎么偶然得知却不太好提；谣言曾使佛利姆奈浦一度净给他太太脸色看，对我就更坏了。尽管他最终还是醒悟了并与太太重归于好，但我却永远失去了他的信任。皇帝对我也很快越来越没了兴趣，他实在太受制于他那位宠臣了。

第七章

作者得到消息，有人阴谋指控他犯有严重的叛国罪，只好逃往不来夫斯库——他在那里受到欢迎。

在我继续往下叙述我是怎样离开这个王国的情形之前，似乎该把两个月来一直在进行着的一桩针对我的阴谋告诉给读者。

到那时为止，对朝廷里的事情我一向是很不熟悉的，我地位低微，也没有资格知道宫廷的事。关于君王和大臣们的性情脾气，我倒真是听过很多，书上也读过不少，但完全没有想到对于如此偏远的一个国家，它们竟然也会产生这么可怕的影响。我本以为这个国家的统治原则与欧洲国家的大不一样呢。

就在我正要前往朝见不来夫斯库皇帝的时候，朝廷的一位要人（他有一次大大地触怒了皇帝，我一度曾帮了他大忙）夜里忽然坐着暖轿十分隐秘地来到了我家。他没有通报姓名就要求见。他将抬轿的人打发走后，我就将这位老爷连同他乘坐的轿子一起放入了上衣口袋。我吩咐心腹仆人，要是有人来就说我身体不太舒服已经睡下了。我闩上大门，把轿子放到桌上，像平时一样，在桌子边坐了下来。一番寒暄过后，我发觉这位老爷一脸的忧虑，就问他是为什么。他说他希望我耐心地听他讲，这事与我的荣誉及生命有重大关系。他的讲话大意是这样的，他人一走我立即用笔记了下来：

"你要知道，"他说，"为了你的事，国务会议的几个委员会最近召集了一次极为秘密的会议，皇帝两天前做出了最后的决定。

"你很清楚，差不多你一来到这里，斯开瑞什·博尔戈兰姆（'葛贝特'，即海军大将）就成了你不共戴天的敌人。他起初为什么恨你我不知道，不过自从你大败不来夫斯库之后，他对你的仇恨就日益加深了，因为你的功勋使他这个海军大将黯然失色。这位大臣与财政大臣佛利姆奈浦（他因太太的事对你怀恨在心，这是尽人皆知的）、陆军大将利姆托克、掌礼大臣拉尔孔和大法官巴尔墨夫相勾结，拟就了一份弹劾书，指控你犯有叛国罪和其他重大罪行。"

他这一段开场白听得我急不可耐地就要去打断他，因为我觉得自己只有功没有罪。可是他请我不要讲话，自己接着说了下去：

"为了报答你对我的恩情，我冒杀头的危险设法探听到了这件事的全部消息，并且弄到了一份弹劾书的原文：

对巨人山昆布斯·弗莱斯纯的弹劾书

第一条

大皇帝卡林·德法·普鲁恩陛下在位时曾制定法令：规定凡在皇宫范围内小便者，一律以严重叛国罪论处。当事人昆布斯·弗莱斯纯公然违反该项法令，借口扑救皇后寝宫火灾，竟敢撒尿救火，居心叵测，忤逆不忠，形同恶魔。又擅自进入皇宫内院起卧，不仅违反该项法令，且有越权擅职情事。

第二条

当事人昆布斯·弗莱斯纯曾将不来夫斯库皇家舰队押来我皇家港口，皇帝陛下后命其前往捕捉不来夫斯库的一切残余船只，削该帝国为行省，遣总督统辖。亡命该国的大端派及该国不愿立即放弃大端邪说者，一律斩尽杀绝。弗莱斯纯实系奸诈忤逆之徒，借口不愿违背良心去摧残一个无辜民族的自由与生命，竟敢抗拒洪福齐天、尊贵威严的皇帝陛下，呈请免予执行上述任务。

第三条

不来夫斯库国遣使臣来我朝求和，当事人弗莱斯纯实系奸诈忤逆之徒，竟帮助、教唆、安慰、款待该国使臣，虽然当事人知道这些人乃最近与我皇陛下公然为敌、公开宣战的敌国君王的走卒。

第四条

当事人昆布斯·弗莱斯纯不履行忠顺臣民的天职，仅取得皇帝陛下的口头允许，就准备前往不来夫斯库帝国。借此口头允诺，该当事人背信弃义，意欲前往辅佐、安慰、教唆不来夫斯库皇帝。如前所述，该国皇帝就在不久前还与我皇为敌，公然向陛下宣战。

"还有其他的条文，但这几条最重要，我已扼要地念给你听了。

"在关于这宗弹劾案的几次辩论中，应当承认皇帝陛下有不少宽大为怀的表现，他不止一次强调你为他建立的功绩，竭力想减轻你的罪行。财政大臣和海军大将却坚持要将你处死，他们要在夜里放火烧你的房子，让你极其痛苦地死去，落个可耻的下场；陆军大将会率两万人用毒箭射你的脸和手。他们还要秘密命令你的几个仆人将毒汁洒到你的衬衣上，这样你自己就会把皮肉抓烂，受尽折磨而死。陆军大将也都赞成这些意见。所以有很长一段时间多数人都站在你的反面，倒是皇帝陛下决心尽可能地保全你的性命，最后争取到了掌礼大臣。

"关于这件事，皇帝还令内务大臣瑞尔德里沙发表看法。这位大臣一向自认为是你忠实的朋友。他说了他自己的看法，从他发表的意见看来，你对他印象不错还是有道理的。他承认你罪行重大，但尚有可以宽恕之处，而宽恕是一个君王最值得人赞美的美德，皇帝陛下也正以胸襟宽阔而闻名天下。他说你和他是朋友这事尽人皆知，所以尊敬的阁员也许要认为他是在偏护你。不过既然皇帝要他说，他也就愿意坦率地谈谈自己的看法。假如陛下能念你的功劳，慈悲为怀保你一命，他可以只下令把你的两只眼睛弄瞎。他说依他粗陋之见，用这一个办法可以相对满足公正的要求，全世界都会交口赞颂皇帝仁慈，有幸做陛下阁僚的人也是办事公正而大方的。你眼睛没了也并不会影响到体力，照样可以为陛下效劳；再说盲目可以增加勇气，因为你看不到危险；当初也就是因为你担心眼睛被射瞎，好不容易才把敌人的舰队夺了来。所以你以后由大臣们来替你看也就够了，伟大的君王就是这么办的。

"这一建议遭到全体阁员的坚决反对。海军大将博尔戈兰姆都控制不住了，勃然大怒站了起来，说他觉得奇怪，内务大臣怎么胆敢随随便便主张要保全一个叛徒的性命。从执政者的一切实际理由来考虑，你所建立的那些功劳只能加重你的罪行。你既然撒泡尿就可以将皇后寝宫的大火扑灭（他提到这事惊骇不已），那么用同样的方法，下次你就可能带来大水泛滥，把整座皇宫淹没。你既然有力气将敌人的舰队拖了来，那么一不称心你同样可以将舰队再拖回去。他还有充分的理由认为，你骨子里是个大端派。叛逆开始总是先在心里盘算，然后才公开行动，因此他指控你是叛徒，并坚持要把你处死。

"财政大臣的意见也一样。他指出，为了维持你的生活，开支巨大，皇家财政已经到了十分窘迫的地步，再这样下去，很快就要供不起了。内务大臣提出弄瞎你的眼睛远不是消灭这一祸害的良策，说不定反会加重这祸害；从弄瞎某类家禽的一般情形来看，很明显，这些家禽眼瞎之后吃得更多，很快发胖。神圣的皇帝和阁员就是你的审判官，他们凭着各自的是非心完全可以认为你有罪，这就足以判你死刑，并不需要有法律明文规定的正式证据。

"但是皇帝陛下拿定主意反对把你处死，他仁慈地说，既然阁员们觉得弄瞎眼睛的刑罚太轻了点，以后还可以加其他刑罚。这时你的朋友内务大臣谦恭地要求再次得到发言的机会，来答复财政大臣提出的反对他的理由：皇帝为了维持你的生活耗资巨大。他说既然阁下有全权处理皇帝的财政，不妨逐渐减少你的定量，这样这个祸害很容易就可以得到解决。你得不到足够的食物，就会消瘦昏厥，没有胃口，结果用不了几个月你就会饿死。到那时你的身体轻了一大半，尸体发出的臭气也就不会太危险了。你一死，五六千个老百姓两三天就可以把你的肉从骨头上割下来，用货车运走，远远地埋起来，免得传染，留下你的骨架作为纪念，供后人瞻仰。

"就这样，多亏了内务大臣对你的伟大友情，整个事情才得到了折中的解决。皇帝严令：一步步将你饿死的计划必须保密，但弄瞎你眼睛的判决却写进了弹劾书中。除海军大将博尔戈兰姆之外，大家一致同意。博尔戈兰姆是皇后的奴才，皇后陛下一直在唆使他坚持把你处死。自从你那次用可耻而非法的手段扑灭了她寝宫的大火，她对你一直怀恨在心。

"再过三天，你的朋友内务大臣就将奉命来你家向你宣读弹劾书；随后还要向你表明皇帝陛下以及阁员们的宽大与恩典，正是仰仗这宽大与恩典，你才仅仅被判处弄瞎眼睛。皇帝陛下毫不怀疑你会感激涕零、低声下气地接受这一判决。之后将有二十名御用外科医生前来监督，保证手术顺利进行：你在地上躺着，他们将十分尖利的箭射入你的眼球。

"你该采取什么措施，我让你自己去考虑吧。为了不引起人怀疑，我得像刚才来的时候那样赶紧偷偷地回去了。"

这位老爷走了，留下我一个人，心中疑惑不解、一片茫然。

这位君王和他的内阁采用了一种惯例（有人跟我说，这种惯例和从前的做法大不相同），就是，每当朝廷颁布一项严酷的判决，不论那是为了替君王泄愤，还是为了替宠臣报怨，皇帝总要在全体内阁会议上发表一通演说，表明他如何宽大、仁爱，说他这些品质是天下闻名、举世公认的。演说很快刊行全王国。再没有比歌颂皇帝仁慈那样的话让老百姓更害怕的了，因为大家看得出来，这样的颂词越夸张、越强调，刑罚肯定更惨无人道，而受害人也就更加冤枉了。拿我自己来说，我得承认，无论是我的出身还是所受的教育，我都绝没有做朝臣的资格。我判断事情太不在行了，我看不出对我的这一判决有何宽大和恩典可言，我反而觉得（也许是错的）这与其说是宽厚还不如说是苛刻。有时我想，就去受审吧，弹劾状上说我的那几条事实我不否认，但总希望他们还能容许将我的刑罚再减轻一点。但是我一生中也曾经仔细阅读过许多由国家提出起诉的政治案件的判例，我发觉到头来都是由判官自以为是地结案了事。在这么紧要的关头，面对如此有权势的敌人，这样危险的一个决定我怕是靠不住的。我一度又极力想反抗；我现在还有自由，这个帝国整个的力量用上也很难将我制服，只要用些石块，我就可以轻轻松松地把都城砸得粉碎。可是，一想起我曾对皇帝宣过誓，想起他给我的恩典，以及授予我的"那达克"的崇高荣誉，我即刻就惶恐地打消了这样的念头。我也没有这么快就学会朝臣们那种报恩的办法，于是劝慰自己说，既然现在皇帝对我这么严酷，以前那一切应尽的义务也就拉倒吧。

最后，我做出了一个决定。这决定也许要招来某些非议，那倒也不一定没有道理，因为我承认我是由于草草行事没有经验，才保全了双眼，获得了自由。因为，要是我那时就掌握了帝王与大臣们的性格（这是我后来在其他许多朝廷里观察得来的），以及他们对待罪行比我轻的犯人的手段，我一定会心甘情愿地服从这么便宜的刑罚。可那时由于自己年轻急躁，又有皇帝的许可，准我前去朝见不来夫斯库皇帝，我就利用这个机会，趁这三天还没有过去，发了一封信给我的朋友内务大臣，表明按照我已得到的许可，决定当天早上就动身前往不来夫斯库。我没有等答复，就来到了舰队停泊的海边。我抓了一艘大战舰，在船头拴上一根缆绳，拔起锚，脱掉衣服，将衣服连同腋下夹来的被子一起放入船中。我拖起船，半涉水半游泳地到达了不来夫斯库皇家港口。那里的人民早已在盼望着我了。他们给我派了两名向导带我前往首都，首都也叫不来夫斯库。我把两人拿在手里，一直走到离城门不到两百码的地方。我让他们去通报一位大臣，就说我到了，让他知道我在此等候皇帝的命令。大约过了一个钟头，我得到答复说皇帝陛下已经率皇室及朝廷重臣出来迎接我了。我又往前走了一百码。皇帝及其随从从马上下来，皇后和贵夫人们也都下了车。我看不出他们有任何害怕或忧虑的表现。我卧在地上吻了皇帝和皇后的手。我告诉皇帝，我是来践约的，征得我自己皇帝的许可前来拜见他这么一位伟大的君主，真是不胜荣幸。我愿尽力为他效劳，这也与我为自己君王尽义务完全一致。我只字不提我失宠一事，因为我到那时为止并没有接到正式通知，可以完全装作对这事一无所知的样子。我已不在他的势力范围之内，推想皇帝也不可能公开那件密谋的。然而不久我就发现我错了。

我不想把这个朝廷如何接待我的详细情形再来说给读者听了，总之，这种接待是和这么一位伟大君王的慷慨气度相称的。我也不想再来多说我怎么没有房子没有床，被迫裹了被子睡在地上等等困难情形了。

第八章

作者侥幸找到离开不来夫斯库的办法，经历一些困难后，安全回到自己的祖国。

我到达后三天，出于好奇我来到了这个岛的东北海岸。在离海岸约半里格的海面上，我发现了一样东西，看上去像是一只翻了的小船。我脱下鞋袜，涉水走了两三百码，见那东西被潮水冲得越来越近了。接着我看得清清楚楚，那果真是一只小船，我猜想那大概是什么暴风雨把它从一艘大船上吹落下来的。我立刻回到城里，请皇帝陛下将他舰队损失后剩下的军舰中二十艘最大的，以及由海军中将率领的三千名水手全都借给我。这支舰队绕道而行，我则抄最近的一条路回到原先发现小船的地方。我看到潮水把小船推得离岸更近了。水手们全都带着绳索，我事先都已将它们结结实实地拧到了一起。军舰一到，我立即脱掉衣服，涉水向前，走到离小船不到一百码的地方后，就不得不泅水向前了。游到小船跟前后，水手们将绳索的一头扔给我，我将它在小船前部的一个小孔里扣住，另一头缚到一艘军舰上。可是我发现我做的这一切都不管用，因为我的脚够不到水底，没有办法工作。这样我不得已只好游到小船的后面去，用一只手尽可能地把小船朝前推。潮水很帮忙，我一直向前游去，直到双脚可以探着水底，这时下巴刚好露出水面。休息两三分钟后，我又推了一阵，一直到海水只够着我胳肢窝的地方。最艰巨的工作完成了，我又拿出放在一艘军舰中的另外一些绳索，将它们一头系着小船，另一头系在供我调遣的九艘军舰上。这时是顺风，水手们在前面拉，我在后面推，一直到我们离岸不足四十码的地方。潮水退后，我把小船里的水弄出来，两千人拿了绳索和机器帮我的忙，我终于将它翻了过来，这时发现船只稍稍受了点损伤。

我不想把遇到的种种困难啰啰唆唆说给读者听了，总之我是花了十天功夫做了几把桨，然后把小船划进了不来夫斯库的皇家港口。我一到那儿，只见人山人海，大家见这么庞大的一艘船，都万分惊奇。我对皇帝说，上天赐了我这只船真是我的好运，它可以载着我到别的地方去，我说不定再从那里就可以回到祖国了。我请求皇帝下令供给我材料以便我把小船修好，又请他发给我离境许可证。他先是好心地劝了我一阵，接着倒也欣然批准了。

这些日子里我一直觉得很奇怪，为什么没有听说我们皇帝在我的事情上给不来夫斯库朝廷来过什么紧急文书呢？但是后来有人悄悄地告诉我说，皇帝陛下绝没有想到我会知道他的计划，他想我只是按照他的许可到不来夫斯库去践约了，而这事朝廷上下全清楚。他想我朝见仪式一结束，几天就可以回去的。但是我久久不回终于使他苦恼起来。在和财政大臣以及那个小集团的其他成员商量之后，他派遣一名要员带了一份我的弹劾状前来不来夫斯库。这位使臣奉命向不来夫斯库君王申明他主公的宽大仁慈，说不过是判了我刺瞎双眼的罪，而我却逃脱正义的惩罚；又说我若两小时后不回去，就将被剥夺"那达克"的爵位并被宣布为叛国犯。这位使臣还说，为了维持两帝国间的和平友好，他主公希望不来夫斯库皇兄能下令将我手脚捆起送回利立浦特，以叛国罪惩处。

不来夫斯库皇帝和大臣们商议了三天，然后给了一个答复，其中说了不少请求原谅的客套话。他说，至于把我捆绑了送回去，皇兄也知道那是办不到的。虽然我曾经夺走了他的舰队，但议和时我帮过他不少忙，他是感激不尽的。而且两国君王不久就可以宽心了，因为我在海边找到了一艘庞大的船，可以载我出海，他已下令在我的帮助和指导下把船修好。他希望再过几个星期两国就都可以解脱了，不用再负担这么一个养不起的累赘。

使臣带了这样一个答复回利立浦特去了。不来夫斯库皇帝把事情的全部经过都告诉了我，同时在极其保密的情况下向我表示，如果我愿意继续为他出力，他将尽力保护我。虽然我相信他这是诚心诚意的，但我已下定决心，只要有可能回避，我再也不和帝王大臣们推心置腹了。我十分感谢他的一番好意，谦卑地乞求他能原谅。我告诉他，既然命运赐了我一条船，是吉是凶，我都决意要冒险出海了，我不愿这么两位伟大的君主再因我而彼此不和。我倒没有发现皇帝有什么不悦，后来一次偶然的机会我看出他对我的决定还蛮高兴，他的大部分大臣也都是这样。

这种种考虑促使我提前离开，朝廷中人巴不得我早点走，倒都很愿意来帮忙。五百名工人在我的指挥下把十三块最最结实的亚麻布缝到一起，给我的小船做成了两面帆。做缆绳很费事，我得将十根、二十根或三十根最粗最牢的绳索拧成一股。我又找了好久，终于在海边碰巧寻着了一块大石头，就用它来做船锚。我得到三百头牛的油脂来涂抹船身和做其他用途。砍大树做桨和桅真是苦不堪言了，不过我得到了皇家船匠的大力帮助，我先把粗活做好，然后他们帮我精加工。

大约一个月之后，一切准备就绪，我派人向皇帝请示，并向他告别。皇帝带着皇室成员出了宫。我匍匐在地上，皇帝仁慈地伸出手来让我亲吻，皇后和皇子也都让我吻了手。陛下赠我五十只钱袋，每只钱袋里是两百块"斯普鲁格"，还送了我一幅他的全身画像，我马上把它放进一只手套里，免得弄坏。告别的仪式太繁杂了，这里不必再向读者们多啰唆。

我在船上装上一百头牛和三百只羊，相应数量的面包和饮料以及大量的熟肉，做成这么多熟肉需要用四百名厨师。我又随身带了六头活母牛和两头活公牛，六只活母羊和两只活公羊，打算带回祖国去繁殖。为了能在船上喂养它们，我又带了一大捆干草和一袋谷子。我本来很想再把十二个本地人带走，可这件事皇帝怎么也不答应；除了对我的衣袋仔仔细细搜查外，皇帝还要我以我的名誉作担保不带走他的任何臣民，就是这些人自己同意或想去也不行。

我这样尽可能地将一切准备好之后，就在一七〇一年的九月二十四日清晨六点钟开船启程了。我向北行驶了约四里格，这时正刮着东南风。晚上六点，在西北方向约半里格的地方，我发现有一座小岛。我一直往前划去，在小岛背风的一面抛锚停船。这里似乎无人居住。我吃了点东西后就休息了。我睡得很好，想来至少也有六个钟头，因为我发现我醒来后两个钟头天才放亮。那晚天很晴朗。太阳出来前，我吃好早饭，然后起锚。这时风很顺，我就按照袖珍罗盘的指示，按与前一天相同的航向驾船前进。我的愿望是，只要有可能，就把船开到我想是位于范迪门地东北面的一个岛那里去。一整天下来我什么也没有发现，可是第二天下午大约三点钟左右，我算来那时驶离不来夫斯库已有二十四里格，我正朝正东方向行驶，忽然发现一艘帆船正在向东南方向开去。我向那船呼叫，但没有反应，不过风势已弱，我发现我已逼近那艘帆船。我扬帆全速前进，半小时后，那船发现了我，就扯起了一面旗，还放了一枪。没想到我还有希望再次见到我亲爱的祖国和我留在那里的我的亲人，那样的快乐真是难以表达！那船降帆慢行，我在九月二十六日傍晚的五六点钟终于赶上了它。看到那船上的英国国旗，我的心直跳。我把牛羊都装入上衣口袋，带着我所有的给养和货物上了那艘船。这是一艘英国商船，经北太平洋和南太平洋由日本返航。船长是德特福德①的约翰·毕得尔先生，极有礼貌，是位出色的海员。这时我们的位置是在南纬三十度。船上大约有五十个人，在这里我碰到了我的一个老同事，叫彼得·威廉斯，他向船长直夸我人不错。这位先生对我很友好，他要我告诉他我从哪里来又到哪里去。我答了几句，可他以为我是在说胡话，是我经历的种种危险使我的大脑出了问题。我从口袋里掏出黑牛和黑羊，他见了无比惊讶，这才完全相信我说的是实话。接着我又给他看了不来夫斯库皇帝送我的金币、皇帝的全身画像以及那个国家的其他一些稀罕玩意儿。我送了他两袋钱，每只袋里是两百个"斯普鲁格"，还答应回英国后再送他一头怀孕的母牛和一只怀孕的母羊。

关于这次航程中的详细情况，我不再啰啰唆唆说给读者听了，总之大部分还是很顺利的。我们于一七〇二年四月十三日到达唐斯②锚地。航行中我只遇到了一次不幸的事：船上的老鼠拖走了我的一只羊。我后来在一个洞里发现了羊的骨头，肉已经全被啃光了。其余牛羊我都把它们安全地带上了岸。我把它们放在格林尼治的一个滚木球场草地上吃草，那里的草很细嫩，它们吃得非常痛快，虽然我总担心它们吃不好。在那么漫长的航行途中，要不是船长给了我几块精致的饼干，拿来研成粉末，掺上水，当作它们日常的食粮，我也许就保不了它们的性命。在接下来我留在英国的短短的一段时间内，我把这

① 德特福德，英国伦敦南部的一个区，位于泰晤士河南岸。
② 唐斯，位于英格兰肯特郡海岸，是著名的锚地。

些牛羊拿给许多贵人及其他一些人看，倒赚了很可观的一笔钱。在第二次航海前，我把它们卖了，得了六百英镑。自我回来以后，我发现它们繁殖得相当快，尤其是羊。但愿这种精细的羊毛能给毛纺工业带来不少好处。

我和妻子儿女一起只住了两个月，我极想去异国他乡观光，不能再住下去了。我给妻子留下一千五百英镑，并把她安顿在瑞德里夫的一所好房子里。其余存货我随身带走，有现金，也有物品，希望能够增加我的家当。我的大伯父约翰在埃平①附近给我留了一块田产，一年大约有三十英镑的收入；我又把脚镣巷的黑公牛旅馆长期出租，一年的进项还远不止三十镑，所以用不着担心在我走后，家人要去靠教区接济。我儿子约翰尼是按他叔叔起的名字，这时已上中学，倒是个有出息的孩子。女儿贝蒂现已出嫁，有了自己的孩子，那时她在家做点针线活儿。我和妻子儿女告别，大家都掉了泪。我上了载重三百吨的一艘名叫"冒险号"的商船，准备前往苏拉特②。指挥这艘船的是利物浦③的约翰·尼古拉斯船长。但关于这次航海的情况，我得在游记的第二部里去叙述了。

---

① 埃平，英格兰埃塞克斯郡的一个城市。
② 苏拉特，印度西部港市。
③ 利物浦，英国西部的一个大商港。

第二卷　布罗卜丁奈格游记

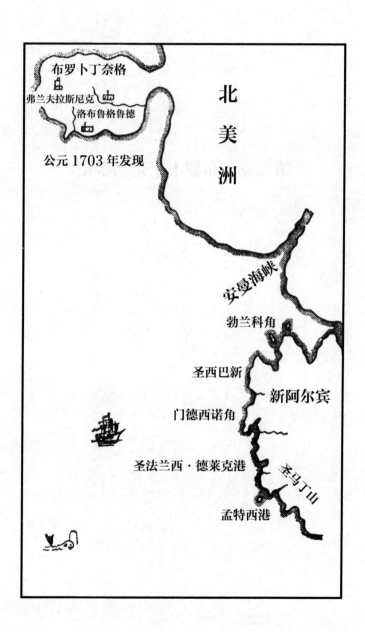

布罗卜丁奈格

弗兰夫拉斯尼克

洛布鲁格鲁德

公元 1703 年发现

北美洲

安曼海峡

勃兰科角

圣西巴新

门德西诺角

新阿尔宾

圣马丁山

圣法兰西·德莱克港

孟特西港

第一章

关于一场大风暴的描写；船长派出长舢板去取淡水；为了看看那是什么地方，作者随长舢板一同前往——他被丢在岸上；被一个当地人捉住，随后带到一个农民家里——他在那里受到招待，接着发生了几起事件——关于当地居民的描写。

不论是本性还是命运，都决定了我得劳劳碌碌过一辈子。回家才两个月，我就又离开了祖国。一七〇二年六月二十日，我在唐斯登上了"冒险号"商船，启程前往苏拉特，船长是康沃尔郡①人约翰·尼古拉斯。我们一帆风顺地到了好望角，在那儿上岸取淡水，但发现船身有漏，就卸下东西就地过冬。船长害疟疾，所以我们一直到三月底才离开好望角。起航后一路顺利直到穿过了马达加斯加海峡②。

① 康沃尔郡，英国英格兰的一个郡。第一卷结尾说约翰·尼古拉斯船长系利物浦人，与此处矛盾，但英文原文即如此。
② 马达加斯加，印度洋上靠近非洲东海岸的一个大岛。

但是当船行驶到那个岛的北面大约南纬五度的地方时，风势突变。据观测，那一带海上，十二月初到五月初这段时间里，西北之间总是吹着不变的恒风。可是四月十九日那天，风势比平常要猛烈得多，也比平常更偏西一点，这样一连刮了二十天，我们就被刮到了摩鹿加群岛[①]的东面。根据船长五月二日的观测，我们所在的地方大约是北纬三度。这时风停了，海上风平浪静，我真是非常高兴。可是船长在这一带海域有着十分丰富的航海经验，他要我们做好迎接风暴的准备。果然，第二天风暴就出现了，开始刮起了南风，那就是所谓的南季节风。

我们看到风有可能要把东西吹落，就收起了斜杠帆，同时站在一边准备收前桅帆；可是天气非常恶劣，我们就查看了一下船上的炮是否都已拴牢，接着将后帆也收了。船偏离航道太远了，所以我们想与其这样让它吃力地慢慢行驶或者下帆随波逐流，还不如让它在海面上扬帆猛进。我们卷起前桅帆把它定住，随后将前桅帆下端索拉向船尾。船舵吃风很紧，船尾猛地转向风的一面。我们把前桅落帆索拴在套索桩上，可是帆被撕裂了，我们就把帆桁收下来，将帆收进船内，解掉了上面所有的东西。这是一场十分凶猛的风暴，大海一下子变得陌生而惊险。我们紧拉舵柄上的绳索以改变航向、避开风浪，接着帮助舵工一起掌舵。中桅我们不想把它降下来，而是让它照旧直立着，因为船在海上行得很好；我们也知道，中桅这么直立在那里，船

_____

① 摩鹿加群岛，印度尼西亚东北部马鲁古群岛的旧称。

也更安全一些，既然在海上有操纵的余地，船就可以更顺利地向前行驶。风暴过后，我们扯起了前帆和主帆，并把船停了下来。接着我们又挂起后帆、中桅主帆、中桅前帆。我们的航向是东北偏东，风向西南。我们把右舷的上下角索收到船边，解开迎风一面的转帆索和空中供应线，背风一面的转帆索则通过上风滚筒朝前拉紧、套牢，再把后帆上下角索拉过来迎着风，这样使船尽可能沿着航道满帆前进。

这场风暴过后，又刮了强劲的西南偏西风，据我估算，我们已被吹到了东面大约五百里格的地方，就是船上最年长的水手这时也说不清我们是在世界的哪个部分了。我们的给养还足以维持，船很坚固，全体船员身体也都很好，但是我们却极缺淡水。我们觉得最好还是坚持走原来的航道，而不要转向北边去，那样的话我们很可能进入大鞑靼①的西北部，驶入冰冻的海洋。

一七〇三年六月十六日，中桅上的一个水手发现了陆地。十七日，我们清清楚楚地看到有一座大岛或者是一片大陆（我们不知道是不是大陆），岛的南边有一片狭长地带伸入海中，还有一个小小的港湾，但港内水太浅，一百吨以上的船无法停泊。我们在离这港湾一里格内的地方抛锚停船。船长派出十二名武装水手带着各种容器坐长舢板出去寻找淡水。我请求船长让我和他们一起去，到那地方去看看能不能有什么发现。上岸后，我们既没发现有河

----

① 大鞑靼，指西伯利亚。

流、泉水，也没有看到任何人类的迹象。因此我们的人就在海岸边来回寻找，看看海边上可有淡水。我则独自一人到另一边走了大约一英里，发现这地方全是岩石，一片荒凉。我开始感到无趣，看不到有什么东西可以引起我的好奇心，就慢慢朝港湾处走回去。大海一览无余，我看到我们的那些水手已经上了舢板在拼着命朝大船划去。我正要向他们呼喊（尽管这也没有什么用），却忽然看到有个巨人在海水中飞快地追赶他们。他迈着大步，海水还不到他的膝盖。但我们的水手比他占先了半里格路，那一带的海水里又到处是锋利的礁石，所以那怪物追不上小船。这都是后来我听人说的，因为当时我哪儿还敢待在那里等着看这个惊险的场面会落得个什么结果。我循着原先走过的路拼命地跑，接着爬上了一座陡峭的小山，从那里我大致看清了这是个什么地方。我发现这是一片耕地，但首先让我吃惊的是那草的高度，在那片似乎是种着秣草的地上，草的高度在二十英尺以上。

我走上了一条大道。我想这是一条大道，其实对当地人来说，那只是一片大麦地里的一条小径。我在这路上走了一些时候，两边什么也看不到。快到收割的时候了，麦子长得至少有四十英尺高。我走了一个小时才走到这一片田的尽头。田的四周有一道篱笆围着，高至少有一百二十英尺。树木就更高大了，我简直无法估算出它们的高度。从这块田到另一块田之间有一段台阶。台阶有四级，爬到最高一级之后还要跨过一块石头。我是无法爬上这台阶的，因为每一级都有六英尺高，而最上面的那块石头高度在二十英尺以上。我正竭力在篱笆间寻找一个缺口，忽然发现一个当地人正从隔壁的田里朝台阶走来。这人和我看到的在海水中追赶我们小船的那一个一样高大。他有普通教堂的尖塔那么高，我估计他一步就是十来码。我惊恐不已，就跑到麦田中间躲了起来。我看到他站在台阶的顶端正回头看他右边的那块田，接着又听到他叫喊，声音比喇叭筒还要响好多倍，但由于那声音是从很高的空中发出的，我起初还以为一定是打雷了呢。他这一喊，就有七个和他一模一样的怪物手拿着镰刀向他走来；那镰刀大约每把是我们的长柄镰的六倍。这些人穿的不如第一个人好，像是他的用人或者雇工，因为听他说了几句话之后，他们就来到了我趴着的这块田里来收割麦子了。我尽可能远远地躲着他们，但是因为麦秆与麦秆间的距离有时还不到一英尺，我移动起来就极其困难。尽管这样，我还是设法往前移，一直到了麦子被风雨吹倒的一块地方。这里我就再也无法向前移动一步了，因为麦秆全都缠结在一起，我没办法从中间爬过去，而落在地上的麦芒又硬又尖，戳穿了我的衣服，直刺到肉里去。与此同时，我听到后面割麦子的人已经离不到一百码了。我精疲力竭、悲伤绝望透顶，就躺倒在两道田垄间，一心想着就在这里死掉算了。想到我妻子要成为孤苦无依的寡妇，孩子要成为没有父亲的孤儿，我悲伤不已。我又悔恨自己愚蠢、任性，全不听亲友的忠告，一心就想着要进行第二次航行。我心里这样激动不安，不由得倒又想起利立浦特来。那里的居民全都把我看作是世界上最大的庞然大物；在那里我可以只手牵走一支皇家舰队，创造的其他一些业绩，也将永远载入那个帝国的史册。虽说这一切后人难以相信，但有千百万人可以作证。可我在这个民族中间可能就显得微不足道了，就像一个利立浦特人在我们中间微不足道一样，想到这一点，我真感到是奇耻大辱。但是我想这还不是我最大的不幸，因为据说人类的野蛮和残暴与他们的身材是成比例的，身材越高大，就越野蛮越残暴。那么，要是这帮巨大的野人中有一个碰巧第一个将我捉到，我除了成为他口中的一小块食物之外，还能指望什么呢？毫无疑问，哲学家们的话还是对的，他们告诉我们：万事万物只有比较才能有大小之分。命运也许就喜欢这样捉弄人，让利立浦特人也找到一个民族，那里的人比他们还要小，就像他们比我们小一样。谁又知道，就是这么高大的一族巨人，不会同样被世界上某个遥远地方的更高大的人比下去呢？不过那样的巨人我们至今还没有发现罢了。

我那时心里又怕又乱，禁不住这样乱想下去。这时有一个割麦人离我趴着的田垄已经不到十码远了，我怕他再走一步，就会把我踩扁，或者用镰刀把我割成两段。因此，就在他又要向前移动的时候，我吓得拼命尖叫起来。一听到这叫喊声，巨人忽地停住了脚步，他朝下面四处看了半天，终于发现了躺在地上的我。他迟疑了一会儿，那小心的样子就仿佛一个人努力想去捉住一只危险的小动物而又生怕被它抓伤或咬伤一样；我自己在英国时，有时候捉一只黄鼠狼也就是这样的。最后，他大胆地从我的身后用拇指和食指捏住我的腰将我提到了离他眼睛不到三码的地方，他这样是为了更好地看清楚我的形体。我猜到了他的意思，幸亏当时我还冷静，他把我举在空中，离地六十英尺，又怕我从他的指缝中间滑落，所以狠命地捏住我的腰部，但我却下定决心决不挣扎一下。我敢做的一切，只是抬眼望着太阳，双手合拢做出一副哀求的可怜相，又低声下气、哀哀切切地说了几句适合我当时处境的话，因为我时刻担心他会把我砸到地上，就像我们通常对待我们不想让它活命的任何可恶的小动物一样。可是我也真是福星高照，他似乎很喜欢我的声音和姿态，开始把我当作一件稀罕的宝贝。听到我发音清晰地说话，虽然听不懂是什么意思，他还是感到非常好奇。这同时我却忍不住呻吟着流起泪来；我把头扭向腰部两侧，尽可能让他明白，他的拇指和食指捏得我好疼啊。他好像弄懂了我的意思，因为他随手就提起了上衣的下摆，把我轻轻地放了进去，然后兜着我立即跑去见他的主人。他的主人是个殷实的富农，也就是我在田里首先看到的那一个。

那农民听完他的用人报告我的情况后（我从他们的谈话猜想是这样），就拾起一根手杖粗细的小麦秆儿，挑起我上衣的下摆。他似乎觉得我也许生下来就有这么一种外壳。他把我的头发吹向两边好把我的脸看得更清楚。他把雇工们叫到他身边，问他们有没有在田里看到与我相似的小动物。这是我后来才知道的。接着他把我轻轻地平放在地上，不过我马上就爬了起来，慢慢地来回踱步，让这些人明白我并不想逃走。他们全都围着我坐了下来，这样可以更清楚地看到我的举动。我脱下帽子，向那个农民深深地鞠了一躬。接着我双膝跪地，举起双手，抬起双眼，尽可能大声地说了几句话。我从口袋里掏出一袋金币，十分谦恭地呈献给他。他用手掌接过来，拿到眼前看看到底是什么，后来又从他衣袖上取下一根别针，用针尖拨弄了半天，还是弄不明白那究竟是什么东西。于是我就示意他把手放在地上，我再拿过钱袋，打开来，将金币尽数倒入他的手心。除了二三十枚小金币以外，还有六枚西班牙大金币，每一枚值四个皮斯陀①。我见他把小指指尖在舌头上润了润，捡起一块大金币，接着又捡起一块，可是他看起来完全不明白这些什么。他对我做了一个手势，让我把金币收进钱包，再把钱包放进衣袋。我向他献了几次，他都不肯收，我就想最好还是先收起来吧。

至此，那农民已经相信我一定是一个有理性的动物了。他一再和我说话，可是声音大得像水磨一样刺耳，倒是够清楚的。我尽量提高嗓门用几种不同的语言回答他，他也老是把耳朵凑近到离我不足两码的地方来听，可全都没有用，因为我们彼此完全听不懂对方的话。他接下来让用人们回去干活，自己就从口袋里摸出一块手帕，摊在左手上叠成双层，再手心朝上平放在地上，做手势让我跨上去。他的手还不到一英尺厚，所以我很容易就跨了上去。我想我只有顺从的份儿，又怕跌下来，就伸直了身子在手帕上躺下。他用手帕四周余下的部分把我兜起来只露出个头，这样就更安全了。他就这样将我提回了家。一到家他就喊

①　皮斯陀，西班牙的一种古金币。

来他的妻子，把我拿给她看。可她吓得尖叫起来，回头就跑，仿佛英国的女人见了癞蛤蟆或蜘蛛一般。可是过了一会儿，她见我行为安详，并且她丈夫示意我做什么我就做什么，十分听话，她也就很快放心了，还渐渐地喜欢起我来。

中午十二点钟光景，仆人将饭送了上来。菜也就是满满的一盘肉（农民生活简单，吃这样的菜是相称的），装在一只直径达二十四英尺的碟子里。一道吃饭的有农民和他的妻子、三个孩子以及一位老奶奶。他们坐下来之后，农民把我放到桌子上，离他有一段距离。桌子离地面有三十英尺。我怕得要命，尽可能远离桌子边唯恐跌下去。农民的妻子切下了一小块肉，又在一只木碟子里把一些面包弄碎，然后一起放到了我的面前。我对她深深地鞠了一躬，拿出刀叉就吃了起来。大家见状十分开心。女主人吩咐女佣取来一只容量约为三加仑的小酒杯，斟满了酒。我十分吃力地用两只手将酒杯捧了起来，以极为恭敬的态度把酒喝下，一边竭力提高嗓门用英语说："为夫人的健康干杯。"大家听到这话全都开怀大笑，我却差点被这笑声震聋了耳朵。酒的味道像淡淡的苹果酒，并不难喝。接着主人做了一个手势让我走到他切面包用的木碟那边去。宽容的读者很容易就能体会到并且原谅我，那就是，由于我一直惊魂未定，所以走在桌上的时候，不巧被一块面包屑绊了一跤，来了个嘴啃桌子，不过没有伤着。我马上爬了起来，看到这些好人都很关切的样子，我就拿起帽子（为了礼貌起见我一直把帽子夹在腋下），举过头顶挥了挥，连呼三声万岁，表示我并没有跌伤。但就在我往前向我的主人（从此我就这么称呼他）走去的时候，坐在他边上的他的那个最小的儿子，一个十岁左右的小调皮，一把抓住了我的两条腿把我高高地提到了半空中，吓得我浑身直颤。他父亲赶紧把我从他手里抢了过来，同时狠狠地给了他左脸一记耳光，命令人把他带走，不许上桌。这一记耳光足可以打倒一队欧洲骑兵。但是我怕小孩子可能要记我仇，又想起我们的孩子天生都爱捉弄些麻雀、兔子、小猫和小狗，就跪了下来，指着孩子，尽可能地让主人明白，我希望他能饶了儿子。父亲答应了，小家伙重新回到座位上。我走过去吻了他的手，我的主人也拉过他的手让他轻轻地抚摸我。

正吃着饭，女主人宠爱的猫跳到她膝盖上来了。我听到身后闹哄哄的声音，像有十几个织袜工人在干活；掉头一看，我发现原来是那只猫在满足地哼哼，女主人正在边抚摸边喂它吃东西呢。我看到了它的头和一只爪子，估计这猫有三头公牛那么大。我远远地站在桌子的另一边，与猫相距五十多英尺；女主人也怕它万一跳过来抓我，所以紧紧地抱住它；即使这样，那畜生狰狞的面相还是让我感到十分不安。可是碰巧倒也并没有危险，我的主人把我放到离它不足三码的地方，它连理都没理我一下。我常听人说，自己旅行中的亲身经历也证明是这样——当着猛兽的面逃跑或者表现出恐惧，它就肯定会来追你或者向你进攻。因此，在这危险关头，我是拿定主意要表现得满不在乎。我在猫头的前面毫无惧色地踱了五六次，有时离它还不到半码远；那猫倒是像更怕我似的，把身子缩了回去。至于狗，我就更不怕了。这时候有三四条狗进了屋子，这在农民家里是常见的事；其中有一条是獒犬，身形抵得上四头大象，还有一只灵猩，不如獒犬大，却更高些。

饭快吃完的时候，保姆抱着个一岁的小孩走了进来。他一见我就大声啼哭起来，那哭声从伦敦桥到切尔西①那么远也可以听得到。他像平常孩子那样咿呀了半天要拿我去当玩具。母亲也真是一味地溺爱孩子，就把我拿起送到了孩子跟前。他立刻一把拦腰将我抓住，把我的头直往嘴里塞。我大吼起来，吓得这小淘气一松手把我扔了。要不是他母亲用围裙在下面接住我，我肯定是跌死了。保姆为了哄孩子不哭，就用了一只拨浪鼓。这是一种中空的盒子，里边装上几块大石头，用一根缆绳拴在孩子的腰间。但这一切全都没有用，她只有使出最后一招，让孩子吃奶。我得承认，还从来没有过什么东西有这乳房让我这样恶心的，它长得那么怪异，我真不知道拿什么来比它，所以也无法对好奇的读者说清这乳房的大小、形状和颜色。乳房挺着六英尺高，周长少说也有十六英尺，乳头大概有我半个头那么大。乳房上布满了黑点、丘疹和雀斑，那颜色那样子真是再没有什么比它更叫人作呕的了。她坐着喂奶比较方便，而我是站在桌上，离得近，所以这一切我看得清清楚楚。这使我想起我们英国的太太们皮肤白皙而细嫩，在我们眼中是多么的漂亮。不过那也只是因为她们身材和我们是一般大小罢了，有什么缺点瑕疵，还得借助于放大

---

① 切尔西，伦敦西南部的一个住宅区，从伦敦桥到切尔西约有五英里。

镜才能看得清。我们做过试验，从放大镜里看，最光滑洁白的皮肤也是粗糙不平、颜色难看的。

我记得在利立浦特时，那些小人的面容在我看来是世界上最美丽的了。有一次我同那里的一位学者也曾谈论过这个问题。那学者是我的一个亲密朋友，他说，我的脸他从地面往上远看比近看要光滑、漂亮得多。他承认当我把他拿在手里和我靠得很近时，乍一看我很是吓人。他说都能在我的皮肤上见到大坑，胡子茬比野公猪的鬃毛还要硬十倍。面孔也是由多种不同颜色组成，整体看上去让人感觉不舒服。不过请允许我为自己辩白一下，我其实和我国的大多数男同胞一样漂亮，每一次旅行也并没有把我晒黑。另一方面，说起朝廷里的那些贵妇人时，他又常常跟我说，这个人有雀斑，那个人嘴太宽，还有什么人鼻子过大，可我是一点也看不出来。我承认他的这一见解已经足够明显了，而我还是忍不住要说一说，免得读者们认为那些巨人长得真是丑陋不堪。我得替他们说句公道话，他们是一个美丽的民族，尤其是我那主人，虽然只是农民一个，我从六十英尺的高处看他，相貌还真匀称端正得很呢。

吃完中饭，主人出去监督他的雇工了，从他的声音和手势我能看出他严格地嘱咐妻子要小心照看我。我累得很，想睡觉，女主人看出来了，就把我放到了她自己的床上，给我身上盖了一条干净的白手帕，但那手帕比一艘战舰的主帆还要大，也粗糙得多。

我睡了大约有两个钟头，梦见在家与妻子儿女在一起，一觉醒来，越发痛苦。我发现自己孤零零地在一个两三百英尺宽、两百多英尺高的大房间里，躺在一张二十码宽的床上。女主人忙家务去了，把我一个人锁在这里。床离地面有八码。因为生理上的需要，我不得不下床。我不敢随便叫喊，就是喊了，我睡的房间离那一家人所在的厨房那么远，我这样的声音根本不抵用。正当我处在这种境况中时，两只老鼠忽然缘着帐幔爬了上来，在床上跑来跑去乱嗅一阵。有一只差点跑到了我面前，我吓得一下爬了起来，抽出腰刀自卫。这两只可怕的畜生竟敢对我两面夹攻，其中一只抬起前爪来抓我的衣领，幸亏它还没来得及伤害我，我就将它的肚子剖开了。它倒在了我脚下，另一只看到它同伙的下场立即就跑，但逃跑时背上也狠狠地挨了我一刀，血淴淴地流了出来。大功告成之后，我慢慢地在床上来回走动以平定呼吸、恢复精神。两只畜生有一条大獒犬那么大，但要灵活、凶猛得多，所以要是我睡觉前解去了皮带，我肯定是被它们撕成碎片吞吃了。我量了一下死老鼠的尾巴，发现差一英寸就有两码长了。老鼠的尸身还躺在那里淌血，我感到恶心，却没办法把它拖下床去。我见它还有点气，就在它脖子上猛砍了一刀，这才彻底结果了它的性命。

不久以后，女主人来到了房间，见我浑身是血，赶紧跑过来把我拿在她手中。我指了指死老鼠，又笑着给她做手势表明我没有被伤着。她高兴极了，喊来女佣用火钳夹住死老鼠把它扔到了窗外。接着她把我放到了桌上，我把沾满了血的腰刀给她看，又用上衣的下摆把刀擦干净，然后放回了刀鞘。这时我急不可耐地要做一两件别人无法替代的事情，就竭力让女主人明白要她把我放到地上。她把我放在地上以后，我因为不好意思，只能指指门向她连鞠几躬，此外没有别的办法来进一步表达我的意思了。这个好心的女人最后好不容易才弄明白我要干什么，就又用手拿起我，走进花园，把我放在了地上。我走到一边，离她约有两百码，打手势请她不要看我或者跟过来，然后躲在两片酸模树叶之间解决了生理上的需要。

我希望可敬的读者能原谅我絮絮叨叨说这些琐碎的事。在没有头脑的俗人看来，这类事也许显得无关紧要，但它们无疑能帮助哲学家丰富想象，扩大其思想范围，对公众与个人生活都有好处。这也就是我将这篇游记和其他几篇游记公之于世的唯一目的。我所关注的主要是事实，丝毫没有在学问或风格上炫耀卖弄。但这次航行中的所有情景给我留下了极其强烈的印象，深深地刻在我的记忆之中，诉诸文字时没有漏掉一个重要事件。然而经过严格的检查，我还是抹去了初稿中比较不重要的几个段落，怕人家指责我的游记冗长和琐碎。旅行家们常常受到这类指责，可能倒也不是完全没有道理。

第二章

关于农民女儿的描写——作者被带到一个集镇，接着被带到了首都——旅途中的详情。

我的女主人有个九岁的女儿，就年龄来说，她有些早慧，做得一手好针线活儿，打扮起娃娃来也是熟练灵巧。她和她母亲想办法临时做成了一只婴儿的摇篮供我夜里睡觉。摇篮放在一个衣柜的小抽屉里，因为怕有老鼠，她们又把抽屉放在一块悬空的吊板上。我和这一家人住在一起的日子里，这就是我的床了。后来我开始学习他们的语言，能够让他们明白我的需要，那床也就被改进得越来越方便舒适。这小姑娘手非常巧，我只当着她面脱过一两次衣服，她就会给我穿衣脱衣了。不过，只要她肯让我自己动手，我是从来不会去麻烦她的。她给我做了七件衬衫，还有一些内衣，用的都是最精致的布，实际上这些布比麻袋布还要粗糙。她经常亲手给我洗衣服。她还是我的语言教师，我每指一样东西，她就告诉我在他们本国话里那叫什么。

这样，几天之后，凡是我要的东西，我都可以叫出名字来了。她脾气很好，身高不到四十英尺，在她那个年龄算个子小的了。她给我起了个名字，叫"格里尔特里格"，全家人都这么叫我，后来全国的人也都这么喊我。这个词和拉丁文里的"nanunculus"，意大利文里的"homunceletiono"，以及英文里的"mannikin"（侏儒，矮子）是同一个意思。我能在那个国家里活下来，主要还得归功于她。我在那里的时候，我们从来不分开。我管她叫我的"格兰姆达尔克立契"，意思是小保姆。我如果不在这里敬重地提一下她对我的关怀和爱护，那我真是太忘恩负义了。她值得报答，我也衷心希望我有能力报答她的恩德。可我总有充分的理由担心，她会因为我而蒙受羞辱，尽管我是无辜的，而且也出于无奈。

邻里如今都知道了这件事，纷纷开始谈论我的主人在地里发现了一头怪兽，大小相当于一只"斯泼拉克那克"，形状却处处像人。它还能模仿人的所有的动作，好像有它自己的语言，也学会了几句他们的话。它能挺着身用两条腿走路，温顺、懂礼貌，叫它来它就来，让它做什么它就做什么。它长着世上最漂亮的四肢，面孔比贵族家中三岁的女儿还要白嫩。有一个农民，就住在附近，他是我主人的一位特殊的朋友，曾特地前来打听这故事是否属实。我主人立即把我拿了出来放到桌上。我按照他的命令在桌上走路，抽出腰刀又放回刀鞘。我向主人的客人致敬，用他们自己的话向他问好，又说欢迎他的到来，一切全是按照我的小保姆教我的话说的。这个人老眼昏花，戴上眼镜想把我看个仔细。这一戴，却叫我忍不住大笑起来，因为他的眼睛就像两个从窗户照进房间来的满月。这一家人弄清楚我是为什么而发笑时，也和我一同大笑起来。老头子傻头傻脑，竟大发脾气，脸色也变了。就我不幸的遭遇来说，说他是个守财奴真是一点也不冤枉他。他给我的主人出了一个馊点子，让我主人趁赶集的日子把我带到邻近的镇上去展览。那镇子离我们家大约二十二英里，骑马半个钟头就到了。我看到主人和他的朋友在那儿窃窃私语了老半天，有时还指指我，就猜想他们是在打什么坏主意了。我一害怕就胡思乱想起来。我偷听到了他们的一些话，有几句还听懂了。可是第二天早上，我的小保姆格兰姆达尔克立契就将整个事情一五一十地告诉了我，她是从她母亲那里巧妙地探听得来的。可怜的小姑娘把我抱在怀里，又羞又悲地哭了起来。她怕那些粗鲁的俗人会伤害我。他们把我拿在手里时说不定会把我捏死或者弄断我的手脚。她又说我的性情是那么朴实温和，对自己的面子又是那么顾惜，现在要拿我去给一帮最下流的人当把戏耍赚钱，我该认为那是多么大的耻辱啊。她说爸爸妈妈都已答应她，"格里尔特里格"是她的，可如今她看出来他们又要像去年那样来对待她了。那时他们假装给她一只小羊羔，可羊一长肥壮，他们就把它卖给了屠户。至于我自己，老实说，反倒没有我的小保姆那样担心。我一直抱着一个强烈的愿望：终有一天我会恢复自由的。至于被人当作怪物带着到处跑这样不光彩的事，我就把自己当作是这个国家里的一个地道的异乡人，有朝一日我回到英国，人们也绝不可能因为我有过这样的不幸遭遇来非难我，因为就是大不列颠国王自己，处在我的位置，也同样要遭遇这不幸的。

我的主人听信了他朋友的话，到了下一个赶集的日子，就用箱子把我装着到邻近的集镇上去了。他带上了小女儿，也就是我的小保姆，让她坐在他身后的马鞍上。箱子四面封得严严实实，只有一个小门供我出入，还有就是几个让空气流通的小孔。小姑娘真是想得周到，她把娃娃床上的被褥拿来放到了箱子里，好让我一路躺着。可是路虽只有半个小时，我却被颠坏了，真是极不舒服。因为那马一步就是差不多四十英尺，跳得又高，箱子仿佛大风暴中的船只上下起伏，而起伏又远远比船只要频繁。我们的路程好像比从伦敦到圣奥尔班①还要远一点。我主人在一家他常光顾的小旅馆前下了马。他先和旅馆主人商量了一阵，又做了一些必要的准备，接着就雇了一名"格鲁特鲁德"，就是镇上的喊事员，通知全镇人到绿鹰旅馆来观赏一头怪兽；它大小还不及一头"斯泼拉克那克"（那是这个国家一种样子很美的动物，身长约六英尺），全身上下处处像人，会说几句话，还能耍一百种有趣的把戏。

他们把我放到旅馆最大的房间里的一张桌子上，房间面积差不多有三百平方英尺。我的小保姆紧挨着桌子站在一张矮凳子上，一边照看着我，一边指挥我表演。我主人为了避免人群拥挤，每次只让三十个人进来看我。我按照小姑娘的指令在桌子上走来走去。她用我听得懂的几句话

—————————————————————
① 圣奥尔班，伦敦西北约二十英里处的一个城市。

向我提问，我就尽量提高嗓门回答她。我在桌上绕行几次，面向观众致敬，说欢迎各位光临，还说了我学会的其他一些话。格兰姆达尔克立契给了我一个针箍大小的容器做酒杯，我拿起这盛满酒的杯子，为大家的健康干杯。我抽出腰刀，按照英国击剑家的样子舞弄了一会儿。我的小保姆又给了我一节麦秆儿，我拿它当枪耍了一阵，这玩意儿我年轻时曾学过。那天我一共表演了十二场，常常被迫一遍又一遍地重复那些舞刀弄枪的把戏，直到累得半死不活、苦不堪言。那些看过我表演的人都大肆宣扬，所以人们准备破门而入来观赏。我主人为了他自身的利益，除我的小保姆外不让任何人碰我；为了防止出危险，他在桌子四周设了一圈长凳，远远地将我与众人隔开，谁也够不着。但是，一个倒霉鬼小学生拿起一只榛子对准我的头直扔了过来，差一点就击中了我。那榛子来势凶猛，真要是击中了我，我肯定是给打得脑浆迸裂，因为它差不多有一只小南瓜那么大。不过我很开心看到这小流氓被痛打了一顿，轰出了房间。

我主人当众宣布，下一个赶集的日子再让我来表演。同时他也给我准备了一辆更为方便舒适的车子。他这样做是很有道理的，因为第一次旅行下来我已疲惫不堪，加上连续八个钟头给人表演，两条腿快要站不住了，话都说不出。至少过了三天，我才恢复了体力。可是我在家中也得不到休息，因为方圆一百英里内的绅士们听说我的名声后，都赶到我主人的家里来看我。当时带着妻子儿女来看我的人不下三十个（乡下人口很多）。每一次我主人让我在家表演时，即使是给一家人看，他也要求按一满屋子的人数收费。虽然我没有被带到镇上去，可是有一度每个星期除星期三是他们的安息日我可以休息外，天天都难得安稳。

我主人发现我可能给他赚大钱，就决定把我带到全国各大城市去走一趟。他准备好长途旅行所必需的一切东西，又安排好了家中的事，于一七○三年八月十七日，也就是我到这地方后约两个月的时候，告别妻子，动身前往靠近该帝国中部、离家约三千英里的首都。我主人让他女儿格兰姆达尔克立契骑在他身后。她把装着我的箱子系在腰间，抱在膝上。箱子里四周她都用所能找得到的最柔软的棉布衬好，棉布下面垫得厚厚的。她把婴儿的小床放在里面，又给我预备了内衣和其他一些必需品，把一切都尽量搞得方便舒适。我们没有其他同行的人，只带了一个男仆，他带着行李骑马跟在后面。

我主人的计划是让我在沿途所有的市镇上都进行表演，而且只要有生意，也可以离开大路走上五十或一百英里到村子里或者大户人家去演出。我们一路上慢慢地走，一天走不到一百五六十英里。格兰姆达尔克立契有意想照顾我，就抱怨说马把她颠累了。她常常顺从我的要求把我从箱子里拿出来，让我呼吸新鲜空气，看看四野的风光，不过总是用一根带子将我紧紧地牵着。我们过了五六条河，都比尼罗河和恒河要宽得多，也深得多，像伦敦桥畔的泰晤士河那样的小溪几乎一条也没有。我们在路上一共走了十个星期，我在十八个大城市被展出，许多村庄和人家还不包括在内。

十月二十六日，我们到了首都，用他们的话说叫作"洛布鲁格鲁德"，意思是"宇宙的骄傲"。我主人在离皇宫不远的一条主要大街上找了一个住处，照平常的样子贴出广告，把我以及我的本事详细描述了一番。他租下一间三四百英尺宽的大房间，又预备了一张直径六十英尺的圆桌，我就要在这上面表演。桌面上离桌边三英尺的地方围了一圈三英尺高的护栏，这样可以防止我跌下桌子去。我一天演出十场，所有人看了都惊叹不已、非常满足。如今他们的话我可以说得相当不错了，他们对我说的话，每个词我都完全听懂。此外，我还学会了他们的字母，不时还能设法解释个把句子。在家时格兰姆达尔克立契就一直当我的老师，旅途中的空闲时间她也会教我。她口袋里装了一本比《三松地图册》①大不了多少的小书。那是给年轻姑娘们看的一本普通读物，内容是关于他们的宗教的简要叙述。她就用这本书来教我字母，讲解词义。

---

① 《三松地图册》，法国地理学家三松（N. Sanson，1600—1667）绘制的地图集，长约二十五英寸，宽二十英寸。

第三章

作者奉召入宫——王后从他的农民主人手里把他买下来献给国王——他和国王陛下的大学者们辩论——朝廷为作者提供了一个房间——他深得王后的欢心——他为祖国的荣誉辩护——他和王后的侏儒吵嘴。

我每天不停地卖苦力，几个星期下来，身体发生了很大的变化。我的主人靠我赚到的钱越多就越贪得无厌。我胃口大减，瘦得几乎只剩一把骨头了。那农民见我这样子，断定我肯定是活不长了，就决定尽可能地从我身上多捞一把。正当他在那里这么自我盘算拿定主意的时候，从朝廷来了一个"斯拉德拉尔"（就是引见官），命令我主人立即带我进宫给王后和贵妇们表演取乐。有几位贵妇已经看过我的表演，她们把我的美貌、举止、识见等等离奇的事情早向王后做了报告。王后和服侍她的那些人对我的行为举止无比欣赏。我双膝跪下，乞求能有幸吻一下她的脚；但我被放到一张桌上之后，这位仁慈的王后却把她的一个小手指头伸给了我。我立即展开双臂一把抱住，以最最尊敬的态度用嘴唇碰了一下。她问了我几个关于我的祖国和旅行情况的一般性问题，我都尽量清楚简要地做了回答。她问我是不是愿意住到宫里来。我一躬一直鞠到桌面，毕恭毕敬地回答说，我是我主人的奴隶，但要是我自己能做主的话，我能终身为王后陛下效劳，真是莫大的骄傲了。她接着就问我的主人是否愿意将我高价出售。我主人怕我一个月都活不到了，正巴不得脱手，就要了一千金币。王后吩咐当场就把钱给了他。每个金币大约有八百个莫艾多^①那么大，但是如果我们考虑一下这个国家的各种东西和欧洲的每一样东西之间的比例，再按照金子在他们那儿的高价来计算一下，这一千金币的数目几乎还不到英国的一千个畿尼^②。接着我就对王后说，既然我现在是王后陛下最卑贱的奴仆了，就请求陛下开恩，收下格兰姆达尔克立契为陛下效劳，同时也继续做我的保姆和老师。她长期以来一直照看着我，那样关心，那样善良;她也懂得怎么照料我。王后同意了我的请求。征得那农民的同意自然很容易，女儿被选入宫还有不高兴的？那可怜的女孩自己也掩饰不住兴奋。我的旧主人向我告别，说他给我找到了一个好地方，然后就退了出去。我一句话也没有答他，只轻轻地欠了欠身。

　　王后看出我态度冷淡，等农民走出房间后，就问我是为什么。我大胆地对王后说，我并不欠我的旧主人什么情;

———————————

① 莫艾多，葡萄牙和巴西的旧金币。

② 畿尼，英国的一种旧金币，值二十一先令。

要说欠他什么，也只是他没有将在他地里偶然发现的一只可怜无害的小动物砸个脑浆飞迸罢了，而这点情我如今已充分报答了他。他驱使我在王国内一半的地方演出，赚足了钱，如今又把我卖了个好价钱。我跟了他以后过的那生活实在太苦，就是一个体力比我强十倍的动物也免不了要被折磨死。一天之中每个小时都在不停地给一帮乌合之众卖力表演供其取乐，我的健康因此受到极大损害。要不是我的主人认为我已经生命垂危，陛下也许就买不到这么一件便宜货。但是现在我丝毫不用害怕再会受到虐待了，因为有这么一位伟大而善良的王后庇护着我，她给大自然添光彩，她是世界的宠儿，万民的福气，造物主的不死鸟。我的旧主人担心我会死，我希望那担心再没有什么根据，因为我感觉到，受王后陛下威仪的影响，我的精神已经开始恢复。

这就是我说的所有话。我说得犹犹豫豫，措辞也很不恰当，后半段完全是照那里人特有的一种模式来说的，有些词句是格兰姆达尔克立契带我进宫时我从她那儿学来的。

王后十分宽容我说话方面有些欠缺，可她却非常惊奇这么小小的一个动物竟会这么聪明而有见识。她亲手拿起我带到国王那儿。国王这时已经进了内宫。这是一位神情庄严肃穆的君王。他第一眼都没有看清楚我的样子，我匍匐在王后的右手里，他还以为是一只"斯泼拉克那克"呢，就漫不经心地向王后说，什么时候喜欢上"斯泼拉克那克"来了？王后十分机智幽默，她把我轻轻地立在写字台上，令我向国王作自我介绍。我就十分简要地说了几句。在内宫门口侍候的格兰姆达尔克立契是一刻不见我也不行，这时她被叫了进来，证实了我到她父亲家里以来的全部经历。

国王非常博学，其程度不下于他领土范围内的任何一位学者；他研究过哲学，尤其是数学。尽管如此，在我开口说话之前，他看清楚我的样子后，见我站直了身子在那里走路，还以为我大概是哪位天才巧匠设计出来的一件钟表之类的机械呢（这类机械在那个国家已发展到了极其完善的程度）。可是当他听到了我说话的声音并且我说话也十分正常有条理时，他禁不住大吃一惊。我向他叙述我是怎么来到他的王国的，他却怎么都不能满意，以为是格兰姆达尔克立契和她父亲商量好的一段故事；他们教我一套话，这样就可以把我卖个大价钱。他这么猜想着，就又问了我几个别的问题，得到的依然是理性的回答。我只是说话带点外国腔调，用他们的语言不够纯熟，夹杂了一些在农民家里学到的乡下土话，与宫廷里文雅的风格不相称，除此之外，并没有什么别的缺点。

国王陛下召来了三位大学者，这个星期正当他们值班。学者值班听从国王召唤是这个国家的规矩。这几位先生先是仔仔细细地把我的模样察看了一番，然后开始就我发表不同的意见。他们一致认为，按照大自然的一般法则，是不可能产生我这个人的，因为我生来就没有保全自己性命的能力，行动不快，不会爬树，也不会打地洞。他们非常精细地察看了我的牙齿，认为我是一头食肉动物。但是，与大多数四足动物相比，我根本不是它们的对手。田鼠之类的动物又十分灵活，他们就无法想象我怎么能够活下来，除非我吃蜗牛或者其他什么昆虫。可他们又提出了许多有学问的论据，证明我吃那些东西也是不可能的。其中有一位学者似乎觉得我可能是一个胚胎，或者是一个早产婴儿。但这一看法立即受到另外两位的反对，他们看我的四肢已发育完备，活了也有好几年了，这从我的胡子可以看出来；他们用放大镜可以清清楚楚地看到我的胡子茬儿。他们不承认我是侏儒，因为我小得实在无人可比；就是王后最宠爱的侏儒，他在这个国家是最矮小的了，身高也差不多有三十英尺。他们争论了半天，最后一致得出结论，说我只是一个"瑞尔普拉姆·斯盖尔卡斯"，照字面意思讲就是"lusus naturae"①。这种决断方法与欧洲现代哲学的精神完全一致。欧洲的现代哲学教授们对逃避不明事理的老办法很看不起，所以就发明了这种可以解决一切困难的妙方，使人类知识得到了难以形容的进步，而亚里士多德②的门徒企图用那老办法来掩饰他们的无知，却又掩饰不住。

在他们得出这一决定性的结论之后，我要求说一两句话。我对着国王说，我确实从某一个国家而来，那儿像我这样身材的男女有千千万万，那里的动物、树木和房屋都彼此相称。由此可以推断，正如陛下的每一个臣民在这里能够自卫、谋生一样，我在自己的国家同样也可以自卫和谋生。这也就是我对那几位先生的论点的全部答复。他们

---

① Lusus naturae，拉丁文，意为天生畸形物。
② 亚里士多德，古希腊哲学家，生于公元前三八四年，卒于公元前三二二年。

听了只报以轻蔑的一笑，说那农民把我教得真好。国王的见识毕竟要高得多，他令那几位有学问的人退下，派人把那农民召来。巧得很，农民这时还没有出城。国王先秘密地盘问那农民，接着再让他跟我和小姑娘对证，这才开始相信我们告诉他的很可能是事实。他要王后吩咐下去对我必须特殊照顾，也表示格兰姆达尔克立契可以留下来继续照看我，因为他已看出我们俩非常要好。宫里给她预备了一间舒适的房间，指派一名女教师负责她的教育，有一名宫女给她梳妆，另外还有两名仆人给她做些杂活，不过照顾我的事却全由她自己承担。王后命令给她自己打家具的木工为我设计一只箱子用做我的寝室，但样式必须先征得格兰姆达尔克立契和我的同意。那人真是个巧匠，他在我的指导下，用三个星期的功夫就给我做成了一间十六英尺见方、十二英尺高的木头房子。那房间有可以推上拉下的窗子，有一扇门，还有两个橱，就像一间伦敦式的卧室一样。用做天花板的木板通过两个铰链打开或放下，王后陛下的家具商给我提供的一张床，就是从上面放进去的。每天，格兰姆达尔克立契亲手把床拿出来晾一晾，晚上再放进去，之后再加锁把我关在里面。有一名以制造稀奇小玩意儿出名的工匠用一种类似象牙的材料，给我做了两把带靠背和扶手的椅子，还做了两张桌子和一个柜子，我可以放放零碎东西。房间的四壁以及地板和天花板都垫得厚厚的，以防那些搬运我的人粗心大意出了事故；如果我坐马车，也不至于被颠坏。我要求在门上安把锁，免得老鼠跑进来。铁匠试了好多次才打出了他们那里从未见过的一把小锁。据我所知，英国有一位绅士家门上的锁比这还要大些。我想法把钥匙留在自己的一只口袋里，怕格兰姆达尔克立契会弄丢。王后又吩咐侍从找出最薄的丝绸给我做衣服。那丝绸和英国的毛毯差不多厚，穿在身上十分笨重，后来穿习惯了才好一些。衣服是照这个国家的式样做的，有点像波斯服，有点像中国服，倒也庄重大方。

王后非常喜欢我陪着她，少了我她简直饭都吃不下。她吃饭时，给我用的桌椅摆在她的饭桌上，就在她左肘旁边。格兰姆达尔克立契站在放在地上的一张小凳子上，紧挨着我的桌子帮着照料我。我有一整套银制的碗碟和其他必备餐具，和王后的餐具比起来，它们和我在伦敦一家玩具店看到的用来做娃娃房里摆设的餐具差不多大小。我的小保姆把这套餐具放在她口袋里的一只银盒子里，吃饭时我要用她就拿给我，平时她总是亲手把它们洗得干干净净。和王后一起吃饭的只有两位公主，大的十六岁，小的那时才十三岁零一个月。王后总是把一小块肉放到我的碟子里让我自己切着吃。她喜欢看我小口小口地吃东西，把这当成一种乐事。王后实际上胃口并不大，但一口也能吃下十二个英国农民一顿饭的量，见她这样子，我有一段时间非常恶心。她能将百灵鸟的一只翅膀连肉带骨一口嚼得粉碎，而那翅膀就有九只长足的火鸡那么大。她往嘴里塞一小片面包，但那也有两个价格十二便士的面包那么大小。她用金杯喝饮料，一口喝一大桶还不止。她的餐刀有两把镰刀拉直了那么长，汤匙、叉子和其他餐具也都成相应的比例。我记得有一次出于好奇，格兰姆达尔克立契带我去宫里看一些人吃饭，十几把像这样巨大的刀叉同时举起，我觉得在那以前我还从未见过这么吓人的情景。

我前面已经说过，星期三是他们的安息日，每逢这一天，国王、王后和王子、公主们照例要在国王陛下的内宫里一起用餐。如今我已是国王的大宠臣了，每当这种时候，他们就把我的小桌椅放在他左手边的一只盐瓶跟前。这位君王很乐意同我交谈，向我询问关于欧洲的风俗、宗教、法律、政府和学术方面的情况，我都尽可能一一给他介绍。他头脑清晰、判断精准，我说什么他都能发表十分聪明的感想和意见。不过我得承认，一说起我亲爱的祖国，说起我们的贸易、海战和陆战、宗教派别和国内的不同政党，我的话就有点多了。他所受的教育使他成见极深，终于忍不住用右手把我拿起来，再用另一只手轻轻地抚摸我，一阵大笑之后，问我是一个辉格党还是一个托利党。他接着转过身去对他的首相说（首相手持一根白色权杖侍候在国王身后，那权杖差不多有"王权号"①的主桅那么高），人类的尊严实在微不足道，像我这么点大的小昆虫都可以模仿。"不过，"他又说，"我敢保证这些小东西倒也有他们的爵位和官衔呢，他们造了一些小窝小洞就算是房屋和城市了，他们修饰打扮以炫人耳目，他们谈情说爱，他们打仗、争辩、欺诈、背叛。"他就这样滔滔不绝地一直说下去，气得我脸一阵红一阵白。我那高贵的祖国文武都堪称霸主，它可使法国遭灾，它是欧洲的仲裁人，是

———————

① "王权号"，当时英国最大的一艘船。

103

美德、虔诚、荣誉和真理的中心，是全世界仰慕并为之骄傲的地方。这样一个高贵的国家，想不到他竟如此不放在眼里。

但是就我当时的处境来说，我是不能对这种伤害表示什么怨恨的，仔细考虑过后，我都开始怀疑我是不是受了伤害。因为几个月下来，我已经看惯了这个国家的人的样子，听惯了他们的言谈，眼中所见的每一件事物也都大小相称，起初见到他们身躯与面孔时的恐惧至此已逐渐消失。如果这时候我要看见一群英国的老爷太太穿着华丽的生日服装，在那里装腔作势、高视阔步、点头鞠躬、空谈闲聊，说真的，我很有可能要笑话他们，就像这里的国王及其要员笑话我一样。王后常常把我拿在手里站在一面镜子前面，这样我们两个人在一起的样子就一览无余地出现在了我的眼前，这种时候，说实在的，我就忍不住要笑话自己。再没有比这样的对照更可笑的了，我因此真的开始怀疑，我的身材已经比原来缩小了好几倍。

最使我气愤、最让我感到屈辱的莫过于王后的侏儒了。他是这个国家有史以来个子最矮的人（我确信他身高还不到三十英尺），可是见有个小东西比他还要小得多，他就傲慢无礼起来。每次我在王后的接待室里站在桌上同宫里的老爷太太们说话，他总喜欢大摇大摆地从我身旁走过，显得他很高大的样子，不说一两句讥讽我矮小的话真是难得。每当这种时候，作为报复，我只能喊他一声兄弟，向他挑战要跟他搏斗，或者说几句宫廷小听差常说的俏皮话。一天吃晚饭的时候，他被我说的什么话惹怒了，这坏小子竟站到王后的椅子上，一把将我拦腰抓起，扔进盛着奶油的一只大银碗里，然后撒腿就跑。我当时正要落座，没想到有人要害我，结果连头带耳栽进了碗里，要不是我擅长游泳，很可能就要吃大苦头。格兰姆达尔克立契那一刻正好在房间的另一头，而王后则吓得一时不知如何救我才好。还是我的小保姆赶忙跑过来救了我，把我提了出来，这时我早已吞下了一夸脱①多的奶油。她把我放到了床上。不过我除损失了一身衣服外，并没有受到其他什么伤害，那衣服是全坏了。侏儒挨了一顿痛打。他把我扔进那盛着奶油的大碗，作为惩罚，他们就强迫他把碗里的奶油全部喝了下去。以后他再没有重新得宠，因为王后不久就将他送给了一名贵妇人。我从此再没有见到他，这使我感到非常满意，因为如果不是这样，我真不知道这么一个坏小子还会怎样来报复我呢。

以前他也曾对我玩过一次下流的恶作剧，引得王后哈哈大笑，不过同时她也确实恼了，要不是我宽宏大量替他求情，王后立即就叫他滚蛋了。王后从盘子里拿了一根髓骨，敲出骨髓后又照原样把骨头直立在盘子里。那侏儒见格兰姆达尔克立契到餐具架那边去了，就爬上她照顾我用餐时站的凳子，两只手把我捧起来，捏拢我两条腿就往髓骨里塞，一直塞到我的腰部。我卡在里边半天不得动弹，样子十分可笑。我想差不多过了有一分钟才有人发现我出了事，因为我没敢呼叫，认为那样未免有失体面。不过帝

---

① 夸脱，液量单位，一夸脱等于四分之一加仑（1.1365升）。

王们很少吃滚热的肉食，所以我的腿并没有烫伤，只是袜子和裤子被弄得一塌糊涂。侏儒因为我替他求了情，只挨了一顿痛打，并没有受到别的惩罚。

王后常常讥笑我，说我胆小；她总问我，是不是我的同胞都是和我一样的一些胆小鬼。事情是这样的：夏天里，这个国家的苍蝇十分恼人。这些可恶的害人虫个个都有邓斯特堡①的百灵鸟那么大，我坐在那儿吃饭，它们就在我耳朵边不停地嗡嗡嗡叫，扰得我片刻都不得安宁。它们有时落在我的食物上，拉屎产卵，叫人十分恶心。那些东西我都看得清清楚楚，但当地人就看不见，他们眼睛珠子太大，看小一点的东西不如我来得锐利。有时候苍蝇还会停在我的鼻子或额头上，狠狠地刺我一下，味道极其难闻。苍蝇身上那种黏糊糊的物质我一眼就看出来了，据生物学家说，就是这种物质使那些苍蝇能够将脚倒贴在天花板上行走。我费尽力气来抵御这些可恶的动物以使自己不受侵扰，不过每次苍蝇飞到我脸上来，我还是禁不住要吓一跳。那侏儒常常用手抓一把苍蝇，然后凑到我鼻子底下突然一撒手把它们放出，就像我们这里的小学生玩恶作剧一样，存心吓唬我，讨王后喜欢。我的应对办法就是趁苍蝇在空中飞的时候，用刀将它们砍得粉碎，手段之灵敏，令他们大为佩服。

我记得有一天早晨，格兰姆达尔克立契把我连木箱一起放到窗台上让我透透气，天气晴朗的时候她通常会这么

---

① 邓斯特堡，伦敦西北三十英里的一个城市。

106

做（我不敢冒险让她像我们英国人挂鸟笼子那样把箱子挂到窗外的钉子上）。我拉起一扇窗子，刚在桌子边坐下来准备吃块甜饼当早饭，忽然，那甜饼的香味引来了二十几只黄蜂，它们一齐飞进了我的房间，嗡嗡的叫声比二十几支风笛吹出的低音还要响。有的将甜饼一块块地叼走，有的围着我的头和脸飞来飞去，闹哄哄的叫得我不知所措。我非常害怕它们要来螫我。不过我还是鼓足勇气站起身来，抽出腰刀在空中向它们发起了进攻。我砍死了四只，其余的全跑了。我立即将窗户关上。这些黄蜂都有鹧鸪那么大，我拔出蜂刺，发现它们有一英寸半长，像针一般尖利。我将这些刺全都小心地收藏起来，后来我曾在欧洲几个地方将它们以及其他一些稀罕玩意儿展出过，回英国后，我送了三根给格雷萨姆学院①，自己只留了一根。

---

① 格雷萨姆学院，伦敦英国皇家学会的所在地。

第四章

关于这个国家的描写——修改现代地图的建议——国王的宫殿及首都概况——作者旅行的方式——主要庙宇的描述。

现在我想就自己在首都洛布鲁格鲁德周围两千英里内旅行中的见闻，向读者简短地说一说这个国家的情况。王后陪同国王出巡从来都不出这两千英里的范围，国王到边境视察，她就待在原来的地方等他回来，这种时候我总是同王后在一起。这位君王的领土长约六千英里，宽在三千到五千英里之间，由此我不得不得出这样的结论：我们欧洲的地理学家认为日本与加利福尼亚之间只有一片汪洋大海实在是一个极大的错误。我一直认为，地球上肯定有一片相应的土地与鞑靼大陆①相平衡，所以他们应当修正他们的地图和海图，在美洲的西北部加绘上这一

----

① 鞑靼大陆，指欧洲东部和亚洲。

片广大的陆地，这一点上我愿意随时向他们提供帮助。

这个王国是一个半岛，东北边界是一条高三十英里的山脉，山顶有火山，所以根本无法通过。就是最有学问的人也不知道山那边住着些什么人，或者究竟有没有人住。王国的另外三面都为海洋所包围。国内没有一个海港，河流入海处的海岸边到处布满了尖利的岩石，海上一向是波涛汹涌，没有人敢驾驶哪怕是最小的船只出海冒险，所以这里的人与世界上其他地方完全隔绝，没有任何交往。可是大河里到处是船只，也盛产味道鲜美的鱼。他们几乎不到海里捕鱼，因为海里的鱼大小和欧洲的一样，也就不值得去捕捉了。这就表明，这一片大陆得天独厚，所以才能生产出超常大小的动植物来，至于为什么会这样，只有让哲学家们去判断了。不过有时候他们也会捉到条偶然间撞死在岩石上的鲸鱼，老百姓就会大吃一顿。我知道这些鲸鱼非常大，一个人背一条都背不大动。有时候他们把这种鱼当作稀罕物，用有盖子的大篮子装着送到洛布鲁格鲁德去。我曾在国王餐桌上的一只盘子里见过一条，那算是一味珍品了，不过我注意到国王并不爱吃。我想一定是这鱼大得叫他讨厌，尽管我在格陵兰岛①还见过一条更大一点的。

这个国家人口稠密，有五十一座大城市，有城墙的城镇将近有一百个，此外还有许许多多多村庄。为了满足好奇的读者，也许把洛布鲁格鲁德描述一下也就够了。

---

① 格陵兰岛，北大西洋和北冰洋之间的一个大岛。

这座城横跨在一条大河上，大河从城中流过，将它分成大小几乎相等的两个部分。城市有八万多户人家，居民在六十万左右。城长三"格隆格仑"（约合五十四英里），宽两"格隆格仑"半。这是我在根据国王命令绘制的皇家地图上亲自测量出来的。他们特地为我把地图铺在地上，地图展开有一百英尺长。我光着脚几次步测直径和周长，又按比例尺计算，所以测量得还是相当准确的。

　　国王的宫殿不是一座规则的大厦，而是一大堆占地方圆约七英里的建筑物；主要房间一般都有二百四十英尺高，长和宽也都与之相称。国王赐给格兰姆达尔克立契和我一辆马车。她的女教师常常带她坐了车出去逛街或逛商店，我则总是坐在箱子里和她们一道外出。当然，在我的要求下，那姑娘也经常把我从箱子里拿出来放到她手上，这样我们在街上经过的时候，我就可以更方便地看一看沿途的房屋和行人了。我估计我们的马车约有西敏寺①的大厅那么大，不过没那么高，当然我不能说得十分精确。一天，女教师吩咐马车夫在几家店铺门前停了几次车，乞丐们见机会来了，就蜂拥到马车边，使我这个欧洲人看到了从未见过的、最可怕的景象。有一个女人乳房上长了一个毒瘤，肿大得叫人害怕，上面布满了洞，其中两三个洞很大，我很容易就可以爬进去把整个身子藏在里面。有一个家伙脖子上长了一个粉瘤，比五个羊毛包还要大。还有一个人装了一副木头做的假腿，每条长约二十英尺。不过最可憎的

_____

①　西敏寺，伦敦最著名的大教堂。

情景还是那些在他们的衣服上爬动的虱子。我用肉眼就可以清清楚楚地看到这些害虫的腿，那比在显微镜底下看一只欧洲的虱子要清楚多了。它们用来吸人血的嘴跟猪嘴一样，这还是我有生以来第一次见到。要是我有适当的工具，我一定会出于好奇解剖一个来看看，可惜那工具我都丢在船上了。不过事实上那情景实在太叫人恶心，我当时就反胃想吐。

除了平常带我外出时用的那只大箱子外，王后又下令再给我做一只约十二英尺见方、十英尺高的小箱子。那是为了旅行时更方便些，因为原来那一只放在格兰姆达尔克立契的膝上嫌大，放在马车里运也太笨重。小箱子还是由原来那个工匠做的，整个做的过程中有我加以指导。这个旅行用的小屋是个标准的正方形，三面的正中都开有一扇窗户，每扇窗户外边都装上了铁丝格子，这也是为了防止长途旅行中出事故。第四面没有窗户，而是安了两个结实的锁环。每当我想要骑马旅行时，带我的那个人就在铁环中间穿上一根皮带，将另一头扣在他腰间。如果赶上格兰姆达尔克立契身体不适，他们就总是把我交给一位我可以信赖的老成持重的仆人，我或是陪国王和王后出巡，或是去花园看看，或是去朝廷拜访达官贵妇。大官们不久就知道我并且开始器重我了，我想这更多是由于他们的陛下偏爱我，并不是我自身有什么优点。旅途中，每当我在马车里坐厌了，骑着马的一个仆人就会把小箱子在他身上扣好，搁到他跟前的一块垫子上，这样我就可以透过三面的三扇窗户饱览这个国家的风光。我的这间小屋里有一张行军床、一张从天花板上吊下来的吊床、两把椅子和一张桌子；床和桌椅都端端正正地用螺丝钉钉在地板上，免得被马或车马颠得东倒西歪。我早已习惯了航海的生活，所以虽然有时颠晃得很厉害，倒也并没有感到太苦恼。

　　每次我想到市镇上去看看，总是坐在这间旅行小屋里。格兰姆达尔克立契把小屋抱放在膝上，坐上本国式的一种敞篷轿子，由四人抬着，后面还跟着王后的两名侍从。人们常常听人说起我，于是十分好奇地拥到轿子周围来看。小姑娘就说好话请抬轿子的人停下来，她再把我拿在手里好让大家看得更清楚。

　　我很想去看看这个国家主要的一座庙宇，特别是它的钟楼，据说是全王国最高的。因此，有一天我的小保姆就带我去了。不过说老实话，我是失望而归，因为从地面到最高的尖顶总共还不到三千英尺。如果考虑一下那些人和我们欧洲人之间在身材高矮上的差别，那这三千英尺真不是什么值得惊奇的事；就比例来看，也根本不能与索尔兹伯里大教堂①的尖塔相比（如果我没有记错的话）。但是对于这个国家我终身都将感激不尽，所以我不能贬损它的名誉。应当承认，无论这座名塔在高度上有什么欠缺，其美丽与结实都足以补偿它的不足。庙宇的墙壁将近有一百英尺厚，都是用每块约四十英尺见方的石头砌成的。墙四周的几处壁龛里供放着用大理石雕刻的比真人还要大的神

————————

① 索尔兹伯里大教堂，英国最高的教堂，中心塔尖高一百二十三米，位于英格兰南部威尔特郡的索尔兹伯里镇。

像和帝王像。有一尊神像的一个小指头掉落了，躺在垃圾堆里没人注意，我量了一下，正好是四英尺一英寸长。格兰姆达尔克立契用手帕把它包起来，装在口袋里带回了家，和其他的一些小玩意儿放在一起。这个小姑娘和与她同龄的孩子一样，通常就爱玩这些东西。

国王的厨房真是一座宏大的建筑。它的屋顶呈拱形，大约有六百英尺高。厨房里的大灶比圣保罗教堂①的圆顶要小十步，后者我回国以后曾特地去量了一次。不过要是我来描述一下那厨房里的炉格子，那大锅大壶，那正在烤架上烤着的大块肉以及其他许许多多具体的东西，也许没有人会相信我的话，至少严厉的批评家会认为我是有点言过其实了；人们经常是这样怀疑旅行家的。因为怕受到这样的指责，我担心我又走了另一个极端。如果本书有机会被译成布罗卜丁奈格语（该王国的人一般管它叫布罗卜丁奈格），再传到那里的话，国王和老百姓们就有理由抱怨我污辱了他们，把他们描写得这样渺小、这样不真实。

国王陛下的马厩里养的马一般不超过六百匹。这些马身高大多在五十四到六十英尺之间。不过，逢重大节日国王出巡时，为了显示其威仪，总有五百匹马组成的警卫队相随。在我看到他的一部分陆军操演以前，我真的以为那是我见到的最为壮观的场面了。关于那陆军操演的情形，我将另找机会来叙述。

---

① 圣保罗教堂位于伦敦城内，是世界第二大圆顶教堂，其中央穹顶直径三十四点二米。

第五章

作者经历的几件险事——一名罪犯被处决的情形——作者表演航海技术。

我在那个国家本来可以过得相当开心的，但由于我身材矮小，就出了几件可笑而麻烦的事。现在我冒昧来说一说其中的几件。格兰姆达尔克立契常常把我放在我那只小箱子里，带我到王宫的花园去玩。她有时把我从箱子里拿出来放在她手上，有时放我到地上散步。我记得那个侏儒在离开王后前，有一天跟着我们进了花园。我的保姆把我放到地上，侏儒和我彼此靠得很近。在来到几棵矮苹果树旁边时，我偏偏想显露一下自己的小聪明，就瞎开玩笑，暗示他和那几棵矮苹果树之间有相似之处。也正巧，这种说法在他们的语言中倒也同样适用。一听这话，这坏小子就瞅准我正从一棵树底下走过的机会，就在我头顶上方摇起树来。这一摇，十二只苹果，每只差不多都有布里斯托尔大酒桶那么大，就劈头盖脸地掉了下来。我一弯腰，一只苹果就砸到我背上，一下将我打趴在地，好在我也只受了这么一点伤。因为这事是我先挑起的，所以在我的请求下，那侏儒得到了饶恕。

还有一天，格兰姆达尔克立契把我丢在一块光滑平整的草地上自己玩耍，她却和她的家庭女教师到一边散步去了。就在这时，忽然急急地下起一阵冰雹来，来势凶猛，立即就把我打倒在地。我倒在地上，那冰雹狠狠地砸遍了我的全身，就好像有许多网球打上身一样。但我还是尽力设法趴着往前爬，最后来到一处由柠檬百里香组成的花坛的背风一面，脸朝下躺着躲在那里。不过从头到脚到处是伤，弄得我整整十天不能出门。这也没有什么值得大惊小怪的，因为这个国家发生的一切事情，大自然都遵守着同样的比例。一颗冰雹差不多就是欧洲冰雹的一千八百倍。这我有经验，所以能够这样断言，因为我那时十分好奇，曾称量过那些冰雹。

但是也就在这个花园里，我遇上了一件更加危险的事。我的小保姆有一次怕带着我那箱子太麻烦，就把它丢家里了。她自以为已经把我放到了一个安全的地方（我常请她把我一个人放在某个地方，这样我就可以独自静静地思考），就和她的家庭女教师还有其他几个女朋友上花园的别处去了。当她不在我跟前，喊她也听不见的时候，花园一位总管养的一条长毛小白狗不知怎么进花园来了，也正好来到我躺的那地方附近来回觅食。那狗闻到了我的气味，一路直奔我寻来，随即将我一口叼在嘴上，摇着尾巴一直跑到它主人跟前，轻轻地把我放到地上。我真是运气不错，

115

那狗受过极好的训练，所以虽然它这么用上下齿叼着我，我却一点也没有受伤，连衣服也没有撕坏。但是那可怜的花园管理员却吓坏了。他本来就和我很熟，对我也很不错。他用双手将我轻轻地捧起，问我怎么样了。我可是惊呆了，气都喘不过来，一句话说不出。过了几分钟我才恢复正常，他就把我安全送回到我的小保姆身边。小保姆这时已回到了她原先将我丢下的地方，当她见不到我人，喊我也没有回答时，可急坏了。为了那狗，她把花园管理员狠狠地训了一顿。但这件事没有张扬出去，宫里一直不知道，因为小姑娘怕王后知道了要生气，而且说老实话，拿我自己来说，这样一件事在外面传来传去，名声也不好听。

这件意外的事情发生过后，格兰姆达尔克立契下定决心，以后绝不敢再放我一人出去了，她非得看着我不行。我早就怕她要下这样的决心，所以那时候我一个人独处时碰到的几件小小的不幸，就干脆瞒着她。有一次是一只正在花园上空盘旋的鸢突然朝我扑来，要不是我果断地拔出腰刀并跑到一棵枝叶繁茂的树下面去，那我肯定是被它抓走了。还有一次是我正在往一个新的鼹鼠窝顶上爬，一下就掉进了鼹鼠运土出来的一个洞里，一直没到脖子那里。衣服弄脏了，我就撒谎给自己找了个借口，至于撒的什么谎，现在已不值得再去多回想了。再有一次是我独自在路上走着，正想着可怜的英国，不小心给一只蜗牛绊倒，撞在蜗牛壳上，伤了右小腿。

当我独自散步的时候，我真说不出我是高兴还是恼怒，那些小一点的鸟儿好像一点也不怕我。它们在离我不到一码的范围内跳来跳去，寻找毛毛虫和其他食物，态度非常安闲自在，就像它们身边根本没有什么生物似的。我记得有一只画眉竟敢用嘴把一块饼从我手上抢跑，那是格兰姆达尔克立契刚给我当早饭的。我有时想逮几只这样的鸟儿，它们竟敢向我反抗，企图啄我的手指头，我就不敢把手伸出去了。接着它们又照样满不在乎地跳回去寻找毛毛虫或者蜗牛了。不过有一天，我拿起一根又粗又重的短棍子使出全身力气向一只红雀砸去，我侥幸打中了，就用两只手抓住它的脖子提起来，得意扬扬地跑去见我的保姆。可是那鸟只是被打昏了，它一恢复知觉，就扇起翅膀不停地扑打我头部和身子的两侧。虽然我伸直了手臂，它的爪子够不到我，我却一直在想把它放了算了。幸好不久我们的一个仆人给我解了围，他把那鸟的脖子给扭断了。第二天，王后下令把那鸟烧了给我当晚饭。就我记忆所及，这只红雀似乎比一只英国的天鹅还要大一些。

侍候王后的那些未婚姑娘经常邀请格兰姆达尔克立契到她们屋里去玩，并且要她把我也带上，为的是能有幸见见我、摸摸我。她们常常把我从头到脚脱得精光，让我躺在她们的胸脯上。她们这么做我非常讨厌，因为说老实话，她们的皮肤发出一种十分难闻的气味。我极为尊敬那些优秀的姑娘，本不打算说她们的坏话，但是因为我个子矮小，我的嗅觉就相应的要敏锐得多。我想，这些漂亮的人儿在她们的情人眼里，或者在她们彼此之间，是不会显得讨厌的，这种情形在我们英国同样的人中间也是一样。但不管怎么说，她们身上本来的味道还叫人容易忍受，可一用香水，我马上就要晕过去。我忘不了在利立浦特时，有一天很暖和，我运动了好一阵子，我的一位好朋友竟直言不讳地抱怨说我身上的味道很大。其实和大多数男同胞一样，我并没有那样的毛病。我想，对于我来说，他的嗅觉是比较敏锐的，就像对于这个国家的人来说我的嗅觉比较敏锐一样。在这一点上，我不能不为我的主人王后和我的保姆格兰姆达尔克立契说句公道话，她们的身体是和任何一位英国的小姐太太一样芬芳的。

我的保姆带我去见这些侍女时，最让我感到不安的是，她们对我一点也不讲礼貌，仿佛我根本就是一个微不足道的生物。她们把我放在梳妆台上，当着我的面脱得精光，然后再穿上衬衫。可是，直接面对着她们那赤条条的身体，我敢说我看了绝没有感到有什么诱惑，除了恐怖和恶心，也绝没有引起我任何感觉。她们的皮肤极其粗糙，高低不平，近看颜色还不一样；这儿一颗痣，那儿一颗痣，宽得像切面包用的垫板一样；痣上还长着毛，挂下来比扎包裹用的绳子还粗；至于身上其他地方就更不用说了。她们还毫无顾忌地当我面小便，将喝进去的水排掉，一次至少有两豪格海①，而装小便的容器容量在三大桶②以上。侍女中最漂亮的是一位十六岁的姑娘，很爱嬉闹，有时竟让我两腿分开跨在她的一只奶头上。还有许许多多其他花样，我不能一一细说了，还请读者原谅。我很不开心，就请格兰姆达尔克立契为我找个什么借口，以后再不去见那个女

————

① 豪格海，一种容量为 52.5 加仑的大桶。

② 大桶，这里指容量为 252 加仑的一种大桶。

孩子了。

一天，我保姆的女教师的侄子来了，他是一位年轻的绅士。他硬要拉她俩去看一名罪犯被执行死刑的情景。那罪犯暗杀了年轻绅士的一位好朋友。大家都劝格兰姆达尔克立契一道去，她自己却很不愿意，因为她生性心肠软。我自己呢，虽然也很讨厌这类场面，但我想事情一定不同寻常，好奇心驱使我非得去看一看。那罪大恶极的家伙被绑在专门竖起的断头台的一把椅子上。行刑刀大约有四十英尺长，一刀下去，他的头就被砍了下来。静脉管和动脉管喷出了大量的血，血柱喷到空中老高，就是凡尔赛宫的大喷泉①也赶不上它。人头落到断头台的地板上砰的一声巨响，虽然我至少远在半英里外的地方，还是给吓了一跳。

王后经常听我说起海上航行的事，所以每当我心情郁闷的时候，她就想尽办法来给我解闷，问我会不会使帆划桨，做一点划船运动是不是对我的身体有益。我回答说使帆划桨我都很在行，虽然我在船上的正式职业是做内外科医生，但关键时刻也得干普通水手的活儿。不过我看不出来我在他们这个国家能划什么船，这地方就是最小的舢板也有我们一流的军舰那么大，像我能划得来的这种船在他们的河里是永远也不会有的。王后陛下说，只要我能设计出来，她手下的细木匠就能照样做，她还能给我提供一个划船的场所。那人是一个脑子很灵的工匠，在我的指导下，十天功夫就造成了一艘船具齐备的游艇，足足可容得下八

————————

① 大喷泉，指凡尔赛宫的"海王池"，修建于十八世纪初叶的路易十四时代。喷泉的喷水可高达七十四英尺。

个欧洲人。船造好后，王后异常高兴，用衣服兜着它就跑去见国王。国王随即下令把船放入一只装满水的蓄水池中，让我到船上试验一下；可是地方不够大，我无法划那两把短桨。好在王后早就想好了另一个方案。她吩咐细木匠做了一只三百英尺长、五十英尺宽、八英尺深的木槽，木槽上涂满沥青以防漏水。那木槽就在王宫外殿的地上靠墙放着。靠近槽底的地方有一个开关龙头，要是水开始发臭就把它放出去，之后两个仆人用半个小时就可以重新将木槽灌满水。我常在这里划船自娱，也给王后及贵妇们消愁解闷。我划船的技术好，动作灵巧，她们看了觉得非常开心。有时我把帆挂起来，贵妇们就用扇子给我扇出一阵强风，这时候我只要掌掌舵就行了。贵妇们如果累了，就由几名侍从用嘴吹气推帆前进，我则随心所欲，一会儿左驶，一会儿右行，大显身手。每次划完船，总是由格兰姆达尔克立契把船拿到她房里去，挂在一只钉子上晾干。

在这样的划船运动中，有一次我曾出过一桩事故，差点儿把性命给丢了。一名侍从先把我的船放到了木槽里，这时照管格兰姆达尔克立契的那个女教师多管闲事，她要把我拿起来放到船上去。可是我不知怎么从她的指缝中间滑落了，要不是我侥天之大幸被这位好太太胸衣上插着的一枚别针挡住，肯定会从四十英尺高的空中一直跌到地上。别针的针头从我衬衣和裤腰带的中间穿过，这样我就被吊在了半空中，一直到格兰姆达尔克立契跑过来将我救下。

还有一次，有一个仆人，他的任务是每三天给我的水槽换一次新鲜水。他一时疏忽，没看清就把水桶里的一只大青蛙倒在水槽里了。青蛙一直躲在水底，后来他们把我放到了船上，青蛙见有了一个休息的地方，就爬上船来，可它把船弄得直向一边倾去，我不得不用全身的重量站到船的另一边以保持平衡，不让翻船。青蛙上船后，一跳就是半条船那么远，接着又在我头顶上跳来跳去，把它那可恶的黏液淋得我脸上衣服上到处是。它那巨大的模样，看起来是一切动物中最怪异丑陋的了。不过，我要求格兰姆达尔克立契让我一个人来对付它。我用桨狠狠地打了它一阵子，最后迫使它从船上跳了出去。

但是，我在那个王国经历的最危险的一件事，还是由御厨一位管理员养的一只猴子弄出来的。那次格兰姆达尔克立契有事到什么地方去了，或者是去看什么人，她把我锁在了她的小房间里。天气很暖和，房间的窗户都开着，我自己那只大箱子的门窗也都开着。这箱子因为又大又方便，我一般就住在这里面。我正静静地坐在桌子边沉思，忽然听到有什么东西从小房间的窗口跳了进来，接着就在房间里从这头跳到那头。虽然我十分害怕，还是壮着胆子向外看了一下，只是坐在那里没有起来。接着我就看到了这只顽皮的动物，它在那儿蹿上跳下，一刻不息，最后来到了我的箱子前。它见了这箱子似乎又开心又好奇，就从门和每一扇窗口朝里边张望。我退缩到我房间（木箱子）最远的一个角落里，可那猴子从四面往里探头探脑，吓得我一时竟没有想到可以到床底下躲一躲，这对于我来说是很容易就能办到的。它又是看，又是龇牙咧嘴，还吱吱地叫，过了好一阵子，终于发现了我。它从门口伸进一只爪子来，就像猫逗老鼠玩一样。尽管我躲来躲去不想给它抓到，可最终它还是抓住了我上衣的下摆（这上衣是用这个国家的布料做的，又厚又结实），把我拖了出去。它用右前爪将我抓起，像保姆给孩子喂奶似的把我抱着，这和我在欧洲看到的大猴抱小猴子的情景完全一样。我一挣扎，它就抱得更紧，所以我觉得还是听话一点更保险。我有充分的理由相信它是把我当成一只小猴子了，因为它不时用它的另一只爪子轻轻地摩挲我的脸。它正这么玩着，忽然从小房子的门口传来一阵响动，好像是有人在开门，这打断了它的兴头。它突然蹿上原先进来的那个窗户，沿着导水管和檐槽，三只爪子走路，一只爪子抱着我，从窗口一直爬上邻屋的屋顶。猴子将我抱出去的那一刻，我听到格兰姆达尔克立契的一声尖叫。这可怜的姑娘差点儿急疯了。王宫这一带整个儿沸腾了。仆人们跑着去找梯子。宫里有好几百人看见那猴子坐在一座楼的屋脊上，前爪像抱婴孩似的抱着我，另一只前爪喂我吃东西，将颚部一侧颊囊里的食物硬挤出来往我嘴里填，我不肯吃，它就轻轻地拍打我，惹得下面的一帮人忍不住哈哈大笑。我想这也不该怪他们，见了这样子，除了我，毫无疑问谁都会觉得可笑的。有几个人往上丢石头，想把猴子赶下来，可立即就被严令制止了，要不然我可能会被砸得脑浆飞迸。

这时梯子已经架好，几个人爬了上来。猴子见状，发现自己几乎被四面包围，而三只爪子又跑不快，只好把我放在屋脊的一片瓦上，自顾逃命。我在瓦上坐了一刻，这里离地面有三百码。我时时都觉得会被风刮下来，或者自己头昏目眩，从屋脊一直滚到屋檐下。但是，给我的保姆跑腿的一个诚实可靠的小伙子这时爬了上来，他把我装到他的马裤裤袋里，安全地带下了地。

我都快要被那猴子硬塞到喉咙里的脏东西噎死了，幸亏我亲爱的小保姆用了一根细针把脏东西从我嘴里弄了出来。接着我大吐了一阵，轻松了许多。可我还是很虚弱，那可恶的畜生捏得我腰部到处是伤，我不得不在床上躺了两个星期。国王、王后以及宫里所有的人每天都派人来探望我；我生病期间，王后陛下还亲自来看过我几次。那猴子被杀了，王后同时下令，以后宫内不准再饲养这种动物。

我身体恢复后去朝见国王向他谢恩。这件事使他很开心，他好好地开了我一顿玩笑。他问我，躺在猴爪里有何感想？喜不喜欢猴子给我的食物？它喂我吃东西的方式我觉得怎么样？屋顶的新鲜空气是不是很开胃？他还想知道，要是在我自己国内碰到这样的事，我会怎样？我告诉国王，我们欧洲没有猴子，有的都是从别的地方当稀罕东西运到那儿去的，而且都很小，如果它们敢向我进攻，我一下就可以同时对付十二只。至于我最近碰到的那只可怕的畜生（它实际有一头象那么大），如果不是我当时吓坏了，想不到在它把爪子伸进我房里来时用我的腰刀狠狠地给它一下将其砍伤（说这话时我手按刀柄，样子十分凶狠），也许它那爪子缩都来不及呢，更不要说伸进来了。我说这番话时口气十分坚定，就像一个人唯恐别人对他的勇气有怀疑似的。可是我的话只引来哄堂大笑，就是陛下周围那些理应毕恭毕敬的人，也都忍不住大笑起来。这就使我想到，一个人身处根本无法与之相提并论也无法与之比较的人中间竟还企图死要面子时，真是白费力气。可自从我回到英国后发现，像我一样有这种行为的人还真不少见。就有那么一个可鄙的小人，出身毫不高贵，没有风采，缺少才智，连常识也不具备，却居然敢自高自大，想跟王国内最了不起的人物相提并论。

我每天都要给宫里人提供几个可笑的故事；格兰姆达尔克立契虽然特别爱我，可是每当我做出什么傻事，她觉得可以讨王后喜欢的，就跑去向王后报告，这说明她也是够狡猾的。一次小姑娘身上不舒服，她的女教师就带她到城外三十英里的地方去呼吸新鲜空气，这段路马车要走一个小时。她们在一条小田埂旁边下了车，格兰姆达尔克立契把我乘坐的旅行箱放了下来，我就走到外边去散步。田埂上有一堆牛屎，我偏偏想跳过去试一试身手。我起跑，可是不幸一跳跳近了，正好落到牛屎当中，一直陷到两个膝盖。我好不容易才从牛粪堆里跋涉了出来，一身的脏污，幸亏一个跑腿的用他的手帕替我擦了个干净。我的保姆只得把我关在箱子里，直到回家后才放我出来。小姑娘很快就把发生的一切报告了王后，那几个跑腿的也把这件事在宫内四处传播，所以一连几天大家都以我为笑柄，乐个不止。

第六章

作者讨好国王和王后的几种方法——他表现了他的音乐才能——国王询问关于英国的情况，作者就此所做的叙述——国王的意见。

每星期我总有一两次要去参加国王的早朝，这时候我常常看到理发师在给他剃须，那场面初次看见真是十分吓人，因为那把剃刀差不多有两把普通长镰刀那么长。根据这个国家的习俗，国王每星期只刮两次胡子。有一次，我说服理发师，请他把刮胡子刮下来的肥皂沫给我一点，我从中挑选了四五十根最粗硬的胡子茬儿。接着我找了一块好木头，把它削成梳背模样，又向格兰姆达尔克立契要了一根最小的针，等距离地在梳背上钻了几个小孔。我很巧妙地将胡子茬儿在小孔里装好，再用小刀把它们削得尖尖的，这样就做成了一把很不错的梳子。我自己原来那把梳子的齿大多断了，几乎不能用，所以新梳子做得正及时。我知道这个国家里也不会有什么工匠能那样灵巧，会照我原来那梳子的样替我另做一把。

这使我想起了一件好玩的事来，我空闲时的许多时光都花到了那上面。我请王后的侍女替我把给王后梳头时掉落的头发留起来。后来我还真积了不少。我和我的一位木匠朋友（他是奉命来给我干点零碎活的）商量了一下，他就在我的指导下，做了两把和我箱子里那几把椅子一样大小的椅子框架。在我设计做椅背和椅面的地方边上，我又让他用细钻子钻上许多小孔。接着我挑选最粗壮的头发往孔里穿，就像英国人做藤椅那样编织起来。椅子做成，我就把它们当作礼物送给了王后。她把椅子放在房间里，常常当稀罕玩意儿拿给人看。看到椅子的人也确实个个都说稀奇。王后要我坐到其中的一把椅子上去，我坚决地拒绝了，坚持说我万死不敢把身体的那个部分放到那些宝贵的头发上去，那可曾经是为王后的头增辉的东西啊！由于我一向具有机械方面的才能，我又用这些头发做了一只约五英尺长的样子很好看的小钱包，并且用金线把王后的名字织了上去。征得王后的同意后，我将钱包送给了格兰姆达尔克立契。不过说实话，这钱包是中看不中用，大一点的钱币它就吃不住，所以除了一些小姑娘喜欢的小玩意儿之外，她什么都不敢朝里放。

国王喜爱音乐，常在宫里开音乐会。他们有时也把我带去，把我放在箱子里再搁到桌上去听演奏。但声音太大，我简直分辨不出那是些什么曲调。我相信皇家军队所有的鼓与号凑着你的耳朵一起吹打，也赶不上这里的声音响。我通常只能让人把我的箱子从演奏者坐的地方搬开，越远越好，然后关上门窗，放下窗帘，这才觉得他们的音乐还并不难听。

我年轻时曾学过一点古钢琴。格兰姆达尔克立契房里就有一架琴，有一名教师每星期来教她弹奏两次。我之所以管那琴叫古钢琴，是因为它样子有点像古钢琴，而且弹奏的方法也一样。一次我忽发奇想，想用这件乐器给国王和王后弹一首英国的曲子。可这件事看来极难办到，因为那架古钢琴将近有六十英尺长，一个键差不多就是一英尺宽，就是我两臂伸直，最多也只能够着五个琴键，而且将琴键按下去也得用拳头猛砸才行，那样未免太费力，还不会有什么效果。后来我想出了这样一个办法：我准备了两根和普通棍棒差不多大小的圆棍，一头粗一头细，粗的一头用老鼠皮裹起来，这样敲起来既不会伤琴键的表面，也不会影响音效。琴前面放一张长凳，比键盘大约低四英尺。他们把我放到长凳上，我就斜着身子在上面尽快地跑来跑去，一会儿跑到那边，一会儿又跑到这边，握着那两根圆棍，该敲什么键就狠狠地敲，这样算设法演奏了一首快步舞曲。国王和王后听了非常满意，可对我来说，这却是我生平所做的最剧烈的运动了。就是这样，我也只能敲到十六个键，结果就不能像别的艺术家那样同时弹奏出低音和高音了，这使我的演奏效果大打折扣。

我前面已经说过，国王是一位具有杰出理解力的君王。他常吩咐人把我连箱子一起带到他房间里去，放到桌上后，他再命令我从箱子里搬出一张椅子来，在箱子顶上离边沿三码的地方坐好，这样我和他的脸就差不多在同一个水平线上了。我和他以这样的方式交谈了几次。有一天，我直言不讳地对他说，他对欧洲及世界上其他地方表现出一种鄙视，这似乎与他具备的杰出的智力不大相称。人并不是躯体大头脑就发达，恰恰相反，在我们国家，我们注意到，最高的人往往最没有头脑；在其他动物中间，蜜蜂和蚂蚁跟许多大一点的动物比起来，更具有勤劳和聪明伶俐的好名声。所以，虽然他把我看得微不足道，我倒还希望有生之年能为陛下做几件了不起的事情让他看看。国王很认真地听我说着，渐渐开始对我产生前所未有的好感。他要我尽可能详细地给他说说关于英国政府的情况，因为虽然君王们一般都喜欢他们自己的制度（他从我以前的谈话中推想，别的君主也都是这样的），要是有什么值得效法的，他也乐意听听。

可敬的读者，你替我想想看，那时我曾多少次渴望我有德摩斯梯尼①或者西塞罗②的口才啊！那样的话，我就能够以适当的方式描述我国的辉煌成就以及国泰民安的盛世景象，以此来歌颂我那亲爱的祖国。

我首先告诉国王，我国领土由两个岛屿组成，三大王国统归一位君主治理，此外在美洲我们还有殖民地。关于我们那肥沃的土地和温和的气候，我详详细细地说了老半天。接下来我详尽地谈了英国议会设立的情况。议会的一部分由一个著名的团体组成，称为上议院；成员是一些血统最高贵的人，世袭最古老、最富足的祖传产业。我又说

①　德摩斯梯尼（前384—前322），古希腊政治家、雄辩家。
②　西塞罗（前106—前43），古罗马政治家、演说家。

到，这些人在文武方面都一直受到特殊的教育，使他们生来就有资格做国王及王国的参议；使他们能帮助国家立法；能成为一切上诉都得到处理的最高法庭的法官；能具有勇敢、方正、忠诚的品格，随时都准备充当捍卫君主及国家的战士。他们是王国的光荣和保障，是他们盛德隆名的祖先的好后代；他们的先人因其美德而享荣耀，子孙后代就因此一直兴旺不衰。除这些人之外，上议院中还有一部分人是享有主教称号的圣职人员，他们的专责是管理宗教事务，并负责带领教士向人民宣传。这些人由国王及其最英明的参议在全国范围内，从生活最圣洁、学识最渊博的教士中寻找和选拔出来，他们确乎是教士和人民的精神领袖。

议会的另一部分是称作下议院的一个机构，议员都是些重要的绅士，由人民自己自由选举产生。这些人才能卓越，爱国心强，能够代表全民的智慧。这两院人士组成了欧洲最严正的议会，整个立法机关就交由他们和君主一起掌管。

我转而说到法庭，法官们都是些可敬的德高望重而又通晓法律的人。他们主持审判，对人们的权利及财产纠纷做出判决，同时惩罚罪恶、保护无辜。我还提到了我国节俭的财政管理制度，提到了我国海陆军队的勇武与成就。我先估算我们每个教会或政党大约拥有几百万人，然后再统算出我国的总人口是多少。我甚至提到了我们的体育和娱乐以及每一件我认为能为我国增光的琐屑的事。最后我对英国近百年来的主要事件做了一番简要的历史的叙述。

我被召见了五次才谈完这些事，每次历时几个小时。

我谈的一切国王都听得很仔细，他还不时记些笔记，把要问我的问题都写成了备忘录。

我这几次长篇谈话结束以后，国王在第六次召见我的时候，一边对照着笔记，一边逐条逐项提出了他的许多疑点、质问和不同意见。他问我们用什么方法来培养年轻贵族的身心，他们在早年那最可以受教育的时期一般做些什么？如果有哪家贵族绝了嗣，采取什么方法来补充议会里的缺额？那些将被封为新贵的人应该具备哪些必要的条件？会不会由于国王一时心血来潮，或者给哪位宫廷贵妇或首相行一笔贿赂，或者违反公共利益阴谋加强一党势力，就能使这些人一跃而成为贵族？这些新贵对本国的法律具备哪些知识？怎样获得这些知识？如果没有其他办法只得上法庭时，他们又如何来裁判他们同胞的财产纠纷？难道他们从不贪婪、偏私，不缺钱花，不会接受贿赂，不会搞什么阴谋诡计？我说到的那些圣职官僚是不是总是因为他们对宗教事务具有渊博的知识，生活也非常圣洁，才被提升到那样的高位的？难道他们做普通牧师时就从未趋炎附势，从未卑躬屈膝在什么贵族门下充当低贱无行的牧师？选进议会后，他们难道不是继续对贵族的意志言听计从？

他接下来还想知道，选举那些我称为下议员的人，常用的是什么伎俩。一个外乡人，如果他腰包里有的是钱，是否就可以左右普通选民投他的票，而不选举自己的地主或邻近最值得考虑的绅士？我承认这事既很麻烦又很费钱，没有薪金和年俸的人往往弄得倾家荡产，可是，人们为什么还要那样强烈地渴望往这个议会里挤呢？这看起来像是大家品德极高，有为公众服务的精神，但国王却怀疑那不总是出于至诚。他还想知道，这些热心的绅士会不会想到以牺牲公众利益来迎合一位软弱、邪恶的君主和腐败内阁的意志，从而使自己破费的金钱和所经历的麻烦得到补偿。他还提了许多问题，并且在这方面就各个部分逐一对我细细盘问，提出了无数的疑问和异议。不过我想不好也不便在此复述他的话。

关于我谈到的我国法庭的情况，国王也想了解几点；这方面我比较能够胜任，因为我从前曾在大法官法庭上打过一场历时很久的官司，花了不少钱才得到判决，几乎搞得倾家荡产。他问我裁决一件案子的是非一般需要多少时间，得花多少钱？如果判案明显不公平，故意与人为难，或者欺压一方，辩护人和原告有没有申明抗辩的自由？教派或政党是否被发现对执法的公正有影响？那些为人辩护的律师是否受过公平常识的教育？他们是不是只了解一些省、国家及其他地方性的习俗？律师或者法官们认为自己有任意解释法律的自由，那他们是否也参与起草法律？他们是否在不同的时间为同一桩案子一会儿辩护，一会儿又反驳，还援引先例来证明自己意见前后矛盾却依然有理？律师这一帮人是有钱人还是穷人？他们为人辩护，发表意见，是否得到金钱报酬？特别是，他们能否被选为下院议员？

他接着又对我国的财政管理进行攻击。他说，他觉得我的记忆力是不行了；我估算我们的税收每年大概是五六百万，可我接下来又提到了各项开支，他就发现有时超支一倍还不止。这一点上他记的笔记非常详细，因为他说他本来希望了解一下我们的做法，或许这对他是有用的，计算时才不会被人欺蒙。但是，如果我对他说的是真的，他还是弄不明白，一个王国怎么也会像私人那样超支呢？他问我谁是我们的债权人，我们又上哪里去弄钱来还债？听我说到那些耗资巨大的大规模战争时，他非常吃惊，说我们一定是一个好争吵的民族，要不就是我们的四邻全是些坏人，而我们的将军肯定比我们的国王还来得有钱。他问，除了进行贸易、订立条约，或者出动舰队保卫海岸线之外，在我们自己岛国以外的地方还有我们什么事？最令他感到不解的是，他听我说起一个正处于和平时期的自由民族居然还要招募一支常备军。他说，既然领导、统治我们的是我们自己认可的代表，他想象不出来我们还要怕谁，又要同谁去战斗。他说他愿意听听我的意见：一个人的家由他自己或者子女家人来保护，难道不强似用少许钱到街上胡乱找六七个流氓来保护？这些流氓要是把全家人都杀了，不就可以多赚一百倍的钱吗？

我通过计算几个教派和政党的人数推算出我国的人口总数。他笑话我这种计算方法，说这方法真是离奇。他说他不明白那些对公众怀有恶意的人为什么非得改变自己的主张，而不让他们把自己的主张隐瞒起来。任何一个政府，要是它强迫人改变自己的意见，那就是专制；而让人公开自己对大众有害的意见则又是软弱，因为尽可以让人在自己家里私藏毒药，却不能让他拿毒药当兴奋剂去四处兜售。

他又说，在我们的贵族绅士的各种娱乐中我曾提到了赌博。他想知道，他们大致在什么年龄开始玩这种游戏，玩到什么时候才放手，要玩掉他们多少时间，会不会玩到倾家荡产？卑鄙邪恶的人会不会因玩这种游戏的手段高明而终成巨富，以致我们的贵族老爷有时也得仰其鼻息，终日与下流人为伍，完全不思上进，而赌输之后，贵族老爷们会不会也去学那些卑劣手段并用之于他人？

我对我国过去一百年中的重大事件所做的一番历史的叙述令他大为震惊。他断然宣称，那些事不过是一大堆阴谋、叛乱、暗杀、大屠杀、革命和流放，是贪婪、党争、虚伪、背信弃义、残暴、愤怒、疯狂、仇恨、嫉妒、淫欲、阴险和野心所能产生的最恶的恶果。

国王在他另一次召见我的时候又不厌其烦地将我所说的一切扼要地总结了一下。他把自己所提的问题与我所做的回答作了一番比较，接着把我拿到他手里，轻轻地摩挲着我，发表了这样一席话。这席话连同他说那话的态度我永远也忘不了："我的小朋友格里尔特里格，你对你的祖国发表了一篇最为堂皇的颂词。你已十分清楚地证明：无知、懒散和腐化有时也许正是做一个立法者所必备的唯一条件；那些有兴趣、有能力曲解、混淆和逃避法律的人，才能最好地解释、说明和应用法律。我想你们有几条规章制度原本还说得过去，可是那一半已被废除了，剩下的全被腐败所玷污。从你所说的一切来看，在你们那儿，获取任何职位似乎都不需要有一点道德，更不用说人要有什么美德才能封爵了。教士地位升迁不是因为其虔诚或博学；军人晋级不是因为其品行或勇武；法官高升不是因为其廉洁公正；议会议员也不是因为其爱国；国家参政大臣也不是因为其智慧而分别得到升迁。至于你呢，"国王接着说，"生命的大半时间一直在旅行，我很希望你至今为止尚未沾染上你那个国家的许多罪恶。但是，从你自己的叙述以及我费了好大的劲才从你口里挤出的回答来看，我不得不得出这样的结论：你的同胞中，大部分人是大自然从古到今容忍在地面上爬行的小小害虫中最有毒害的一类。"

第七章

作者对祖国的爱——他提出一项对国王极为有利的建议，却遭拒绝——国王对政治一无所知——该国学术很不完善，且范围狭窄——该国法律、军事和政党的情况。

因为我热爱真理，所以我的故事的这一部分不能瞒着读者不说。我当时就是表示出愤慨也没用，事实上我那么做老是遭他们嘲笑。我不得不耐着性子，听凭别人对我那高贵而可爱的祖国大肆侮辱。我真的感到很难过，而无论哪位读者，要碰到这样的场合也一定会很难过的。可这位君王偏偏又好奇心那么强，每一件琐屑的事都要问，我要是不尽量答复使他满意，那我就是知恩不报，或者失礼。不过我还可以为自己辩白的是，我巧妙地避开了他的许多问题，在每一点上，严格地说，讲得都要比事实好许多倍，因为我对自己的祖国一向是偏袒的。这种对祖国的偏袒值得称颂。哈利卡纳苏的狄奥尼修斯①就劝告历史学家要多说祖国的好话，这也是很有道理的。我要掩饰我的"政治妈妈"的缺陷和丑陋，而竭力宣扬她的美德和美丽。在和那位伟大的君王所做的多次谈话中，我曾真诚地努力那样做，然而不幸没有成功。

但是，我们还该多多原谅这位君王，他完全与世隔绝，结果必然是对其他国家十分常见的风俗人情全然不知。这么一种无知就产生了许多偏见以及某种狭隘的思想，而这些东西我们和欧洲一些较文明的国家是根本不会有的。如果把生活在这么偏远地方的一位君王的善恶观提出来作为全人类的标准，那真是叫人难以忍受了。

为了证实我这时说的话，也为了进一步说明狭隘的教育会有什么样的悲惨结果，我在这里要插上一段几乎叫人难以置信的叙述。为了讨好国王以获得他更多的宠幸，我告诉他：三四百年前有人发明了一种粉末，星星之火落到这样的一堆粉末上，哪怕这粉末堆得像山一样高，也会被即刻点燃，一起飞到半空，声响和震动比打雷还厉害。按照管子的大小，把一定量的这种粉末塞进一根空的铜管或铁管里，就可以将一枚铁弹或铅弹推出，力量之大、速度之快，没有东西能挡得住。以这种方法将最大的弹丸打出去，不仅可以将一支军队一下子整个儿消灭掉，还可以把最坚固的城墙夷为平地，将载有一千名士兵的船只击沉海底。如果把所有的船用链子串到一起，子弹出去能打断桅

---

① 狄奥尼修斯，古希腊修辞学家、历史学家。

杆和船索，将几百人的身体炸成两段，一切都消灭得干干净净。我们就经常将这种粉末装入空心的大铁球，用一种机器对着我们正在围攻的城池将大铁球射出去，就可以将道路炸毁，房屋炸碎，碎片四处纷飞，所有走近的人都会被炸得脑浆迸裂。我告诉国王我对这种粉末的成分十分熟悉，那是些平常而又便宜的东西。我也知道调配的方法，也可以指导他的工人制造出与陛下的王国内其他各种东西比例相称的炮管来，最长的也不会超过一百英尺。有二三十根这样的炮管，给它们装进一定数量的粉末和铁球，就可以在几小时内摧毁他领土内最坚固的城垣；要是都城的人胆敢抗拒陛下的绝对命令，也可以把整个都城炸毁。我谨将这一主意献给陛下，略表寸心，以报答我受到的他的许多恩典和庇护。

国王对我描述的那些可怕的机器以及我提出的建议大为震惊。他很惊异像我这么一只无能而卑贱的昆虫（这是他的说法），竟怀有如此非人道的念头，说起来还这么随随便便，似乎我对自己所描绘的那些毁灭性的机器所造成的流血和破坏这样普通的结果完全无动于衷。他说，最先发明这种机器的人一定是恶魔天才，人类公敌。至于他自己，他坚决表示，虽然很少有什么东西能比艺术或自然界的新发现更让他感到愉快，但他还是宁可失去半壁河山，也不愿与闻这样一件秘密。他命令我，如果我还想保住一命，就决不要再提这事了。

狭隘的教条和短浅的目光就产生了这么奇怪的结果！一位君王，具有令人崇敬、爱戴和敬仰的所有品质，他有杰出的才能、伟大的智慧、高深的学问、统治国家的雄才，他的百姓几乎都崇拜他；就是这么一位君王，出于一种完全没有必要的顾虑，竟将到手的机会轻轻放过了，这真是我们欧洲人想不到的，要不然，他很可能成为他领导下的人民的生命、自由和财产的绝对主宰。我这么说倒也丝毫不是要减损那位杰出国王的许多美德。我很清楚，在这一点上，英国的读者会很看不起国王的这种性格。不过我认为他们有这种缺点是出于无知，他们至今还没能像欧洲一些比较精明的才子那样把政治变成一门科学。因为我记得很清楚，在有一天我和国王的谈话中，我曾偶然提到，关于统治这门学问，我们写过几千本书。我真是没有想到，这反而使他非常鄙视我们的智慧。他表示，不论是君王还是大臣，心里每一点神秘、精明和阴谋都令他厌恶、瞧不起。因为他那里既没有敌人也没有敌国，所以他不明白我所谓国家机密到底是什么意思。他把治理国家的知识的范围划得很小，那不外乎是些常识和理智、正义和仁慈，从速判决民事、刑事案件，以及其他一些不值一提的简单事项。他还提出了这样的看法：谁能使原来只生产一串谷穗、一片草叶的土地长出两串谷穗、两片草叶来，谁就比所有的政客更有功于人类，对国家的贡献也更重大。

这个民族的学术很不完备，只有伦理、历史、诗歌和数学几个部分。应该承认，他们在这几个方面的成就还是很卓越的。可是他们的数学完全应用到有益于生活的事情上去了，用来改良农业以及一切机械技术，所以在我们看来不足称道。至于什么观念、本体、抽象、先验，我是永远也不可能将哪怕是一丁点的概念灌输到他们的头脑中去的。

这个国家的字母有二十二个，他们的每一条法律条文的字数也不准超过这个数目。不过，事实上绝大部分条文甚至都到不了那么长。法律是以最明白简易的文字写成的，那里的人民也没有那么狡诈，能在法律上找出一种以上的解释。对任何一条法律写文章评头论足都要被处以死刑。至于民事诉讼的裁决或刑事审判的程序，由于他们的判例太少，两方面都没有什么可以值得吹嘘的特别的技巧。

和中国人一样，他们也是在很久很久以前就有了印刷术。可是他们的图书馆却并不很大，国王的那一个被认为是最大的，藏书也不过一千卷，都陈列在一千二百英尺长的一间长廊里。我可以在那儿自由借阅我所喜爱的任何图书。王后的细木匠在格兰姆达尔克立契的一个房间里设计制造出了一种二十五英尺高的木机械，形同一架直立的梯子，每一层踏板有五十英尺长。实际上这是一架可以搬动的梯子，最下面的一端距离房间的墙壁有十英尺。我把想要看的书斜靠在墙壁上，先爬到梯子上面的一块踏板上去，然后脸朝着书，从一页书的头上开始，根据一行行不同的长度，向右或者向左来回走大约八到十步，一直看到下面我眼睛不太能看得到的地方，再慢慢地一级一级往下降，直到最底层。之后我重新爬上梯子，用同样的方法阅读另一页，读完了，就将那一张翻过去。翻书我用两只手很容易就能做得到，因为书页像硬纸板一样又厚又硬，最大的对开本也不过十八到二十英尺长。

他们的文风清晰、雄健、流畅，可是不华丽，因为他们最忌堆砌不必要的词藻或者使用各种花样不同的表达法。我仔细阅读过他们的许多书，尤其是历史和道德方面的书籍。其他方面的书呢，我最喜欢看一直摆在格兰姆达尔克立契卧室里的那一本小小的旧书了。这书是她的女教师的。这位老成持重的太太喜欢阅读关于道德和宗教信仰方面的著作。这本书论述了人类的弱点，不过除女人和俗子外，并不怎么受推崇。然而这样一个题目，那个国家的作家能谈些什么，我倒很想看看。这位作家论述了欧洲道德学家经常谈论的所有主题，指出人本质上是一个多么渺小、卑鄙、无能的动物，既不能抗御恶劣的天气，又不抵挡凶猛的野兽；其他动物，论力量，论速度，论预见力，论勤劳，各有所长，都远胜于人类。他又说，近代世界什么都在衰败，连大自然都退化了。跟古时候的人相比，大自然如今降生的都只是些矮小的早产儿。他说，很有理由这么认为：不仅原始的人种比现在的人要大得多，而且从前也确实有巨人存在，这一点历史和传说都是可考的，王国各处偶然挖掘出来的巨大的骨骼和骷髅，也都证明从前的人远远超过当今已缩成一点的人类。他表示，刚开始时，大自然的法则是绝对要求我们长得又高大又强壮，那我们也就不会像现在这样，连屋上掉下一片瓦，小孩子手里扔过来一块石子，或失足掉进一条小溪这样小小的意外都能使我们送命。根据这一种推论，作者提出了几条对人生处世有用的道德法则，不过在此就不必转述了。至于我自己，心里却不由得想，这种因与自然发生争吵而吸取道德方面教训的才能倒真是天底下都一样，但事实上人们只是在发发牢骚表示其不满罢了。经过严密的调查，我认为，那个民族跟自然之间的争吵，也和我们的一样，都是毫无根据的。

至于他们的军事，他们夸耀说国王的大军有步兵十七万六千，骑兵三万二千名。这支军队由各城的手艺人和乡下的农民组成，担任指挥的只是当地的贵族和乡绅，他们既没有薪饷，也不受赏赐，所以真不知道能不能管这样一队人马叫军队。他们的操练真是无可挑剔了，纪律也非常好，不过我从中倒也看不出有什么了不起的优点来，因为每一个农民都由他自己的地主指挥，每一个市民都由他自己所在城市的头面人物统率，而这些人又都是像威尼斯的做法那样经投票选出来的，所以结果还能是别的样子吗？

我常常看到洛布鲁格鲁德城的民兵在城郊一块面积二十平方英里的巨大的空地上操练。他们总共不会超过两万五千名步兵和六千名骑兵，不过他们所占地盘太大，我无法计算出确切的数目来。一名骑在大战马上的骑兵大约有一百英尺高。我曾见过一整队这样的骑兵，一声令下，同时抽出剑来在空中挥舞。没有人能想象出如此惊心动魄的壮观场面！看上去仿佛是万道闪电在天空中从四面八方同时闪射。

既然没有任何一个国家有路可以通到这个国家的领土，我就觉得奇怪，很想知道这位君王怎么会想到要设置军队，还要教他的百姓进行军事训练。但是不久，我就通过与人交谈和阅读他们的历史知道了其中的道理。原来，很多年代以来，他们也犯了许多其他政府所犯的一个通病：贵族争权，人民争自由，君王则要绝对的专制。无论王国的法律把这三方面协调得多么好，总有一方有时会出来破坏法律，这样就酿成了不止一次的内战。最近的一次内战幸而被当今国王的祖父率大军平定了。于是三方面一致同意从此设立民兵团，严格执行它的职责。

第八章

国王和王后到边境巡行——作者随从——作者详细叙述他离开这个国家的情形——他回到英国。

我一直有一个强烈的愿望，希望自己总有一天能恢复自由，虽然我想不出用什么方法，也设计不出任何有一点点成功希望的计划来。我原先乘坐的那艘船据说是第一艘被刮到这一带海岸附近的船。国王有严令，什么时候再有这样的船只出现，一定得将它押上岸，把所有水手和乘客装进囚车带到洛布鲁格鲁德。他一心要替我找一个身材与我一样大的女人，那样我就有人传宗接代了。可是我想死也不会受那样的耻辱，留下后代被人像温顺的金丝雀那样在笼子里养着，到后来说不定还得当稀罕玩物在王国的贵人们中间卖来卖去。我的确很受优待：我是伟大的国王和王后的宠儿，全朝廷的人也都喜欢我。可是我所处的地位却有辱人类的尊严，我也永远忘不了我给家人立下的那些誓言。我想跟我可以与之平等交谈的人们在一起，在街上或田野走着，也不用担心会像青蛙或小狗那样被人一脚踩死。但是，我没有料到，我竟很快就获救了，获救的方式也不同寻常。这件事的全部经过我要在这里如实地叙述出来。

我至此在这个国家已经有两个年头了。大约在第三年开始的时候，格兰姆达尔克立契和我一起陪同国王和王后到王国的南海岸巡行。和往常一样，他们把我放在旅行箱里带着；这箱子我以前描写过，有十二英尺宽，是个十分方便舒适的小房间。我吩咐他们从房顶的四个角拉下四根丝绳给我安一张吊床，有时候我让骑马的仆人把我搁在他前面，这样颠簸就可以减轻一点。一路上我就常常在吊床里睡觉。在房顶上稍稍偏离吊床正中的地方，我让细木匠开了一个一英尺见方的孔，这样我热天睡觉时也可以透透空气。孔上有一块木板，顺着一条槽可以前后拉，这样我随时就可以把它关上。

我们的行程结束时，国王觉得最好再到他在弗兰弗拉斯尼克的一座行宫去住几天。弗兰弗拉斯尼克是离海边不到十八英里的一座城市。格兰姆达尔克立契和我都已疲惫不堪。我有点受凉，而可怜的姑娘是病得门都不能出了。我渴望看到大海，如果有机会，这也是我唯一可以逃生的地方了。我假装病得比实际要重，希望带一位我很喜欢的仆人离开城市到海边去呼吸一下海上的新鲜空气。他们有时也把我托付给这个仆人。我永远也忘不了格兰姆达尔克立契是多么勉强才答应，也永远忘不了她一再叮嘱仆人要小心照看我；她当时哭成了一个泪人儿，好像对将要发生的事有某种预感。仆人提着我的箱子走出了行宫，走了约半个小时，来到了海边的岩石上。我吩咐他把我放下。我将一扇窗子推上去，不停地对着大海郁郁地、充满渴求地张望。我觉得不太舒服，就对仆人说我想上吊床小睡一会儿，希望那样会好一点。我爬进吊床，仆人怕我受凉将窗子又放下了。我很快就睡着了，所能猜测到的只是：当我睡着了，仆人想不会有什么危险事发生，就去岩石间找鸟蛋，因为我在前面曾从窗口看到他在那里四处寻找，并且还就在岩缝间捡着了一两个鸟蛋。就算是这样吧，我却忽然惊醒了，箱子顶上为了携带方便安装的一个铁环被猛地扯了一下。我感觉箱子被高高地举到空中，然后以极快的速度向前飞驰。开头那一下震动差点儿把我从吊床上掀下来，不过随后倒还很平稳。我尽量提高嗓门大喊了几下，却一点也不管用。我朝窗口看去，但除了云和天，什么也看不见。我听到头顶上有一种像是翅膀在扇动的声音，这才开始意识到我此时的悲惨处境。原来是一只鹰叼起了我箱子上的铁环，打算像对付缩在壳里的乌龟一样，把箱子摔到岩石上，再把我的肉身啄出来吞掉。这种鸟非常机灵，嗅觉也十分敏锐，从老远的地方就能发现猎物，猎物躲在比我这两英寸厚的木板更安全的地方也没有用。

不一会儿工夫，我感觉到翅膀扇动的声音越来越快，我那箱子就像刮风天气的路标牌一样上下直晃荡。我听到了几声撞击的声音，我想那是鹰遭到了袭击（我现在已完全肯定用嘴衔住我那箱子上的铁环的一定是只鹰）。接着，我猛然感觉到自己在直往下掉，有一分多钟的样子，可速度之快令人难以置信，我都差点儿接不上气来。忽然啪的一声巨响，我不再往下掉了。那声音我听起来比尼亚加拉大瀑布①还要响。随后又有一分钟，我眼前一片漆黑，接着箱子高高地漂起来，我从最上面的窗子里看到了光亮。这时我才意识到我是掉进海里了。由于我身体的重量和里边的东西，再加上为了加固而在箱子顶部及底部四角钉上去的宽铁板，我的箱子大约有五英尺浸在水中。我那时就猜想，现在还是这么认为，那只叼着我箱子往前飞的鹰大概正被另外两三只鹰追赶着，它们想分享我这一份活点心。那只鹰为了自卫，不得不扔下我去同它们搏斗。钉在箱子底部的铁板最坚固，所以箱子往下掉时得以保持平衡，也避免了在水面上砸得粉碎。所有的接缝处都做得很严，门也不是靠铰链来开关的，而是像窗户那样是上下拉动式，所以我这小屋关得严严实实，几乎没有一点水渗进来。因为缺乏空气，我都感到快要给闷死了，所以就先冒险拉开前面已提到的屋顶上那块透空气用的活板，这才好不容易从吊床上爬了下来。

那时我多么希望我能和我亲爱的格兰姆达尔克立契在一起啊！其实我们分开不过才一个钟头！说句心里话，虽然我自己正遭遇着不幸，但还是禁不住要替我那可怜的保姆伤心。丢了我，她该有多痛苦，而王后一生气，她这一辈子也就完了。许多旅行家大概还不曾遭遇过我这么大的艰难和痛苦。在这危险关头，我时刻担心我那箱子会被撞

---

① 尼亚加拉大瀑布，在美国靠近加拿大的边境上，是世界上最大的瀑布。

得粉碎，至少一阵狂风或一个巨浪也可以将它掀翻。只要一块窗玻璃有一道裂口，我马上就会送命；也幸亏当初为防止旅行时出意外在窗子外安上了结实的铁线格，要不然窗户哪还能保得住。我看到有几处缝隙已经开始渗水，虽然漏缝不太大，我也尽量设法堵住。我无法推开我那小屋的屋顶，要不然我肯定要那么做；坐到箱子顶上去，至少可以使我多活几个小时，总比这么关禁闭要强（我说这是关禁闭）。可是，就算我在一两天里躲过了这许多危险，到头来除了饥寒交迫悲惨地死去外，我还能指望别的什么呢？我在这处境下已待了四个小时，时时刻刻都在想我已死到临头；我也确实希望自己死掉算了。

我已经告诉过读者，我那箱子没有开窗的一面安有两个结实的锁环，经常带我骑马出去的仆人总是从这锁环里穿一根皮带，把箱子绑在腰间。我正在发愁，突然听到，至少我以为我听到了，箱子安着锁环的一面发出一种摩擦声。我马上就开始想象是什么东西在海水里拖着箱子前进，因为我时时感觉到有一种拖拉的力量，激起的浪花几乎高到窗户的顶部，差不多使我陷入一片漆黑。这给了我一线获救的希望，尽管我想象不出那到底是怎么回事。我冒险将一直钉在地板上的一张椅子的螺丝旋开，又费不少劲把它搬到正对着我刚才打开的活动木板的下面，重新用螺丝固定在地上。我爬上椅子，将嘴尽可能地凑近洞口，用我所掌握的各种语言大声呼救。接着我又将手帕系到我平时一直随身携带的一根手杖上，伸出洞去，在空中摇动了好几下。要是附近有什么大小船只，水手们见了就会猜到这箱子里关着一个倒霉鬼。

我发现我所能做的一切全都没有什么效果，不过我倒明显感觉到我这小屋在往前移动。过了一个小时，或者还要久一点，箱子安着锁环而没有开窗的一面撞到什么硬东西上。我担心那是块礁石。这时我感到比以前颠得更厉害了。我清清楚楚地听到箱子顶上有响声，像是缆绳穿过那铁环发出的摩擦声。接着我发现自己在一点点地往上升，至少比原先升高了三英尺。我于是再次将手杖连手帕伸出去，大声呼救，直喊到嗓子都快嘶哑了。我的呼救得到了反应，我听到外面有人大叫了三声，这真叫我欣喜若狂。没有亲身体会的人哪会感受到这样的狂喜！这时我听到头顶有脚步声，有人对着洞口用英语大喊："下面有人吗？快说话！"我回话说我是英国人，命运不好，遭遇了任何人不曾遭遇的最大的灾难；我说尽好话，求他们快把我从这暗牢里救出来。那声音回答说，我已经安全了，因为我的箱子已经拴到了他们的船上，木匠马上就到，在箱子顶上锯一个大洞，就可以把我拉出去。我回答说用不着，那样做也太费时间，只需让一名水手用手指头钩住铁环，将箱子从海里提到船上，再放到船长室去就行了。有人听到我这么胡说，以为我是疯了，还有人则大笑起来。我确实一点也没有想到，这时候我是和一帮身材和力气都跟我一样的人在一起了。木匠来了，几分钟就锯了一个四英尺见方的通道口。接着放下来一个小梯子，我爬上去，就这样被他们弄到了船上。此时我已虚弱至极。

水手们一个个都非常惊奇，问了我无数的问题，我却无心回答。我见到这么多矮子，一下子也糊涂了；这么长时间以来我的眼睛已看惯了我刚刚离开的那些庞然大物，所以就把这些人看成是矮子了。可是船长托马斯·威尔柯克斯先生是个诚实又可敬的什罗普郡[①]人，他见我快要晕倒了，就带我到他的舱里，让我服了一种强心药使我安定下来，又叫我上他自己的床，劝我稍稍休息一会儿，这我真是太需要了。我在睡去之前告诉他，我那箱子里有几件珍贵的家具，丢了未免可惜：一张很好的吊床、一张漂亮的行军床、两把椅子、一张桌子，还有一个柜橱；小屋的四壁都挂着也可以说是垫着绸缎和棉絮。如果他叫一名水手去把我那小屋弄到他舱里来，我可以当面打开，把我那些物件拿给他看。船长听我说这些稀奇古怪的东西，断定我是在说胡话了；不过他还是答应按照我的要求吩咐人去办这件事（我猜想他当时是想让我安顿下来）。他来到甲板上，派几个人到我的小屋里把我所有的东西都搬了出来，垫衬在墙壁上的东西也都扯了下来（这些都是我后来才知道的）；不过椅子、柜橱还有床架都是用螺丝钉在地板上的，水手们不知道，硬使劲往上扯，结果大多毁坏了。他们又敲下了几块木板拿到船上来用，想要的东西全拿光后，就把空箱子扔进了海里。因为箱底和四壁有不少裂缝，箱子当即就沉了下去。说真的，我很高兴没有亲眼看着他们将东西毁坏，因为我相信，让一件件往事重新在脑海中闪现，我一定会感触万端的，而这些事我宁愿忘掉。

---

① 什罗普郡，英国英格兰萨洛普郡的旧称。

149

我睡了几个小时，但不断地为梦所扰；我梦见了我离开的那个地方，梦见了我刚刚躲过的种种危险。不过一觉醒来，我觉得自己精力已大为恢复。这时大约已是晚上八点钟了，船长想我也是好长时间没有吃东西了，就立即吩咐开晚饭。他见我已不再是一副疯样，说话也前后连贯，就十分友好地招待我。当房间里只剩下我们两人的时候，他要我把旅行的情况告诉他，我是怎么乘坐那只大得吓人的木头箱子在海上漂流的。他说，中午十二点钟的样子，他正拿着望远镜瞭望，忽然在远处发现了那东西，还以为是一艘帆船，心想离他的航线不太远，自己船上的饼干又快吃完了，就想赶上去从那船上买一些过来。等船靠近了他才发现自己错了，就派人坐长舢板去探探到底是什么东西。他的水手们回来都十分害怕，发誓说他们看到了一座漂流着的房屋。他笑他们说傻话，就亲自坐小船去看，同时吩咐水手们随身带一根结实的缆绳。当时风平浪静，他绕着我划了几圈，发现了我箱子上的窗户和保护窗户的铁线框格，又发现一面全是木板，没有一点透光的地方，却安着两个锁环。他于是命令水手把船划到那一面去，将缆绳拴上其中的一只锁环后，就叫他们把我那柜子（这是他的话）向大船拖去。箱子到了船边后，他又下令再拴一根缆绳安在箱顶的铁环上，然后用滑车把箱子吊起来。可是全体水手一齐动手，也只不过吊起两三英尺。他说他们看到了我从洞里伸出来的手杖和手帕，断定一定有什么不幸的人被关在那洞里了。我问他起初发现我的时候，他和水手们可曾看见天空有没有什么大鸟。他回答说，我睡觉的时候，他同水手们谈过这事，其中有一个说他是看到有三只鹰朝北方飞去，不过他并没有说它们比普通的鹰大。我想那一定是因为它们飞得太高的缘故。他当时猜不透我为什么要问这个问题。我接着问船长，我们离陆地大概有多远。他说，据他最精确的计算，至少有一百里格。我告诉他，他肯定多算了差不多一半的路程，因为我掉进海里时，离开我来的那个国家还不到两个小时。听我这么一说，他又开始认为我的脑子有毛病了；他暗示我，我是神经错乱，劝我上他给我预备的一间舱房里去睡觉。我让他放心，他这么友好地招待我陪我，我早已恢复过来了，神志也跟平时一样完全清醒。他这时却严肃起来，说想坦率地问我一句，是不是我犯了什么大罪，按照某个君王的命令受到惩罚，把我丢到那个柜子里面，就像别的一些国家对待重罪犯那样，不给食物，强迫他上一只破船到海上漂流；而且意识到自己犯了大错，我还能心神安宁吗？他说虽然很懊恼把这么一个坏人搭救上船，可他还是说话算话，一到第一个港口就送我平安上岸。他又补充说，我一开始对水手们尽说胡话，后来又对他去讲，什么小屋、柜子，加上我吃晚饭时神情举止都很古怪，他就越来越怀疑了。

我请求他耐心听我讲我的故事。我把自己最后一次离开英国到他发现我那一刻为止的经历，原原本本地说了一遍。事实总是能说服懂得道理的人。这位诚实而可敬的先生有几分学问，头脑也很清楚，他很快就相信我是坦诚的，说的都是实话。但为了进一步证实我所说的一切，我请求他吩咐人把我的柜橱拿来，那柜橱的钥匙还在我的口袋里

（他已经把水手们怎么处理我那小屋的情形都告诉了我）。我当着他的面把橱打开，把我在那个国家收集到的那点珍奇玩意儿拿给他看。说来也真怪，我居然得以从那里被救了出来。这里面有我用国王的胡子茬儿做的一把梳子；还有一把也是用同样的材料做成的，不过是装在王后剪下来的一片大拇指指甲上，我用那指甲做了梳子的背。还有几根缝衣针和别针，长度从一英尺到半码不等；四根像细木匠用的平头钉一样的黄蜂刺；王后梳下来的几根头发；还有一枚金戒指，那是王后有一天特别恩赐给我的，她把戒指从小指上取下，像套项圈似的把戒指一下扔过来套到我头上。为了报答船长对我的款待，我请他收下这枚戒指，可他坚决地拒绝了。我又拿出我亲手从一位皇室侍女脚趾上割下的一只鸡眼给他看。它有一只肯特郡①产的苹果那么大，长得很坚硬，我回英国后把它挖空做成了一只杯子，还用白银把它镶了起来。最后我还请他看了我当时穿在身上的裤子，那是用一只老鼠的皮做成的。

无论我怎么说，他都不肯接受我的任何东西，只是有一颗仆人的牙齿，我见他十分好奇地在那儿仔细端详，我觉得他很喜欢，就硬劝他收下了。他千恩万谢地接了，这么一件小东西其实不值得他这么道谢的。那牙齿是一位技术不熟练的外科医生从格兰姆达尔克立契的一个害牙痛的仆人嘴里错拔下来的，它其实和他嘴里的其他牙齿一样是好好的，我把它洗干净，放到了柜橱里。牙齿有一英尺长，

---

① 肯特郡，英国英格兰的一个郡。

直径四英寸。

船长对我这一番简单明了的描述十分满意。他说他希望我们回英国后我能把这一切写下来公之于世。我的回答是：我觉得我们写旅行的书已经太多了，现在不来点别出心裁的根本就不行。我因此很怀疑一些作家考虑的不是什么真实性，而是他们自身的虚荣心和利益，要么就是为了博得无知读者的欢心。我的故事却只有一些普普通通的事件，别的很少，我不会像大多数作家那样，笔底下尽是些关于奇怪的草木鸟兽或者野蛮民族的野蛮风俗、偶像崇拜等等华而不实的描写。尽管如此，我还是感谢他的好意，并答应他考虑写书的事。

他说，有一件事他觉得很奇怪，就是我说话的声音为什么这么大。他问我，是不是那个国家的国王和王后都耳朵有毛病。我跟他说，两年多来我一直这么说惯了。我也觉得很奇怪，他和水手们说话的声音低得像是在耳语，不过我还是听得蛮清楚的。在那个国家里，我说话就像一个人站在大街上跟另一个从教堂的塔顶向外探望的人说话一样，除非他们把我放在桌上，或者托在什么人的手上，说话声音才不必那么响。我告诉他，我还注意到了另一件事，就是我刚上船那会儿，水手们全都围着我站着，我都以为他们是我平生见过的最不起眼的小人儿呢。真的，我在那个君王的国土上的时候，两眼已经看惯了庞然大物，一照镜子就受不了，因为相形之下，实在自惭形秽。船长说我们一道吃晚饭时，他发觉我看什么东西都带一种惊奇的目光，好像总忍不住要笑似的，他也不清楚是怎么回事，只好认为我有点精神失常。我回答说他讲得很对。我看到那菜盘子只有三便士银币那么大，一条猪腿几乎不够一口吃的，酒杯还没有胡桃壳大，我想我怎么能忍住不笑。我接着又以同样的方式把他的其余家用器具和食物形容了一番。我在为王后效命时，虽然她吩咐人给我预备了一整套小型日用品，我却一门心思只在我周围看到的那些大东西上；就像人们对待自己的错误一样，我对自身的渺小故意视而不见。船长很能领会我这善意的嘲笑话，就轻快地引用一句古老的英国谚语来回敬我，说他怀疑我的眼睛比肚子还大，因为我虽然饿了一天了，他却发现我的胃口并不怎么好。他还继续往下开玩笑，坚决说他乐意出一百英镑看鹰叼着我那小屋，再从极高的空中把它丢进海里。他说那情景一定惊心动魄，值得写下来传之后世；那和法厄同①的故事显然可以相提并论。不过我却不大欣赏他这种牵强附会的说法。

　　船长此前一直在越南的东京②，这时正在返回英国的途中。船正朝东北方向行驶，方位北纬四十四度，东经一百四十三度。但是我上船后两天就遇到了信风。我们向南航行了很长时间，又沿新荷兰③海岸航行，之后一直走西南西的航线，再改走南南西，直到绕过了好望角。我们

---

① 法厄同，希腊神话中太阳神赫里阿斯的儿子。他得到父亲的许可，驾驶太阳车一天，但中途翻车，几乎使地球失火。后来他被主神宙斯用雷霆击死。

② 东京，指越南北部大部分地区，原本是越南城市河内的旧名。

③ 新荷兰，指澳大利亚。

一路上十分顺利，我就不再把每天的航行日记拿到这里来费读者的神了。船长在一两个港口停了船，派人坐长舢板上岸采购食品和淡水。不过我在到达唐斯锚地前一直没有下过船。我们于一七〇六年六月三日到达唐斯锚地，这时离我脱险大约已有九个月了。我提出留下我那些东西作为我搭船的费用，但船长坚决表示他分文不收。我们亲切话别，同时我要他答应以后上瑞德里夫我家里去看我。我还问船长借了五先令，雇了一匹马和一位向导回家而去。

一路上，我见到房屋、树木、牲口和人都小得很，就开始以为自己大概是在利立浦特。我怕踩到我所碰到的每一个行人，常常高声叫喊要他们给我让路。由于我这样无礼，有一两次我差点叫人打得头破血流。

我向别人打听后才找到了自己的家。一位用人开了门，因为我怕碰着头，所以就像鹅进窝那样弯腰走了进去。我妻子跑出来拥抱我，可我把腰一直弯到她的膝盖以下，认为如果不这样她就怎么也够不到我的嘴。我女儿跪下来要我给她祝福，可是我这么长时间以来已习惯于站着仰头看六十英尺以上的高处，所以直到她站起身来，我才看见她，这时才走上前一手将她拦腰抱起。我居高临下地看了看用人和家里来的一两个朋友，好像他们都是矮子，我才是巨人。我对妻子说，她太节省了，因为我发现她把自己和女儿都快饿得没有了。总之，我的举动非常不可思议，大家就同那船长初见我时一样，断定我是精神失常了。我提这一点，是为了证明，习惯和偏见的力量是很大的。

事隔不久，我和家人及朋友就趋于正常，彼此理解了，可是我妻子坚决反对我再去航海。不过我是命中注定要受苦的，她也无力阻拦我，这一点读者以后就可以知道。我的不幸的航行的第二部分就写到这里吧。

第三卷　勒皮他　巴尔尼巴比　拉格奈格
格勒大锥　日本游记

情况不明地区

圣雅各湾地区
耶索
罗宾岛
萨尔门湾
克莱纳尔

耐心角
弗拉斯
康帕尼斯
斯戴茨岛
海峡

勒皮他

巴尔尼巴比
拉格多

朝鲜海
三田岛
托比亚
四历
庭绍
江户
玩具港
京都
红港
日本
房州港
大阪
巴纳弗尔茨
翁崎勒基格岛
东萨岛
南岛
番户岛
拉格奈格
克兰梅格尼格
迪麦里斯海峡
葛兰古恩斯
特拉德拉格杜布
店岛
达尔德
德西他岛
格勒大锥
乌克拉
铁木尔

公元 1701 年发现

第一章

作者开始第三次航海——为海盗所劫——一个心肠毒辣的荷兰人——他来到一座小岛——他被接入勒皮他。

我在家住了还不到十天，载重三百吨的大船"好望号"的船长，康沃尔郡人威廉·罗宾逊就上我家来了。他以前在另一艘船上当船长，那船四分之一的股份是他的。我曾在那船上当过外科医生，跟他一起到过黎凡特。他对我一直像兄弟一样，好像我并不是他属下的船员。他听说我回来了，就来看我，我原以为那只是出于友谊；老朋友许久不见了，互相看望一下也是很平常的事。可是他不断地来访，说他见我身体很好感到非常高兴，问我是不是就这样安顿下来过日子了。他又附带说，打算大约两个月之后去东印度群岛一带航海。一直到最后，虽然也说了几句抱歉的话，但还是明白地向我发出了邀请，要我到他船上去当外科医生。他说，除两名助手外，我手下还会有一名外科医生，薪水也比一般的多一倍。他知道我有丰富的航海知

159

识，经验至少和他不相上下，所以他无论如何可以保证采纳我的意见，真好像我可以和他一道指挥这船似的。

他说了无数的客气话，我也知道他人很老实，就没办法拒绝他的邀请了。虽然我过去有过种种不幸的遭遇，但我要看看这个世界的渴望还是和以前一样地强烈。剩下来的唯一困难就是怎样说服我的妻子。不过我最终还是征得了她的同意，她替她儿女们的前途着想也就答应让我去了。

我们于一七〇六年八月五日动身，一七〇七年的四月十一日到达圣乔治要塞[①]。因为不少水手都病了，我们就在那里停留了三个星期，让他们休整恢复一下。接着我们从那里开往越南的东京。由于船长想买的许多东西还没有买到，几个月内也不可能指望都办成，他就决定在那里待上一段时期。为了能够支付一部分必要的开支，他买了一艘单桅帆船。平时，东京人和邻近岛上的人做生意就坐这种船。他给这船装了几种货物，派了十四名水手，其中三名是当地人。他任命我做这帆船的船长，并且授权我在两个月内自行交易。这期间，他在东京处理自己的事务。

我们航行还不到三天，海上就起了大风暴。我们向正北偏东方向漂流了五天，之后又漂向东边。这之后天气晴朗，但从西边刮来的风却还是相当猛的。到了第十天，有两艘海盗船在追赶我们。由于我那单桅帆船负载重，航行得很慢，我们也不具备自卫的条件，所以海盗船不久就追上了我们。

---

① 圣乔治要塞，印度东南部大城市马德拉斯的旧名。

两艘海盗船上的人差不多同时上了我们的船，这些人在他们头领的带领下，气势汹汹地爬了上来。可当他们看到我们全都脸朝下在那儿趴着（这是我下的命令），就用结实的绳子将我们的双臂捆绑起来，留下一人看守，其余的都到船上去搜刮财物了。

　　这伙人中间，我发现有一个是荷兰人，虽然他并不是哪一艘贼船的头，却似乎有些势力。他从我们的容貌上推断我们是英国人，就用荷兰话对我们叽里呱啦地咒了一通，发誓说一定要把我们背对背地捆起来扔进海里去①。我能说一口相当好的荷兰话，就告诉他我们是些什么人，又求他看在我们是基督徒和新教徒，且英荷两国是比邻的紧密联盟的分上，能去向两位船长说说情，怜恤我们一点。我这话却惹得他勃然大怒，他把那些威胁的话又重复了一遍，并且转过身去对着他的同伙十分激动地说了半天。我猜想他们说的是日本话，又听到他们一再提到"基督徒"这个词。

　　两艘海盗船中较大的一艘是由一名日本船长指挥的。他会说几句荷兰话，但说得很糟糕。他走到我跟前，问了我几个问题，我低声下气地做了回答。他听后说，我们死不了。我向船长深深地鞠了一躬，接着转过身去对那荷兰人说，我真感到遗憾，一位基督徒兄弟反不及一位异教徒来得宽厚。可是我马上就后悔自己说了这样的蠢话，因为这个心狠手辣的恶棍好几次都企图说服两位船长把我抛进海里（他们既然已答应不把我处死，就不会听他的话）；

① 当时尽管英荷两国在军事上结成了联盟，但在商业上竞争却十分激烈。斯威夫特的笔下，荷兰人的形象一向不太好。

虽然没有得逞，却究竟占了上风，竟说服他们要以一种比死本身还恶劣的惩罚来整治我。我的水手被平均分作两部分送上了贼船，那艘单桅帆船则另派了新的水手。至于我自己，他们决定把我放到一只独木舟里去海上随波漂流，给我的东西只有桨和帆以及只够吃四天的食品。那位日本船长倒是心肠很好，他从自己的存货中给我多加了一倍的食物，并且不准任何人搜查我。我上了独木舟，那荷兰人还站在甲板上，把荷兰话里所有的诅咒和伤人的话一齐泻到我的头上。

在我们看到海盗船以前大约一个小时，我曾测过一次方位，发现我们当时地处北纬四十六度，东经一百八十三度。我离海盗船相当一段距离之后，用袖珍望远镜看到东南方向有几座岛屿。当时正是顺风，我就挂起帆，打算把船开到最近的一座岛上去。我花了大约三个小时才好不容易到了那里。岛上全是岩石，不过我倒是拣到了不少鸟蛋。我划火点燃石南草和干海藻，把鸟蛋烤熟。晚饭我就只吃了鸟蛋，别的什么也没吃，因为我决意要尽可能地节约粮食。我在一块岩石下面找了个避风处，身底下铺上些石南草过夜，睡得倒还不错。

第二天，我向另一座岛驶去。我时而扬帆，时而划桨，接着又驶向了第三座岛和第四座岛。但我就不烦读者来听我说那些困苦的情形了。总之，到了第五天，我来到了我所能看得见的最后一座岛屿，它坐落在它前面那岛的东南偏南方向。

那岛比我预想的要远得多，我几乎用了五个小时才到那里。我差不多绕岛转了一圈，才找到一个便于登陆的地方。那是一条小港汊，大约有我那独木舟三倍宽。我发现岛上四处是岩石，只有几处点缀着一簇簇的青草和散发着香味的药草。我把我那一点点口粮拿出来，吃了一点，剩下的就全都藏到一个洞穴里，这地方有许多这样的洞。我在岩石上找到不少鸟蛋，又找来一些干海藻和干草，打算第二天用来点火把蛋好好烤一下（我随身带有火石、火镰、火柴和取火镜）。整个夜里我就躺在我存放食物的洞里，床铺就是我预备用来燃火的干草和干海藻。我几乎没怎么睡，心里烦躁不安也就忘记了疲劳；这样一直醒着，想想在这么一个荒凉的地方我怎么能活下去，结局一定是很悲惨的。我感觉自己神情沮丧，一丝劲都没有，也就懒得爬起来。等我好不容易鼓足精神爬出洞来时，天早已大亮了。我在岩石间走了一会儿。天气极其晴朗，太阳热得烤人，我只得把脸转过去背着它。就在这时，忽然，天暗了下来，可是我觉得那情形和天空飘过来一片云大不一样。我转过身来，只见在我和太阳之间有一个巨大的不透明的物体，它正在朝着岛飞来。那物体看上去大约有两英里高，它把太阳遮了有六七分钟，可我感觉空气并没有凉爽多少，天空也没有变得更加灰暗，这情形就和我站在一座山的背阴处差不多。随着那东西离我所在的地方越来越近，我看它像是一个固体，底部平滑，在下面海水的映照下闪闪发光。我站在离海边约两百码的一个高处，看着那个巨大的物体逐渐下降，差不多到了与我平行的位置，离我已经不到半英里了。我取出袖珍望远镜，清清楚楚地看到有不少人在那东西的边缘上上下下。边缘似乎是呈倾斜状，可是那些人在做什么，我却分辨不出。

出于对生命的一种本能的爱，我因此打心眼里感觉到几分欢乐。我开始产生一种希望，觉得这件奇迹无论怎样似乎总能够把我从这个荒凉的地方以及我目前这种困境中解救出来。然而，与此同时，读者也很难想象出我当时是多么吃惊，居然看到空中会有一座岛，上面还住满了人，而且看来这些人可以随意地使这岛或升或降，或向前运行。不过，我当时还没有心思去对这一现象进行哲学研究，我只想看看这岛到底要往什么方向去，因为有一会儿它似乎在那儿停住不动了。不一会儿工夫，它靠我更近了，我看得见它的四周全是一层层的走廊，每隔一段距离就有一段楼梯，层层叠叠彼此连接。在最下面的一层走廊上，我看到有一些人拿着长长的钓竿在那里钓鱼，另一些人在一旁观看。我向着那岛挥动我的便帽（我的礼帽早就破了）和手帕；当它离我更加近的时候，我就拼着命又喊又叫。随后我仔细看了一下，只见我看得最清楚的一面聚集了一群人。他们虽然没有搭理我的呼喊，可在用手指我，又互相之间在那儿指指点点，我就知道他们显然已经发现了我。我看到四五个人急急匆匆地沿楼梯一直跑到岛的顶部，随后就不见了。我猜得没错，这些人是为这件事被派去向掌权者请示去了。

上面聚集的人越来越多。不到半个小时，那岛又动了起来，它往上升，使最下面的一层走廊与我所站的高处相平行，彼此相去不到一百码。我于是做出苦苦哀求的姿势，尽可能地把话说得低声下气，可是没有得到回答。站在上面离我最近的那几个人，从他们的服装来看，我猜想大概是有几分地位的。他们不时地朝我张望，互相之间又热烈地交谈了一阵。最后，其中的一个高喊了一声，声音清楚，语调文雅悦耳，听起来倒像是意大利语。我因此就用意大利语答了他一句，希望至少那语言的调调能使他听着更舒服一点。虽然我们彼此都听不懂对方的话，可他们看到我那困苦的样子，也就很容易明白我的意思了。

他们示意我从那岩石上下来，走到海边去。我照他们的意思做了。那飞岛上升到一个适当的高度，边缘正好就在我头顶的时候，从最下面一层的走廊里就有一根链子放了下来，链子末端拴着一个座位，我把自己在座位上系好，他们就用滑轮车把我拉了上去。

第二章

勒皮他人的性格和脾气——他们的学术——国王及其朝廷——作者在那里受到的接待——当地居民恐惧不安——妇女的情形。

我上岛以后，就被一群人团团围了起来，不过站得离我最近的人像是有些身份。他们看着我，表现出各种各样不胜惊奇的神态。可事实上我也和他们一样地惊奇，因为我还从未见过有什么种族的人的外形、服装和面貌有这么奇特的。他们的头一律都是歪的，不是偏右，就是歪左；眼睛是一只内翻，另一只朝上直瞪天顶。他们的外衣上装饰着太阳、月亮和星星的图形；与这些相交织的，是那些提琴、长笛、竖琴、军号、六弦琴、羽管键琴以及许许多多其他我们欧洲所没有的乐器的图形。我发现四处都有不少穿着仆人服装的人，他们手里拿着短棍，短棍的一端缚着一个吹得鼓起来的气囊，形同一把连枷。我后来才得知，每一个气囊里都装有少量的干豌豆或者小石子儿。他们时不时地用这些气囊拍打站在他们身边的人的嘴巴和耳朵，那做法我当初还想不出来是什么意思，好像是这些人一门心思在冥思苦想，不给他们的发音及听觉器官来一下外部的刺激，他们就不会说话，也注意不到别人的说话似的。由于这个原因，那些出得起钱的人，家里就总养着一名拍手（原文是"克里门脑儿"），就当是家仆中的一员，出门访友总是带着他。这名侍从的职责就是，当两三个或者更多的人在一起时，用气囊先轻轻地拍一下要说话的人的嘴，再拍一下听他说话的人的右耳朵。主人走路的时候，拍手同样得殷勤侍候，有时要在主人的眼睛上轻轻地拍打一下，因为这主人总是在埋头苦想，显然会有坠落悬崖或者头撞上柱子的危险；走在大街上，不是将旁人撞倒，就是被旁人撞到阴沟里。

这一信息有必要先通报给读者，否则大家就会像我一样对这些人的行动感到莫名其妙：他们领着我沿楼梯往岛的顶部爬，又从那儿向王宫走去；就在我们往上走的时候，一路上他们竟几次忘了自己是在干什么，把我一人撇下了，一直到后来由拍手们提醒，他们才回想起来！我这外来人的奇异服饰和面貌以及普通百姓的叫喊声，他们见了、听了，似乎根本就无动于衷。百姓们心情倒轻松得多，不像他们那样思虑重重。

最后我们进了王宫，来到了接见厅。我看到国王正坐在宝座上，显贵大臣侍立两旁。宝座前摆着一张大桌子，上面放满了天球仪和地球仪以及各种各样的数学仪器。我们进宫时，全朝廷的人都拥了上来，声音相当的嘈杂，可国王陛下竟一点都没有注意到我们。他当时正在沉思一个问题，我们至少等了一个钟头，他才把这个问题解决。他的两边各站着一名年轻的侍从，手里都拿着拍子。他们见国王空了下来，其中的一个就轻轻地拍了拍他的嘴，另一个则拍了一下他的右耳朵；这一拍，他好像突然惊醒了过来似的，就朝我以及拥着我的人这边看来，这才想起他事先已经得到报告说我们要来。他说了几句话，立刻就有一个手持拍子的年轻人走到我的身边，在我的右耳朵上轻轻地拍了一下。我尽可能地对他们打手势，说明我并不需要这样一件工具。事后我才发现，国王和全朝人士因此都十分鄙视我的智力。就我猜测，国王问了我几个问题，我就用我懂得的每一种语言来回答他。后来发现我听不懂他的话，他也听不懂我的话，国王就命令把我带到宫内的一间房间里去（这位君王以对陌生人好客而闻名，这一点上他超过了他的每一位前任），同时指派两名仆人侍候我。我的晚饭送了上来，四位我记得曾在国王身边见到过的贵人赏光陪我吃饭。我们一共有两道菜，每一道三盘。第一道菜是一块切成等边三角形的羊肩肉，一块切成长菱形的牛肉和一块圆形的布丁。第二道菜是两只捆扎成小提琴形状的鸭子，一些像长笛和双簧管的香肠和布丁，以及形状做得像竖琴的一块小牛胸肉。仆人们把我们的面包切成圆锥形、圆柱形、平行四边形和其他一些几何图形。

　　我们进餐时，我壮着胆子问他们几样东西在他们的话里叫什么；那几位贵人在拍手们的帮忙下，倒很乐意回答我的提问。他们希望，要是我能够同他们谈话，我也就更加能够欣赏他们了不起的才能了。不久，我就可以叫他们上面包上酒，要什么就叫什么了。

吃过晚饭，陪我的人就告退了。国王又命令给我派了一个人来，他随身也带着一名拍手。他带来了笔墨纸张和三四本书，打着手势让我明白，他是奉命来教我语言的。我们在一起坐了四个小时，我把大量单词一竖排一竖排地写了下来，另一边写上相应的译文。我的老师让我的一个仆人做出取物、转身、鞠躬、坐下、起立、走路等各种动作，这样我倒又设法学到了几个简短的句子，我把这些句子也都写了下来。他又把一本书上太阳、月亮、星星、黄道、热带、南北极圈的图形指给我看，还告诉我许多平面和立体图形的名称。他告诉我各种乐器的名称和性质，以及演奏每一种乐器时所用的一般性技术用语。他走后，我就将所有的单词连同译文解释全都按字母顺序排列起来。这样，几天之后，我凭着自己记忆力强，对他们的语言多少有了一点理解。

我解释作"飞岛"或"浮岛"的这个词，原文是"Laputa"（勒皮他），可它的真正来源，我永远也没有能搞得清楚。"Lap"在古文里，意思是"高"；"untuh"是"长官"的意思。由此他们以讹传讹，说"Laputa"这个词是由"Lapuntuh"派生而来。我是不同意这么一种派生法的，未免有些牵强附会。我曾冒昧地向他们的学者提出了我的看法：勒皮他其实是"quasi lap outed"；"lap"正确的意思应该是"阳光在海上舞蹈"，"outed"表示"翅膀"。不过我并不想把我的意思强加给大家，有见识的读者可自行判断。

受国王之托照管我的那些人见我衣服穿得不像样子，就吩咐一名裁缝第二天过来给我量体做一套衣服。这位技工的工作方法和欧洲的裁缝不一样。他先用四分仪量我的身高，接着再用尺子和圆规量我全身的长、宽、厚和整个轮廓，这些他都一一记到纸上。六天之后，衣服送来了，做得很差，因为他在计算时偶然弄错了一个数字，弄得衣服形都没有了。不过值得安慰的是，我见过的这类事太寻常了，所以也就不怎么在意。

　　我因为没有衣服穿不能出门，又逢身体不适，便在房间多待了几天，这倒使我的词汇量扩大了许多。第二次进宫时，国王说的好多话我都听得懂了，我还能答他几句。国王下达命令，让本岛向东北偏东方向运行，停到拉格多上空的垂直位置上去。拉格多是底下全王国的首都，坐落在坚实的大地上，距离大约为九十里格，我们航行了四天半。我丝毫都没有感觉到这岛是在空中运行。第二天上午约十一点钟，国王本人和相随的贵族、朝臣以及官员预备好了他们所有的乐器，不间断地演奏了三个小时，喧闹声震得我头都晕了。我也不明白这是什么意思，后来还是我的老师告诉了我。他说，岛上的人耳朵已经听惯了这天上的音乐，所以每隔一段时间总要演奏一次。这时宫里的人都各司其职，准备演奏自己最拿手的乐器。

　　在我们前往首都拉格多的途中，国王曾下令本岛在几个城镇和乡村的上空停留，以便他接受下面百姓的请愿书。为此，他们将几根包装线粗细的绳子放了下去，绳子的末端系着一个小小的重物。老百姓们就把他们的请愿书系到绳子上，绳子就直接给拉了上来，样子倒像小学生们把纸片系在风筝线的一头那样。有时我们还收到底下送上来的酒食，那些是用滑轮扯上来的。

在学习他们的词汇方面，我的数学知识帮了大忙。这些词汇大多与数学和音乐有关，而我对音乐倒也并不生疏。他们的思想永远跟线和图形密切相关。比方说他们要赞美妇女或者其他什么动物，就总是用菱形、圆形、平行四边形、椭圆形以及其他一些几何术语来形容，要不就使用一些来源于音乐的专业用语，这里就不再重复了。我曾在御膳房里看到各种各样的数学仪器和乐器，他们就按照这些东西的图形将大块肉切好，供奉到国王的餐桌上。

他们的房屋造得极差，墙壁倾斜，在任何房间里见不到一个直角。这一缺点产生的原因是他们瞧不起实用几何学，他们认为实用几何粗俗而机械；可他们下的那些指令又太精细，工匠的脑子根本无法理解，所以老是出错。虽然他们在纸上使用起规尺、铅笔和两脚规来相当熟练灵巧，可是在平常的行动和生活的行为方面，我还没见过有什么人比他们更笨手笨脚的。除了数学和音乐，他们对其他任何学科的理解力是极其迟钝、一片茫然的。他们很不讲道理，对反对意见反应十分激烈，除非他们的见解凑巧正确，不过这种情况很是难得。对于想象、幻想和发明，他们是全然无知，他们的语言中也没有任何可以用来表达这些概念的词汇。他们的心思完全封闭在前面提到的两门学问的范围内。

但他们中的大多数，尤其是研究天文学的人，都对神裁占星学十分信仰，不过这一点他们却耻于公开承认。最令我惊奇也是我觉得最不可思议的是，我发现他们对时事和政治的关心十分热切，总爱探究公众事务，对国家大事发表自己的判断，对于一个政党的主张辩论起来是寸步不让。在我认识的大多数欧洲的数学家中，我确实也曾发现了这么一种相同的癖好，可是我在数学和政治这两门学问之间，怎么也找不到有任何一点相同的东西，除非那些人这么来假设：因为最小的圈和最大的圈度数相同，治理这个世界，除了会处理和转动一个球体之外，并不需要有别的什么本领。可是我宁可认为这种性格来源于人性中一个十分普遍的病征：对于和我们最无关系的事情，对于最不适于我们的天性或者最不适于我们研究的东西，我们却偏偏更好奇，还更自以为是。

这些人总是惶惶不安，心里一刻也得不到宁静，而搅得他们不安的原因对其他的人类简直不可能发生任何影响。他们担心的是，天体会发生若干变化。比方说，随着太阳不断地接近地球，地球最终会被太阳吸掉或者吞灭。太阳表面逐渐被它自身所散发出的臭气笼罩，形成一层外壳，阳光就再也照不到地球上来了。地球十分侥幸地逃过了上一次彗星尾巴的扫刷，要不然肯定早已化为灰烬；可他们推算，再过三十一年，彗星将再次出现，那时我们就很有可能被毁灭。根据他们的计算，他们有理由害怕，当彗星运行到近日点时，在离太阳一定的位置上，彗星所吸收的热量相当于赤热发光的铁的热量的一万倍。彗星离开太阳后，拖在后面的一条炽热的尾巴有一百万零十四英里长。如果地球从距离彗核或者彗星主体十万英里的地方经过，那么运行过程中地球必然要着火，继而被烧成灰烬。太阳光每天都在消耗，却得不到任何补充，到最后全部耗尽时，太阳也就完了，而地球以及一切受太阳光照的行星，也都将随之而毁灭。

这么一些恐惧加上其他类似的临头的危险，使得他们永远在担惊受怕，既不能安眠，人生一般的欢乐也根本无心去享受。早晨碰到一个认识的人，他们第一个问题就是询问太阳的健康，日出日落时它的样子怎样，可有什么希望能躲避即将来临的彗星的打击。他们交谈这些问题时的心情和那些爱听神鬼故事的男孩一样，爱听得要命，听完后又害怕得不敢上床去睡觉。

这个岛上的妇女非常有活力，她们瞧不起自己的丈夫，对陌生人倒是异常地喜爱。从下面大陆到岛上来的这样的生客总是很多，他们或是为了市镇和团体的事，或是因为个人的私事，上宫里来朝觐。不过他们很受人轻视，因为他们缺少岛上人所共有的才能。贵妇们就从这些人中间挑选自己的情人。但令人气恼的是，他们偷起情来不急不慌，而且安全得很，因为做丈夫的永远在那里凝神沉思，只要给他提供纸和仪器，而拍手又不在身边的话，情妇情夫们就可以当他的面尽情调笑，肆意亲昵。

尽管我认为这岛是世界上最美好的一个所在，可那些人的妻女却都哀叹自己在岛上被困住了。她们住在这里，生活富裕，应有尽有，想做什么就做什么，可她们还是渴望到下面的世界去看看，去享受一下首都的娱乐。不过，没有国王的特别许可，她们是不准下去的。获得国王的特许很不容易，因为贵族们已有不少经验，知道到时候劝说自己的夫人从下面归来是多么困难。有人跟我说，一位朝廷的贵妇，已经有几个孩子了，丈夫就是王国里最有钱的首相；首相人极优雅体面，对她恩爱有加；她住在岛上最漂亮的宫里，却借口调养身体，到下面拉格多去了。她在那里一躲就是几个月，后来是国王签发了搜查令，才找到她衣衫褴褛地住在一家偏僻的饭馆里。为了养活一个年老而又丑陋的跟班，她将自己的衣服都当了出去。跟班天天都要揍她，就是这样，她被人抓回时，竟还舍不得离开他。她丈夫仁至义尽地接她回家，丝毫都没有责备她，可是不久，她竟带着她所有的珠宝又设法偷偷地跑到下面去了，还是去会她那老情人，从此一直没有下落。

读者们也许会觉得，与其说这故事发生在那么遥远的一个国度，还不如说它发生在欧洲或者英国。可是读者能这样来想想倒也有趣：女人的反复任性并不受气候或民族的限制，天下女人都是一样的。这，人们不太容易想象得到。

大约过了一个月，我已经相当熟练地掌握了他们的语言。有幸侍奉国王时，他问的大部分问题我也能够回答了。国王对我所到过的国家的法律、政府、历史、宗教或者风俗一点也没有询问的兴趣，他的问题只限于数学。虽然他的两旁都有拍手可以不时地提醒他，他对我的叙述却非常轻视，十分冷淡。

第三章

在现代哲学和天文学中已经解决了的一种现象——勒皮他人在天文学上的伟大进展——国王镇压叛乱的手段。

我请求君王准许我参观一下这座岛上种种稀奇古怪的事物，他十分宽厚并高兴地答应了，并且命令我的老师陪我前往。我主要想知道这岛是怎样运行，是人工的原因，还是凭借了自然的力量。现在我就要来向读者做一个哲学上的解释。

飞岛，或者叫浮岛，呈正圆形，直径七千八百三十七码，或者说四英里半，所以面积有一万英亩。岛的厚度是三百码。在下面的人看来，岛的底部或者叫下表面，是一块平滑、匀称的金刚石，厚度约为两百码。金刚石板的上面，按照通常的序列埋藏着一层层的各种矿物。最上面是一层十到十二英尺深的肥沃的土壤。上表面从边缘到中心形成一个斜坡，所有降落到这个岛上的雨露因此自然地沿小河沟流向中心，之后全都流进四个周界约半英里的大塘，这些大塘距离岛的中心有两百码。白天，因为太阳的照射，水塘里的水不断蒸发，所以不会满得溢出来。除此之外，君王有本事将岛升到云雾层以上的区域，因此他可以随意地不让雨露降落到岛上。博物学家们一致认为，云层最高也不过上升到两英里的高度；至少在这个国家还从来没有听说过有这么高的云层。

岛的中心有一个直径约为五十码的陷窟，天文学家由此进入一个大的圆顶洞，叫作"佛兰多纳·革格诺尔"，意思是"天文学家之洞"。这个洞位于金刚石板上表面以下一百码的深处。洞内有二十盏灯长明不熄，金刚石板面的返照又将强烈的灯光投射到四面八方。这地方收藏着各式各样的六分仪、四分仪、望远镜、星盘以及其他天文仪器。但是最稀罕的东西，也是该岛命运之所系，却是一块形状像织布工用的梭子一样的巨大的磁石。磁石长六码，最厚的地方至少有三码。磁石中间穿着一根极其坚硬的金刚石轴，依靠这轴，磁石即可转动。因为磁石在轴上绝对平衡，所以最没有力气的人也可以转动它。磁石的外面套着一个四英尺深、四英尺厚、直径十二码的金刚石圆筒。圆筒平放在那儿，底部有八根六码长的金刚石柱子支撑着。圆筒内壁的中部，是一个深十二英寸的凹口，轴的两端就装在里面，可根据需要随时转动。

任何力量都无法将磁石从原处搬开，因为圆筒、支柱和构成岛底面的那一部分金刚石板全都连在一块儿。

飞岛就是借助于这块磁石，或升或降，或从一处移动到另一处。在这位君王统治的这一部分土地上，那磁石的一端具有吸力，另一端则具有推力。如果把磁石竖直，让有吸力的一端指向地球，岛就下降；如果让有推力的一端朝下指，岛就径直往上升。假如磁石的位置是倾斜的，岛的动向也是倾斜的，因为这磁石所具有的力量总是在与其方向相平行的线上发生作用。

飞岛凭借这种斜向的运动运行到君王领土的各个不同地区。为了解释岛的运行方式，让我们假设ＡＢ代表横贯巴尔尼巴比领地的一条线，ｃｄ线代表磁石，ｄ是有推力的一端，ｃ是有吸力的一端，岛正停在Ｃ地上空。如果将磁石按ｃ、ｄ位置摆好，让有推力的一端向下，那么，岛就会斜着上升被推到Ｄ处。到达Ｄ以后，让磁石在轴上转动，使有吸力的一端指向Ｅ，岛就会斜着运行到Ｅ。这时候如果再转动磁石，使它处于ＥＦ的位置，让有推力的一端朝下，岛就会斜向往上升到Ｆ的位置。到Ｆ后，只要把有吸力的一端指向Ｇ，岛就朝Ｇ处运行。再转动磁石，令有推力的一端直指向下，岛就会从Ｇ运行到Ｈ。这样根据需要随时变动磁石的位置，岛就可以按照倾斜的方向依次或升或降。通过这种交替升降（倾斜度不是很大），岛就从一块领地被送到另一块领地。

但是必须注意，飞岛的运行不能超出下方领地的范围，升高也不能超过四英里。天文学家认为这是由于下面这个理由（他们曾就那块磁石写过大量系统性的著作）：磁力在四英里以上的高度就不发生作用；在地球这一带的内部以及在离岸六里格的海里能对磁石发生作用的矿物，并非遍布全球，而是只限于国王的领土。飞岛处在这么一个优

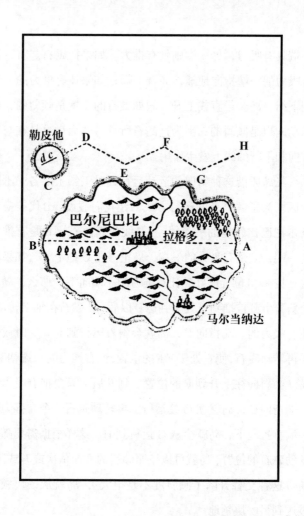

越的位置，一位君王要让处于磁场引力范围内的任何一个国家归顺他的统治，就十分容易办到了。

如果把磁石放在与水平面相平行的位置，飞岛就静止不动，因为这种情况下，磁石的两端离地球的距离相等，一端往下拉，一端往上推，作用力相等，也就不会产生任何运动了。

这块磁石由几名特定的天文学家管理，他们按照君主的指令时时移动它的位置。他们一生中的绝大部分时间都用在观察天体上，观察时所借用的望远镜远比我们的要好。虽然他们最大的望远镜长度不出三英尺，效果却比我们一百码的还要好得多，各种星宿看起来更加清楚。这一先进条件使他们的发现远远超过了我们欧洲的天文学家。他们曾编制过一份万座恒星表，而我们最大的恒星表中所列的恒星还不到此数的三分之一。他们还发现了两颗小星星，或者叫卫星，在围绕火星转动；靠近主星的一颗离主星中心的距离，恰好是主星直径的三倍，外面一颗与主星中心的距离为主星直径的五倍；前者十小时运转一周，后者则二十一小时半运转一周；这样，它们运转周期的平方，就差不多相当于它们距火星中心的距离的立方。由此可见，它们显然也受着影响其他天体的万有引力的支配。

他们观察到了九十三颗不同的彗星，并极其精确地确定了它们的周期。如果这一点是真的（他们极有把握地断言这是真的），我非常希望他们能把观察的结果公之于世，那样的话，目前这大有缺陷的彗星学说，也许就有可能像天文学的其他部分那样，能逐步达到完美的程度。

国王要是能说服他的内阁同他合作，他就可以成为宇宙间最最专制的君王。可那些人在下面的大陆上都各有自己的产业，再想想宠臣的地位又非常不稳定，所以从来都不肯跟国王一起奴役自己的国家。

如果哪座城市发生叛乱，卷入激烈的内斗，或者拒绝像平常一样效忠纳贡，国王就有两种可以使他们归顺的手段。第一种手段比较温和，就是让飞岛浮翔在这座城市及其周围土地的上空，这样就剥夺了人们享受阳光和雨水的权利，当地居民就会因此遭受饥荒和疾病的侵袭。如果下面的人罪有应得，岛上还同时可以将大石头往下扔，把他们的房屋砸得粉碎，他们无力自卫，只好爬进地窖或洞穴去藏身。可要是他们依然顽固不化，或者还想谋反，国王就要拿出他最后的办法来了：让飞岛直接落到他们的头上，由此将人和房屋一起统统毁灭。不过，这种极端手段国王很少采用，实际上他也不愿意那么做；大臣们也不敢建议国王采取这样的行动，因为底下有自己的产业，飞岛落下去了，不仅下面的人要憎恨他们，自己的产业也要受到极大的损害；而飞岛是国王的领地，不会受到影响。

但是，这个国家的国王们历来都是非到迫不得已才施行这种可怕的手段，实际上，其中还有一个更重要的原因。因为，如果他想毁灭的城市中有什么高高耸立的岩石（这是大一点的城市里通常会有的情况，当初选定有岩石的地点很可能就是为了防止这种灾难的袭击），或者城市里到处是高高的尖塔或石柱，那么，飞岛突然往下掉落，有可能就要危及岛底或者下表面。虽然我前面说过岛的底部是由两百码厚的一整块金刚石板构成的，但震动太大，它也有可能碎裂；或者离底下房屋中的炉火过近而爆裂。就像我们的烟囱，尽管是用铁石做的，靠火太近，常常就会爆裂。所有这些，老百姓都一清二楚，因为事关他们的自由和财产，他们心里明白，顽固不屈可以坚持到什么地步。要是国王已经忍无可忍，坚决要把一座城市碾成一堆废墟，他就会以体贴人民为借口，命令飞岛以极慢的速度降落，但实际是怕伤了那金刚石板底；因为哲学家们都认为，岛底要是坏了，磁石就再也不能使岛升起，整个岛就要掉落在地上。

大约在三年前我还没有来到他们这地方的时候，在国王巡视他的领土的途中，曾发生过一次非常事件，差点儿结束了这个王朝，至少是现在这么一个王朝。国王陛下首先巡视的是王国的第二大城林达力诺。他走后三天，一向抱怨其高压政策的当地居民就关起城门，把总督抓了起来，同时以难以置信的速度和劳作，在城的四角建起了四座巨塔（这座城是正方形的），高度都和矗立在城中心的那块坚固的尖顶岩石相等。在每座塔以及那岩石的顶端，他们分别安装了一块大磁石；他们还预备了大量最易燃的燃料，为的是一旦磁石计划失败，能用它们来烧裂飞岛的金刚石板底。

过了八个月国王才接到确切的报告说林达力诺的人造反了。于是他下令让岛飘浮到这个城市的上空去。当地人民团结一致，已经储备好了粮食；城市的中心也有一条大河穿过。国王在他们的头顶上停留了几天，不让他们享受阳光和雨水。他下令放许多绳子下去，可是没有一个人送上来的是请愿书，相反却是一些十分大胆的要求：他们要求赔偿损失，要求大量地减免税款，要求选举自己的总督；还有其他一些类似的过分要求。国王因此命令岛上全体居民从最底下一层走廊上往城中抛掷巨石；但居民们对此毒计早有防范，他们连人带财物一起进了那四座巨塔以及其他坚固的建筑物和地窖。

这时国王已下定决心要降伏这些骄傲的人。他命令飞岛在离巨塔和岩石不到四十码的时候慢慢降落。这个命令被照办了，但是负责这项工作的官员发现，飞岛下降的速度比平时快得多，就是转动磁石也很难使它稳定下来，岛像是要直往下掉似的。他们立即把这个惊人的事实报告了国王，请求陛下准许把岛往上升高一点。国王同意了；他召集会议，并命令负责磁石的官员参加。其中有一位年纪最大、经验也最丰富的官员获得国王的准许做了一个试验。他取一根一百码长的结实的绳子，当飞岛上升到城市上空他们感觉不到有吸力的位置时，就在这绳子的末端系上一块掺和着铁矿石且成分和岛底或岛的下表面一样的金刚石，再从底层走廊慢慢地将绳子往塔顶放去。这金刚石放下去还不到四码，那官员就感到有一股强大的力在把它往下拖，他几乎收不回来。他接着又往下扔了几块小的金刚石，发现它们全都被猛地一下吸到塔顶上去了。他又在其他三座塔以及那岩石上做了同样的试验，结果都是一样。

这次事件使国王的策略彻底破灭（其他情况就不再细说了），他被迫答应这个城市提出的条件。

有一位大臣对我说过，如果飞岛那次降得离城市过近而无法再往上升，居民们就决定把这座岛永远固定住，杀死国王及其所有走卒，彻底改换一下政府。

根据这个国家的一项基本法律，国王和他的两个年龄大一点的儿子都不准离开飞岛；王后也不准离开，除非她已经过了生育的年龄。

第四章

作者离开勒皮他——他被送往巴尔尼巴比——到达巴尔尼巴比首府——关于首府及其近郊的描写——作者受到一位贵族的殷勤接待——他和贵族的谈话。

虽然我不能说我在这座岛上受到了虐待，可我得承认我觉得他们太不把我当回事了，多少有几分轻蔑。国王和一般的人似乎除了数学和音乐对什么学问都没有兴趣，这两方面我是远远不及他们，正因为如此，他们很不把我放在眼里。

另一方面，看过了这岛上所有稀奇古怪的东西之后，我也很想离开，因为我实在对这里的人感到厌倦。的确，他们在那两门学问上是很了不起，我也推崇那两门学问，而且这方面我也并非一窍不通；可他们未免太专心了，一味地沉思苦想，让我感到我从来还没有碰到过这么乏味的同伴。我住在那里的两个月中，只和女人、商人、拍手和宫里的仆人们交谈，这样一来，最后我是彻底叫人看不起了，可我还只有从这些人那里才能得到合情合理的回答。

我通过用功学习，已经掌握了不少关于他们语言的知识。我厌倦困守在这岛上总看别人的脸色，下决心一有机会就离开这儿。

宫里有一位大贵族，是国王的近亲，别人就因为这个才尊敬他。他被公认为是最无知、最愚蠢的人。他为国王立过不少功劳，天分、学力都很高，正直、荣耀集于一身，但对音乐却一窍不通。诽谤他的人传说，他连拍子都常常打错；他的教师就是费尽力气也教不会他怎样来证明数学上最最简单的定理。他乐于对我做出各种友好的表示，常常来拜访，希望我跟他说说欧洲的事情，以及我旅行过的几个国家的法律和风俗、礼仪与学术。我说话时他听得十分专注，对我所讲的一切，他都能发表非常有智慧的见解。他身边也有两名拍手侍候以显示其尊严，可除了在朝廷或者正式访问的时候，他从来都不用他们；我们单独在一起时，他总是叫他们退下。

我就请这么一个显要的人代我说情，求国王准许我离开这里。他跟我说他不无遗憾地照办了。的确，他曾向我提供了几件于我大有好处的差使，我向他千恩万谢，却只能婉言拒绝。

二月十六日，我告别了国王和宫里的人。国王送了我一份价值约两百英镑的礼物，我的恩主即国王的亲戚也送了我一份同样价值的礼，还有一封推荐信，让我捎给他在首都拉格多的一位朋友。飞岛这时正停在离首都约两英里的一座山的上空，我从最底下一层走廊上被放了下去，用的还是同上来时一样的方法。

这块大陆在飞岛君主治下，一般人把它叫作巴尔尼巴比，首都是拉格多，这我前面已经说过了。踏上坚实的土地，我感到几分小小的满足。因为我身上穿着和当地人一样的衣服，学会的话也足以同他们交谈，这样我就毫无顾虑地朝这座城市走去。我很快就找到了我被介绍去的那人的房子，呈上他飞岛上那位贵族朋友的信，结果受到了十分友好的接待。这位大贵人叫孟诺迪，他在自己家里给我预备了一间房子，我在这地方停留期间就一直住在那里。我受到了他十分热情的款待。

我到后的第二天，他就带着我坐他的马车去城里参观。这座城市大概有伦敦一半大小，可是房子建得很奇特，大多年久失修。街上的人步履匆匆，样子狂野，双眼凝滞，大多还衣衫褴褛。我们穿过一座城门，走了约三英里来到了乡下。我看到不少人拿着各式各样的工具在地里劳作，却猜不出他们是在干什么。虽然土壤看上去极其肥美，我却看不到上面有一点庄稼或草木的迹象。对城里和乡下的这些奇异的景象，我不禁感到惊奇。我冒昧地请我的向导给我解释一下：大街上、田野里，那么多头、手、脸在那里忙忙碌碌，却什么好的结果也弄不出来。相反，我倒还从来都没有见过这么胡乱耕种的土地，造得这么糟糕、这么颓败的房屋，也从没有见过哪个民族的人脸上、衣服上显示出这么多的悲惨和贫穷——这一切到底是怎么回事？

这位孟诺迪老爷是位上层人士，曾担任过几年拉格多的行政长官，但朝臣们搞阴谋，说他能力差不能胜任，结果被解职。国王对他倒还宽容，觉得他心不坏，只是见识低劣可鄙罢了。

我对这个国家及其人民说了这些不客气的指责的话之后，他没有回答，只是对我说，我来到他们中间的日子还不长，下结论还为时过早，世上不同民族的风俗也各不相同。他还说了其他一些寻常的话，都是一个意思。但我们回到他府上后，他又问我，他这房子我觉得怎么样，我有没有发现什么荒唐可笑之处，关于他家里人的服装和面貌我有没有要指责的。他是完全可以这样问我的，因为他身上的一切都很庄严、齐整、有教养。我回答说，阁下精明谨慎，地位高，财产多，自然不会有那些缺点；本来别人的那些缺点也都是愚蠢和贫困所造成的。他说要是我愿意随他上大约二十英里外他的乡下住宅去（他的产业就在那里），我们就可以有更多的工夫来进行这样的交谈了。我说我完全听阁下安排。于是我们第二天早上就出发了。

一路上，他要我注意农民经营管理土地的各种方法，我看了却完全是莫名其妙，因为除了极少的几个地方外，我看不到一穗谷子、一片草叶。但走了三小时后，景色却彻底变了。我们走进了一片美丽无比的田野；农舍彼此相隔不远，修建得十分整齐；田地四周都被围了起来，里边有葡萄园、麦田和草地。我也记不得自己还在哪儿见过比这更赏心悦目的景象。那位贵族见我脸上开始晴朗起来，就叹了口气对我说，从这儿起就是他的产业了，一直到他的住宅都是这样子。他告诉我，同胞们都嘲讽他，看不起他，说他自己的事料理得都不行，哪还能给王国树立好榜样。虽然也有极少一些人学他的样子，可那都是些老弱而又任性的人。

我们终于到了他的住宅。这确是一座高贵的建筑，合乎最优秀的古代建筑的规范。喷泉、花园、小径、大路、树丛都安排布置得极有见识、极有趣味。我每见一样东西都适当地赞赏几句，可他却毫不理会，一直到晚饭后没有第三个人在场的时候，他才带着一副忧郁的神情告诉我：他怀疑他是不得不拆掉他现在城里和乡下的房子了。因为他得按照目前的式样重新建造，所有的种植园也得毁掉，把它们改建成现在流行的样子，还得指示他所有的佃户都这么去做，不然他就会招来非议，被人说成是傲慢、标新立异、做作、无知、古怪，说不定还会更加不讨国王的喜欢。

他还说，等他把具体的一些事告诉我之后，我也许就不会那么惊奇了。这些事我在朝廷时可能从未听人说过，因为那里的人一心埋头沉思，不会注意到下面发生的事情。

他谈话的内容总结起来大致是这样的：大约四十年前，有人或是因为有事，或是为了消遣，到勒皮他上面去了。他们一待五个月，虽然数学只学了一点皮毛，却带回了在那高空地区学得的好冲动的风气。这些人一回来，就开始觉得地上什么东西都讨厌，艺术、科学、语言、技术统统都要重新设计。为了达到这一目的，他们努力取得了皇家特许，在拉格多建立了一所设计家科学院。这一古怪的念头在百姓中倒十分流行，结果是王国内没有一座重要的城市不建有这么一所科学院。在这些学院里，教授们设计出新的农业与建筑的规范和方法，为一切工商业设计了新型的工具和仪器。应用这些方法和工具，他们保证一个人可以干十个人的活；一座宫殿一周内就可以建成，并且建筑材料经久耐用，永远也不用维修；地上所有的果实我们选择什么季节它们就在什么季节成熟，产量比现在还要多一百倍。他们还提出了无数其他巧妙的建议。唯一让人觉得烦扰的是，所有这些计划到现在一项都没有完成，全国上下一片废墟，房屋颓圮，百姓缺衣少食，景象十分悲惨。所有这一切，他们见了不仅不灰心，反而在希望与绝望同时的驱使下，变本加厉地要去实施他们的那些计划。至于他自己，因为没有什么进取心，也就满足于老式的生活方式，住在先辈们建造的房子里，生活中方方面面都和祖上一模一样，没有什么革新。还有少数一些贵族和绅士倒也是这么做的，但他们却遭人冷眼和毒眼，被认为是艺术的敌人，是国人中无知的败类，全国普遍都在改革发展，他们却一味懒散，自顾逍遥。

这位贵人一定要我去参观一下大科学院，说我肯定会感兴趣的；他呢，就不再往下细说那些事了，以免扫我的兴。他只叫我去看一看大约三英里外山坡上的一座破房子，并对此做了这样的说明：从前，在离他的房子不到半英里的地方有一座十分便当的水磨，它是靠从一条大河里来的水转动的，足够他自己家以及他的许多佃户使用。大约七年前，来了一伙这样的设计家，向他建议说，把这水磨毁了，在那座山的山坡上重建一个；说要在山冈上开一条长长的水渠，再用水管和机器把水送到山上蓄在那里，最后就用这水来给水磨提供动力，说是因为高处的风和空气可以把水激荡起来，更适合于水的流动，又因为水是从斜坡上下来，和平地上的河水比起来，只需一半的水流就可以推动水磨了。他说他那时和朝廷的关系不太好，许多朋友又来相劝，也就接受了这个建议。他雇了一百人，花了两年功夫，结果失败了。设计家们走了，把责任全都推到他身上，并且一直都在怪他。他们又去拿别人做试验，同样说是保证成功，结果却一样地令人失望。

几天之后，我们回到了城里。他考虑到自己在科学院名声不好，不愿意亲自陪我去，只介绍了他的一个朋友陪我前往。我这位老爷喜欢说我是个设计的崇拜者，又是个十分好奇而轻信的人。他这话倒还真不无道理，我年轻时自己就做过设计家之类的人物。

第五章

作者得到许可前往参观拉格多大科学院——科学院概况——教授们所研究的学术。

这所科学院并不是一整座独立的建筑，而是一条街道两旁一连串的几所房子，因为都快没用了，才买下来给科学院使用。

科学院院长十分友好地接待了我，我就在科学院里待了不少日子。每一个房间里都有一位或一位以上的设计家。我相信我参观的房间不在五百间以下。

我见到的第一个人样子很瘦，手脸乌黑，头发胡子一把长，衣衫褴褛，有几处都被火烤煳了。他的外衣、衬衫和皮肤全是一种颜色。八年来他一直在从事一项设计，想从黄瓜里提取阳光，装到密封的小玻璃瓶里，碰到阴雨湿冷的夏天，就可以放出来使空气温暖。他告诉我，他相信再有八年，他就可以以合理的价格向总督的花园提供阳光了。不过他又抱怨原料不足，请求我能否给他点什么，也算是对他这种精巧设计的鼓励，特别是现在这个季节，黄瓜价格那么贵。我就送了他一份小小的礼，因为我那位老爷特意给我准备了钱。他知道，无论谁去参观，他们素来都是要钱的。

我走进了另一间屋子，却差点儿被一种臭气熏倒，急着就要退出来。我的向导却硬要我往前走，悄悄地求我不要得罪他们，要不他们会恨我入骨的。我因此吓得连鼻子都不敢捂。这间屋里的设计家是科学院里年资最高的学者，他的脸和胡子呈淡黄色，手上和衣服上涂满了污秽。我被介绍给他的时候，他紧紧拥抱了我一下（我当时实在可以找个借口不受他这种礼遇的）。自从他到科学院工作以来，就一直研究怎样把人的粪便还原为食物。他的方法是把粪便分列成几个部分，去除从胆汁里来的颜色，让臭气蒸发，撇去浮在表面的像唾液一样的东西。每星期人们供应他一桶粪便，那桶大约有布里斯托尔酒桶那么大。

我看到有一位在做将冰煅烧成火药的工作。他还给我看了他撰写的一篇关于火的可锻性的论文，他打算要发表。

还有一位极有独创性的建筑师，他发明了一种建造房屋的新方法，即先从屋顶造起，自上而下一路盖到地基。他还为自己的这种方法辩护，对我说，蜜蜂和蜘蛛这两种最精明的昆虫就是这么做的。

有一个人，生来眼睛就是瞎的，他有几名徒弟也都和他一样。他们的工作是为画家调颜色，先生教他们靠触觉和嗅觉来区分不同的颜色。真是不幸，那一阵子我见他们的功课学得不是很到家，就是教授自己也往往弄错。不过这位艺术家在全体同行中极受鼓励和推崇。

在另一个房间里，我十分高兴地看到有位设计家发明了一种用猪来耕地的方法。那方法不用犁和牲口，也省劳力，它是这样的：在一英亩地里，每隔六英寸，在八英寸深的地方埋上一些橡子、枣子、栗子和这种动物最爱吃的山毛榉果及蔬菜；然后把六百头或者更多一些的猪赶到地里去；猪为了寻找食物吃，几天工夫就可以把所有的土翻遍，这样不仅适于下种，猪拉下的屎也正好给土上了肥。当然，尽管通过试验他们发现费用太大，也很麻烦，而且也几乎没有获得什么收成，可大家都相信这一发明大有改进的可能。

我走进了另一个房间，这里边除了有一条狭小的通道供学者进出，其余墙上天花板上全都挂满了蜘蛛网。我一进去，他就大声叫喊，让我不要碰坏他的蜘蛛网。他悲叹世人犯了个极大的错误，这么长时间以来竟一直在用蚕茧的丝，而他这里有的是家养昆虫，比蚕不知要好多少倍，因为它们既懂得织又懂得纺。他又进一步建议说，要是用蜘蛛，染丝的费用就可以整个儿省下来。这一点，在他把一大堆颜色极其漂亮的飞虫给我看了之后，我就彻底地相信了。他用这些飞虫喂他的蜘蛛；他向我们声称，蛛网的颜色就是从这些飞虫来的，又因为他各种颜色的飞虫都有，就有望使每个人的不同爱好都得到满足。只要他能给飞虫找到适当的食物，如树脂、油或者其他什么黏性的物质，他就能够使蜘蛛纺出来的丝线牢固而坚韧。

有一位天文学家，他承担了一项设计，要在市政厅房顶的大风标上安装一架日晷仪，通过调整地球与太阳在一年中和一天中的运转，使它们能和风向的偶然转变正好一致。

我忽然感到一阵腹痛，我的向导于是就带我来到一间屋里，那儿住着一位以治疗这种毛病而闻名的了不起的医生。他能用同一种器具施行作用相反的两种手术。他有一副很大的、装有一个细长象牙嘴的手用吹风器。他把这象牙嘴插入肛门内八英寸，将肚子里的气吸出来；他肯定地说，他这样能把肚子吸得又细又长，像一个干瘪的膀胱。不过要是病情来得又顽劣又凶，他就要把吹风器先鼓满气再将象牙嘴插入肛门，把气打进病人的体内，然后抽出吹风器重新将气装满，同时用大拇指紧紧地堵住屁眼。这样重复打上三四次，打进去的气就会喷出来，毒气就被一同带出（就像抽水机一样），病人也就好了。我看到他在一只狗的身上同时做了这两种试验，第一种不见任何效果，第二种手术后，那畜生胀得都快要炸了，接着就猛屙了一阵，可把我和我的同伴熏得够呛。狗当场就死了，可我们走的时候，那医生还在设法用同样的手术让它起死回生呢！

我还参观了许多其他的房间，所见到的一切稀奇古怪的事就不再说出来劳读者的神了，因为我很想把事情说得简单一点。

至此，我只参观了科学院的一部分，另一部分是专门辟给倡导沉思空想的学者们使用的。我再来介绍一位著名的、他们称之为"万能的学者"的人物，之后再来谈沉思空想的学者。这位"万能的学者"告诉我们，三十年来他一直在思考怎么样才能改善人类的生活。他有两大间屋子，里边放满了神奇古怪的东西，有五十个人在其中搞研究。有些在从空气中提取硝酸钠，同时滤掉其中的水分子或者叫液体分子，以将空气凝结成干燥而可触摸的物质。有些在将大理石软化想做出枕头和针垫。还有些人在把一匹活马的马蹄弄僵，这样马奔跑起来就不会跌折了。这位学者自己此时正忙着两个伟大的计划，第一个是用谷壳来播种，他断言谷壳才有真正的胚胎作用。他还做了几项实验来证明他的主张，不过我脑子不太灵，搞不懂。另一项计划是，在两头小羊的身上涂上一种树脂、矿石和蔬菜的混合物，不让羊长毛。他希望经过相当一段时间之后，能繁殖出一种无毛羊推广到全国各地。

我们走过一条通道来到科学院的另一部分，我前面已经说过，沉思空想的设计家就住在这里。

我见到的第一位教授在很大的一间屋子里，当时他的身边正围着他的四十个学生。致意过后，他见我出神地望着那个占满了房间大部分空间的架子，就说：看到他在研究如何应用实际而机械的操作方法来改善人的思辨知识，我也许要感到不解，不过世人不久就会感觉到它是有用的。他又扬扬自得地说，还没有任何人想到过这么高贵的点子呢。大家都知道，用常规的手段要想在艺术和科学上取得成就需要付出多大的劳动，而如果用他的方法，就是最无知的人，只要适当付点学费，再出一点点体力，就可以不借助于任何天才或学力，写出关于哲学、诗歌、政治、法律、数学和神学的书来。接着他领我走到了架子前，架子的四边都一排排站着他的学生。这架子二十英尺见方，放在房子的正中间。它的表面是由许多木块构成的，每一块大约有骰子那么大，不过有些还要大一点。这些木块全都用细绳连在一起，每一个方块的面上都糊着一张纸，纸上写满了他们语言中所有的单词及其不同的语态、时态和变格，不过没有任何次序。教授接下来要我注意看，因为他现在要准备开动机器了。一声令下，学生们各抓住了一个铁把手。原来架子的四边装有四十个把手，学生们突然那么一转，单词的布局就整个儿改变了。然后他又吩咐三十六个学生轻声念出架子上出现的一行行的文字，只要有三四个词连起来可以凑成一个句子，他们就念给剩下的四名做抄写员的学生听，由他们记录下来。这一工作要重复做三四次。由于机器构造上的原因，每转动一次，木方块就彻底翻个身，上面的文字也就会换到别的地方去。

这些年轻的学生一天有六个小时花在这项劳动上。教授把几卷开本很大的书拿给我看，里边已经收集了不少支离破碎的句子，他打算把它们全都拼凑到一起，用这些丰富的材料，编写一部包括所有文化和科学门类的全书贡献给这个世界。不过，要是公众能筹一笔资金在拉格多制造五百个这样的架子来从事这一工作，同时要求负责这些架子的人把他们各自搜集到的材料都贡献出来，那么，这项工作还可以得到改进，并且可以加速完成。

他还对我说，他从年轻的时候起，就一门心思全都用到这发明上来了；他已经把所有的词汇都写到了架子上，并极其精确地计算过书中出现的虚词、名词和动词与其他词类的一般比例。

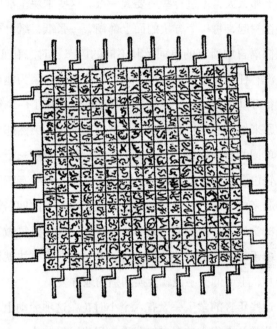

教授发明的改善思辨知识的机器

这位著名的人物说了那么许多，我万分谦恭地向他表示了感谢。我又向他保证：要是我有幸还能回到祖国去，我一定会为他说些公道话，就说他是这架神奇机器的唯一的发明者。我还请求他准许我把这机器形状和构造描画到纸上。我对他说，虽然我们欧洲的学者有互相剽窃发明成果的习惯，他们要是知道了有这么一架机器，至少可以捞点便宜，到时候谁是它真正的发明者就会很有争议了。尽管如此，我一定会多加小心，让他独享荣誉，没有人来同他竞争。

接着我们来到语言学校。三位教授正在那儿讨论如何改进本国的语言。

第一项计划是简化言辞，将多音节词缩成单音节，省去动词和分词，因为一切可以想象到的东西事实上全是名词。

另一项计划则是，无论什么词汇，一概废除。不论从健康的角度考虑，还是从简练的角度考虑，他们坚决主张这一计划都大有好处，因为大家都清楚，我们每说一个词，或多或少会对肺部有所侵蚀，这样也就缩短了我们的寿命。因此他们就想出了一个补救的办法：既然词只是事物的名称，那么，大家在谈到具体事情的时候，把表示那具体事情所需的东西带在身边，不是来得更方便吗？本来这一发明肯定早就实现了，百姓们会感到很舒服，对他们的健康也大有好处。可是妇女们联合了俗人和文盲，要求像他们的祖先那样能有用嘴说话的自由，否则他们就要起来造反。这样的俗人常常就是科学势不两立的敌人。不过，许多最有学问、最有智慧的人还是坚持这种以物示意的新方法。这方法只有一点不便，那就是如果一个人要办的事很大，种类又很多，那他就必须相应的将一大捆东西背在背上，除非他有钱，能雇上一两个身强力壮的用人跟随左右。我就常常看到他们中有两位大学问家，背上的负荷压得他们腰都快要断了，就像我们这里的小贩子一样。他们在街上相遇后，就把背上的东西放下来，然后打开背包，在一起谈上一个钟头，完了再收起各自的工具，互相帮忙将负荷重新背上，然后分手道别。

但是，谈话时间要是很短，工具往口袋里一放或者朝腋下一夹也就够用了。如果是在家中，那他就不会感到为难。所以，在用这种方法交谈的人聚会的房间里就摆满了各种各样的东西，凡是这种别扭的谈话所必需的一切，都近在手旁。

这种发明还有一大优点：它可以作为所有文明国家都能通晓的一种世界性语言，因为每个国家的货物和器具，一般说来都是相同或者相似的，因此它们的用途也就很容易明白。这样，驻外大使们就是对别国的语言一窍不通，仍然有条件同其他国家的君王或大臣打交道。

我还到了数学学校，那里的先生用一种我们欧洲人很难想得到的方法教他们的学生。命题和证明都用头皮一样颜色的墨水清清楚楚地写在一块薄而脆的饼干上。这饼干学生得空腹吞食下去，以后三天，除面包和水之外什么都不准吃。饼干消化之后，那颜色就会带着命题走进脑子。不过到现在为止还不见有什么成效，一方面是因为墨水的成分有错误，另一方面也因为小孩子们顽劣不驯，这么大的药片吃下去总觉得太恶心，所以常常是偷偷地跑到一边，不等药性发作，就朝天把它吐了出来。他们也不听劝告，不愿像处方上要求的那样那么长时间不吃东西。

第六章

再说科学院——作者提出几项改进的意见，都被荣幸地采纳了。

在政治设计家学院我只受到了很糟糕的待遇。在我看来，教授们已完全失去了理智，那情景一直到现在都让我感到悲伤。这些郁郁寡欢的人正在那儿提出他们的构想，想劝说君主根据智慧、才能和德行来选择宠臣；想教大臣们学会考虑公众的利益；想对建立功勋、才能出众、贡献杰出的人做出奖励；想指导君王们把自己真正的利益同人民的利益放在同一基础上加以认识；想选拔有资格胜任的人到有关岗位工作；还有许许多多其他一些狂妄而无法实现的怪念头，都是人们以前从来都没有想过的。这倒使我更加相信一句老话：无论事情多么夸张悖理，总有一些哲学家要坚持认为它是真理。

但是，我也要为科学院的这一部分人说句公道话：我得承认，他们并非全都是这么空想的。有一位头脑极其聪明的医生，他似乎对政府的性质和体制完全精通。这位杰出人物十分熟练地应用他学到的知识，给各种公共行政机关很容易犯的一切弊病和腐化堕落行为，找到了有效的治疗方法。这些弊病一方面是由于执政者的罪恶或者过失所致，另一方面也因为被统治者无法无天。比方说，所有的作家和理论家都一致认为，人体和政体严格地说是具有普遍的相似性的。那么，人体和政体就都必须保持健康；同一张处方两者的毛病就都可以治愈，这不是再清楚不过的事吗？大家都承认，参议员和大枢密院的官员们常常犯说话啰唆冗长、感情冲动和其他一些毛病；他们的头毛病不少，不过心病更多；会发生剧烈的痉挛，两手的神经和肌肉会痛苦地收缩，右手尤其如此；会肝火旺、肚子胀、头晕、说胡话；会长满是恶臭和脓包的淋巴性结核瘤；会口沫直飞地嗳出酸气扑鼻的胃气；吃起东西来胃口会像狗却又消化不良；还有许许多多其他的毛病，就不必一一列举了。这位医生于是建议：每次参议员开会，头三天得有几位大夫列席；每天辩论完毕，由他们给每位参议员诊脉；之后，经过周密成熟的考虑，讨论出各种毛病的性质和治疗的方法；然后在第四天，药剂师准备好相应的药品赶回参议院，在议员们就座之前，根据各人病情的需要，分别让他们服用缓和剂、轻泻剂、去垢剂、腐蚀剂、止血剂、治标剂、通便剂、头痛剂、黄疸剂、去痰剂、清耳剂，接着再根据这些药是否起作用，决定下次开会时是继续服、换服，还是停服。

这项计划不会对公众造成任何大的负担，依我个人愚见，在参议员参与立法的国家里，它对事务的处理将大有好处，可以带来团结，缩短辩论的时间；可以让少数缄默的人说话，让许多一直在说话的人闭嘴；可以遏制青年人使性子，可以叫老年人不总是自以为是；可以将愚钝的人唤醒，可以让冒失鬼谨慎。

还有，因为大家都抱怨君王的宠臣记性很差，那位医生就建议，无论谁谒见首相大臣，简单明了地报告完公事以后，辞退时应该拧一下这位大臣的鼻子，或者在他的肚子上踢一下，或者在他的鸡眼上踩一脚，或者捏住他的两只耳朵扯三下，或者弄根大头针在他屁股上戳一下，要不就把他的手臂拧得青一块紫一块，这全是为了防止他记不住事情。以后每一个上朝的日子都这么来一下，直到这位大臣把公事办好，或者坚决拒绝办理为止。

他还指出，每一位出席大国民议会的参议员在发表完自己的意见并为之辩护之后，表决时必须投与自己意见完全相反的票，因为如果那样做了，结果肯定对公众有利。

如果一个国家里党派纷争激烈，他倒又提出了一条可以让彼此和解的妙计。办法是这样的：从每个党派中各挑出一百名头面人物，把头颅差不多大小的，一党一个，配对成双；接着请两位技术精良的外科手术师同时将每一对头面人物的枕骨部分锯下，锯时要注意脑子必须左右分匀。然后，把锯下的枕骨互相交换一下，分别安装到反对党人的头上。看起来这项工作确实要求有一定的精细度，不过教授向我们保证，只要手术做得精巧利落，其疗效是绝对没有问题的。他这样论证说：两个半个脑袋现在放到一个脑壳里去辩论事情，很快就会达成一致意见的，这样彼此就会心平气和、有条有理地来思考问题。多么希望那些自以为到世上来就是为了看看世界而同时又要支配世界的运动的人，都能这么心平气和、有条有理地考虑问题啊！至于两派领袖人物的脑袋在质量和大小上有点差异，那医生很肯定地对我们说，就他个人所知，那实在是微不足道的。

我听到两位教授进行一场热烈的辩论，他们在争论：最方便有效而又不使百姓受苦的筹款的办法是什么呢？第一位说，最公正的办法是对罪恶和愚蠢征收一定的税款，每个人应缴税额总数由其邻居组成陪审团公正合理地裁定。第二位持完全相反的意见：有人自夸在体力和智力上有才能，自己觉得了不起，那就应该征税；征多少税，根据其才能出众的程度而定，不过这完全由他们自己来拿主意。最受异性宠爱的男子应交纳最高的税，税款多少，则应根据其所受宠爱的次数和性质而定；这一点上允许他们自己为自己作证。他还建议，对聪明、勇敢和礼貌应该收重税，收税方法相同；有多少聪明、勇敢和礼貌，让每个人自己说。至于荣誉、正义、智慧和学问，则完全不应该征税，因为这类素质太少见了，没有人会承认他周围的人具有这些素质，自己有也并不重视。

他主张妇女应根据其漂亮的程度和打扮的本领来纳税，这方面她们可享有与男子同样的特权，即怎么漂亮怎么会打扮由她们自己判断决定。但是对忠贞、节操、良好的辨别能力和温良的品性不征税，因为税费不菲，她们根本就缴不起。

为了使参议员一直能为君王的利益服务，他建议议员们以抽签的方式谋取职位。每个人首先得宣誓，保证不论抽中抽不中，一定投票拥护朝廷。这样，等下次有官位空缺时，没有中签的人还能轮到再抽一次。希望和期待既在，也就没有人会抱怨朝廷不守诺言，一旦失望，也只好完全归咎于命运，而命运的肩膀总比内阁的肩膀要来得宽阔结实，是能担负起失败的。

　　另一位教授拿了一大本关于如何侦破反政府阴谋的文件给我看。他建议大政治家们要对一切可疑人物的饮食进行检查，看他们什么时间吃饭，睡觉时身子朝哪边，擦屁股用的是哪一只手；要严格检查他们的粪便，从粪便的颜色、气味、味道、浓度以及消化状况是否良好，来判断他们的思想和计划。因为人没有比在拉屎时思考更严肃、周密和专心致志的了，这是他经过许多次实验才发现的。他做过试验，在这时候考虑怎样才是暗杀国王最好的办法，粪便就会呈绿色；但他盘算的如果只是搞一次叛乱或者焚烧都城，粪便的颜色就大不一样了。

　　整篇论文写得十分犀利，其中不少观点对政治家来说是既有趣又有用的，不过我觉得还不够完整。这一点我冒昧地对作者说了，并且提出要是他愿意，我可以再提供他一点补充意见。他欣然接受了我的建议；这在作家中，尤其在设计家之流的作家中，倒是不多见的。他表示很愿意听听我还有什么意见。

我告诉他，我曾在特列不尼亚[①]王国逗留了很长一段时间。当地人管它叫兰敦[②]。那里的人大部分是由侦探、见证人、告密者、指控者、检举人、证人、咒骂者以及他们的一些爪牙组成的。他们全都接受正副大臣们的庇护、指使和津贴。在那个王国里，阴谋通常都是那些企图抬高自己大政治家身份的人所为。他们企图使一个摇摇欲坠的政府恢复生机，企图扑灭或者转移群众的不满情绪，企图把没收来的财物填进自己的腰包，企图左右公众舆论以尽量满足个人私利。他们先取得一致意见，定好应控告哪些可疑分子图谋不轨，接着采取有效手段弄到这些人的书信和文件，然后把他们囚禁起来，文件则交给一伙能巧妙地从词语、音节以及字母中找出神秘意义的能手去处理。比如说，他们会破译出"马桶"是指"枢密院"，"一群鹅"指"参议院"，"瘸腿狗"指"侵略者"，"呆头"指"——"[③]，"瘟疫"指"常备军"，"秃鹰"指"首相"，"痛风"指"祭司长"，"绞刑架"指"国务大臣"，"夜壶"指"贵族委员会"，"筛子"指"宫廷贵妇"，"扫帚"指"革命"，"捕鼠器"指"官职"，"无底洞"指"财政部"，"阴沟"指"朝廷"，"滑稽演员戴的系铃帽"指"宠臣"，"折断的芦苇"指"法庭"，"空酒桶"指"将军"，"流脓的疮"指"行政当局"。

　　如果这种办法行不通，他们还有另外两种更为有效的

---

① 特列不尼亚，影射英国。"Tribnia"（特列不尼亚）和"Britain"（不列颠）所含字母完全相同，只排列不一样。

② 兰敦，影射伦敦。

③ "——"代表"国王"，当时作者不便明白写出，故以"——"代之。

办法，当地的学者称它们为"离合字谜法"和"颠倒字谜法"。首先，用第一种办法他们能解释出所有单词的第一个字母都具有政治含义。于是，N 就是指"阴谋"，B 指"一个骑兵团"，L 指"海上舰队"。要不就用第二种办法，通过颠倒变换可疑文件上字母排列的顺序，可以揭开对当局不满的政党最深藏着的阴谋。比方说，如果我在给朋友的一封信中说："我们的汤姆兄弟最近得了痔疮"，在一个精于此道的人那里，同是那个句子里的那些字母，经他一分析，就会变成下面这样的话："反抗吧！阴谋已经成熟。塔。"这就是"颠倒字谜法"。

教授非常感谢我给他说了这些意见，满口答应要在他的论文中提我一下以表敬意。

我看这个国家再没有什么值得留恋的东西，就不想再住下去了，于是动了回英国老家去的念头。

第七章

这个王国是这座大陆的一个部分。我有理由相信，这座大陆向东一直延伸到美洲加利福尼亚以西的无名地带，在太平洋北部，离拉格多不到一百五十英里。那儿有一座良港，与位于其西北方大约北纬二十九度、东经一百四十度的拉格奈格大岛之间贸易关系频繁。这座拉格奈格岛西北方大约一百里格就是日本。日本天皇与拉格奈格国王间订立了紧密的同盟，两岛国间因此常有船只来往。于是我就决定走这条路线回欧洲去。我雇了一名向导带路，两头骡子驮我那一点行李。我辞别我那高贵的保护人，他对我一直那么好，临别又送了我一份厚礼。

一路上我没有碰到什么值得一讲的故事或奇遇。到达马尔多纳达港口时（港口的名称就是这么叫的），港内没有要去拉格奈格的船，而且看来一时都不会有。这座港市和朴茨茅斯①差不多大。不久我就结识了一些朋友，受到了他们的热情招待。其中一位知名的先生对我说，既然一个月内都不会有船去拉格奈格，我要是能去西南方距此约五里格的格勒大锥小岛一游，说不定倒也不无意思。他主动提出他和另外一位朋友可以陪我前往，并且可以提供一艘轻便的三桅小帆船。

"格勒大锥"这个词，据我的理解最接近原意的译名是"巫人岛"或"术士岛"。它的面积大概有怀特岛②的三分之一，物产非常丰富。统治该岛的是某个部落的首领，这个部落的居民全都是巫人。他们只和本部落的人通婚，同辈中年龄最长的继任岛主或长官。岛主拥有一座富丽宏伟的宫殿，还有一座面积三千英亩左右的花园，周围是二十英尺高的石头围墙。花园内又圈出几处空地，分别用以放牧、种庄稼和莳花弄草。

侍候长官及其家属的是一些不同寻常的仆人。长官精通魔法，有本事随意召唤任何鬼魂，指使他们二十四个小时，但时间再长就不行了，而三个月内，他也无法把前面已经召过的鬼魂再次召来，除非碰到非常特殊的情况。

我们到这岛上的时候大约是上午十一点。陪我前来的一位先生去拜见了长官，请求他接见一位特地前来拜访他的陌生人。他马上就答应了这一请求，于是我们三个就一起进了宫门。宫门两旁各站着一排卫士，武器和服装都十

---

① 朴茨茅斯，英国南部一港口城市。

② 怀特岛，靠近英国南海岸的一个小岛，面积一百四十七平方英里。

分奇特。他们的面容我看了不知怎的只觉得心惊肉跳，当时的恐怖简直难以形容。我们走过几间内殿，一路上两边也都站着同前面一样的卫士，这样一直来到大殿上。我们先深深地鞠了三个躬，他又问了几个一般性的问题，然后就让我们坐到他宝座下最低一层台阶旁的三个凳子上。他懂得巴尔尼巴比的话，尽管那和他这座岛上的话不同。他要我给他说说我旅行的一些情况。为了向我表明他并不拘礼，他手指一动就让所有随从全都退了下去。我见此大吃一惊，因为转瞬之间，他们就都消失得无影无踪，仿佛我们猛地一下从梦中惊醒，梦里的情景全都消失了一样。我一时不能恢复常态，后来还是长官叫我放心，保证我不会受到伤害；又见我那两个同伴若无其事（他们过去经常受到这种招待），我这才壮起胆子，简短地向他说了一下我几次历险的经过。不过我还是有几分踌躇不安，时不时地要回过头去朝我刚才见到鬼魂卫士的地方看。我有幸与长官一起进餐，一群新鬼送上肉来，并在桌边侍候。我觉得自己这时已经没有上午那么害怕了。我一直待到太阳落山，不过我低声下气地请求他原谅我不能接受他的邀请住在宫中。我和我的两个朋友当晚就住到了附近镇上的一个私人住宅，那镇也就是这个小岛的首府。第二天早上，我们再去长官那儿拜访，而他倒也很愿意我们再去。

我们就这样在这岛上住了十天，每天大部分时间同长官在一起，晚上回自己的住处。不久以后，我看到鬼神也就习惯了，而三四次之后，我完全可以做到无动于衷。如果说还有些害怕的话，则我的好奇心远远超过了恐惧。长官叫我随意召唤我想见到的任何一个鬼魂，无论数目多少，从世界之初直到当代，所有的鬼魂他都可以召得来，并且可以命令他们回答我认为合适的一切问题；条件只有一个，即我的问题必须限于他们所生活的那个时代范围。有一点对于我来说是靠得住的，那就是他们肯定会说真话，因为说谎这种才能在阴间派不上用场。

我十分感激长官阁下对我这样开恩。我们进了一间内殿，从这里可以清楚地看到花园里的情景。因为我首先想看的是宏伟壮观的场面，就希望看到阿尔贝拉战役后统率大军的亚历山大大帝①。长官随即手指一动，我们站着的窗户底下即刻就出现了一个大战场。亚历山大被召进殿来。他的希腊语我听起来非常吃力，不过我自己会的也不多就是了。他以自己的名誉向我担保，说他不是被毒死的，而是饮酒过度发高烧死的。

接着我又见到了正在翻越阿尔卑斯山的汉尼拔②。他告诉我，他的军营里一滴醋都没有了。

---

① 亚历山大大帝（前356—前323），马其顿皇帝，征服波斯后建立亚历山大帝国。在阿尔贝拉战役中，他击溃了波斯大军。

② 汉尼拔（前247—前182？），古代非洲北部强国迦太基的军事家。公元前二一六年，他率领驻扎在西班牙的一支精锐的迦太基部队北上越过阿尔卑斯山直抵意大利北部，给罗马造成了严重的威胁。据李维所著历史记载，汉尼拔进军时，有大石挡道；汉尼拔下令把大石烧热，接着浸以食醋，大石就迎刃而解了。

我又看到恺撒和庞培①统率着各自的大军，正准备交战。我看到了在最后一次巨大胜利中的恺撒。我要求看一看罗马元老院在一间大厅里开会的情形，同时作为对照，也想看一看另一间大厅里稍后一点的某个朝代议会②开会是个什么样子。结果前者看起来像是英雄和半神半人在聚会，后者却像是一伙小贩、扒手、拦路强盗和恶霸。

在我的请求下，长官做了一个手势让恺撒和布鲁图③一起向我们走来。一见到布鲁图，我不觉肃然起敬，从他脸上的每一处，我都可以很容易地看出他至高无上的品德、坚定而大无畏的胸怀、最真诚的爱国心肠以及对于人类的热爱。我非常高兴看到这两个人已经能够互相理解。恺撒还坦率地向我承认：就是他一生最伟大的功绩，也远远赶不上布鲁图因结果了他的一生而获得的光荣。我很荣幸和布鲁图谈了很长时间的话，他告诉我，他和他的祖先优尼乌斯④、苏格拉底⑤、依帕米浓达斯⑥、小加图⑦和托马

---

① 恺撒（前102或前100—前44）和庞培（前106—前48）都是罗马大将，两人和克拉苏缔结了秘密同盟（所谓的"三雄政治"），瓜分了罗马政权。公元前四九年，恺撒和庞培之间发生了战争，结果庞培遭到了失败。

② 影射英国议会。

③ 马可·布鲁图（前85—前42），反恺撒阴谋集团的首领之一。

④ 优尼乌斯·布鲁图是公元前五世纪的人，相传他是罗马的第一任执政官，建立了罗马共和国。

⑤ 苏格拉底（前469—前399），古希腊大哲学家。

⑥ 依帕米浓达斯（前418—前362），古希腊西比斯城大将、政治家。

⑦ 小加图（前95—前46），古罗马哲学家。

斯·莫尔爵士①永远在一起，世上历朝历代都找不出第七个人够资格加入他们这个六人集团。

为了满足我要把古代世界各个历史时期都摆到我面前来的奢望，大量著名的人物都被召唤来了，如果一一加以叙述，读者会感到沉闷无味。我让自己的眼睛得到满足，主要是看到了那些推翻了暴君和篡位者的人和那些为被压迫、被侵害的民族争回自由的人。可是，我难以表达我心中获得的那种痛快，叫读者们读了也得到同样的满足。

---

① 托马斯·莫尔爵士（1478—1535），英国哲学家、作家，《乌托邦》的作者。

第八章

格勒大锥概况（续）——古今历史订正。

　　我很想见一见古代那些最著名的贤哲和学者，为此我特地安排了一天时间。我提出能不能叫荷马[1]和亚里士多德领着所有评注过他们的著作的人出现在我们眼前。这些评注家太多了，有几百人不得不在大殿和几间外殿里候着。两位英雄我一眼就认了出来，我不但能够从人群当中认出他们，而且他俩谁是谁也立即就辨清楚了。两人中，荷马长得高大而俊美。像他这个年纪的人，走起路来身子算是挺得很直的了。他的双眼是我见过的所有人当中最灵活而锐利的。亚里士多德腰弯得厉害，拄着一根拐杖。他外貌清瘦，头发又稀又长，嗓音低沉。我很快就发现两人根本就不认识其余的人，以前从来都没有见过也没有听说过他们。有一位鬼魂，名字就不说了，悄悄地跟我讲，这些评

_____

① 荷马，公元前九世纪古希腊诗人，著名史诗《伊利亚特》和《奥德赛》的作者。

注家在阴间总是在离两位作家最远的地方躲着，因为他们在把作家向后世介绍的时候，完全把作家的意思解释错了，故而羞愧难当。我将迪迭摩斯和尤斯台修斯①介绍给荷马，并劝他对他俩好一点；不过也许不值得对他们好，因为他很快看出他们缺乏天赋，无法了解一位诗人的精神。而当我把司各特斯和拉摩斯②介绍给亚里士多德时，一听我的介绍，他整个儿就不耐烦了，问他们说，这一伙当中是不是别的人也都是和他们一样的大笨伯。

接着我又请长官把笛卡儿③和伽桑狄④召来。我劝说他们把自己的思想体系解释给亚里士多德听。这位伟大的哲学家坦率地承认在自然哲学方面他自己也犯了错误，因为他像所有的人一样，许多事情上不免臆测。他发现，竭力宣扬伊壁鸠鲁⑤学说的伽桑狄和笛卡儿的涡动说一样都被驳倒了。他预言，当代学者那么热衷的万有引力学说也将遭到同样的命运。他说大自然新的体系不过是新的一时的风尚，每个时代都会发生变化，就是那些自以为能用数学的原理来证明这些体系的人，也只能在短期内走红，一旦有了定论，它们就再也不会流行了。

我又花了五天时间同许多其他古代的学者作了交谈。

---

① 迪迭摩斯和尤斯台修斯都为评点荷马史诗的学者。

② 司各特斯和拉摩斯都为评点亚里士多德著作的学者。

③ 笛卡儿（1596—1650），法国哲学家、数学家，唯理论的创始人。

④ 伽桑狄（1592—1655），法国唯物主义哲学家、科学家，他在伊壁鸠鲁的学说中找到了唯物主义的支柱。

⑤ 伊壁鸠鲁（前342？—前270），古希腊哲学家、唯物主义者和无神论者。

罗马早期的皇帝我大部分都见到了。我说动长官把伊里欧伽布鲁斯①的厨师召来给我们做一桌筵席，但因材料不够，他们无法向我们显露他们的手艺。爱基西劳斯②的一个奴隶给我们做了一盆斯巴达式肉汤，但是我只喝了一调羹就喝不下去了。

带我来到这岛上的两位先生因为急于要办理一些私事，三天之后就得回去，我就用这三天时间见了一些近代死去的人，他们都是过去两三百年中我国和欧洲其他一些国家里最显赫一时的人物。因为我一向对名门望族十分崇拜，就请求长官把一二十位国王连同他们的八九代祖宗一起召来。但是令人痛苦而出乎意料的是，我大失所望。在长长的皇族世系中，我见到的并非个个头戴皇冠；在一个家族里，我看到的是两名提琴师、三名衣冠楚楚的朝臣和一名意大利教长；在另一个家族中，我见到的则是一名理发匠、一名修道院院主和两名红衣主教。因为我对戴皇冠的人太尊敬了，所以这么一个微妙的话题我不便再往下谈。不过至于公爵、侯爵、伯爵、子爵之流，我就不那么在乎了。某些家族之所以成为名门望族，是由于他们具有某些特征，而我能够从他们的祖上找到这些特征的来源；我承认，这倒使我不无快意。我能看得清清楚楚，这一家的长下巴是从哪里来的；那一家为什么有两代总出恶棍，而接下去两代又尽是傻子；第三家人为什么恰恰都发疯；第四家人又偏偏全是骗子；怎么会像坡

① 伊里欧伽布鲁斯（205？—222），罗马皇帝，以奢侈腐化闻名。
② 爱基西劳斯（前444？—前360），斯巴达国王。

里道尔·维吉尔①在说到某家名门时所讲的那样："男子不强壮，女子不贞洁。"残暴、欺骗、懦弱怎么会像盾牌纹章那样，渐渐成了某些家族出名的特征；是谁首先给一个高贵的家族带来了梅毒，由此代代相传使子子孙孙都生上瘰疬毒瘤。我看到皇家世系中断原来是因为出了这么些仆人、用人、走卒、车夫、赌棍、琴师、戏子、军人和扒手，对以上种种也就不觉得有什么奇怪了。

最令我恶心的是现代历史了。我仔细检查了一下一百年来君王宫廷里所有名气最大的人物，发现世界竟是怎么给一帮娼妓一样的作家骗了！他们说懦夫立下了最伟大的战功，傻瓜提出了最聪明的意见，阿谀逢迎的人最真诚，叛国者具有古罗马人的美德，不信神的人最虔诚，鸡奸犯最贞洁，告密者说的都是真话。多少无辜的好人，由于大臣影响了腐败的法官，党派倾轧，而被杀戮、遭流放。多少恶棍升上了高位，受信任、享大权，有钱有利，作威作福。朝廷、枢密院和参议院里发生的大事和他们搞的活动，有多少可以同鸨母、妓女、皮条客、食客和小丑的行为相媲美。世界上的伟大事业和革命事业的动机原来是这样的，他们取得成功也只不过靠了一些可鄙的偶然事件。我得知这样的真情，对于人类的智慧和正直是多么的鄙夷！

在这里我还发现那些装模作样要写什么轶闻秘史的人原是多么的诡诈而无知。多少国王都被他们用一杯毒药送

---

① 坡里道尔·维吉尔，十六世纪居住在英国的一位意大利传教士，他用拉丁文写了一部英国历史，闻名于世。但是上面所引的这句话在他的著作中却找不到。

进了坟墓；君王和首相在无人在场时的谈话他们会复述；驻外使节和国务大臣的思想和密室他们都能打开，不幸的是他们永远也没有弄对过。这里我还发现了许多震惊世界的大事背后的秘密：一名妓女怎么把持着后门的楼梯，后门的楼梯怎么把持着枢密院，枢密院又怎么把持了上议院。一位将军当我的面承认，他打的一次胜仗纯粹是由于他胆小和指挥错误；一位海军大将说，因为没有正确的情报，他本打算率舰队投敌，谁知却打败了敌人。三位国王对我明言，他们在位期间从来就没有提拔过一个有功之人，除非是一时弄错，或者中了某个他们亲信的大臣的诡计；他们就是再世，也不会这么做的。他们提出了有力的理由来证明：不腐化王位就保不住，因为道德灌输给人的那种积极、自信和难以管束的性格，对办理公务永远是一种障碍。

我因为好奇，就特别问起他们，这么多人获取高官贵爵和巨大产业，用的到底是什么手段？我的提问只限于近代，不触及当代，因为我得保证做到，即使是外国人也不能得罪。（当然，我这里所说的丝毫也不是针对我的祖国来的，这一点我想就不必向读者说明了吧。）大量有关的人物都被召唤了来，我只稍稍一看，就发现景象真是一片狼藉，以致我每每想起，都不免心情沉重。伪证、欺压、唆使、欺诈、拉皮条等等毛病还是他们提到的最可以原谅的手段，因为都还说得过去，我也就大大地原谅了他们。可是，有人承认，他们之所以伟大之所以发财是因为自己鸡奸和乱伦，有的则迫使自己的妻女去卖淫，有的是背叛

216

祖国或者君王，有的是给人下毒药，更有人为了消灭无辜不惜滥用法律。地位高贵的人仪表堂皇，本该受到我们这些卑贱的人最崇高的敬意，然而我看到的这种种现象不免要使我减少对他们的崇敬，我这么做，希望能得到大家的原谅。

我经常从书上读到一些忠君爱国的伟大功绩，因此就想见见那些建立了功勋的人物。一打听我才知道，他们的名字都没有记载下来，除了少数的几个，历史却又都把他们写成了最卑鄙无耻的恶棍和卖国贼，其余的我压根儿就没有听到。这些人看上去全都神情沮丧，衣着寒酸。大多数都跟我说，他们最后都穷愁潦倒而死，剩下的则上了断头台或者绞刑架。

在这些人中间，有一个人的遭遇显得有点不同寻常。他的身旁站着一个十八岁上下的青年。他告诉我，他在一艘战舰上当过多年的舰长，艾克丁姆①海战中，曾幸运地冲破敌军的强大防线，将三艘主力舰击沉，又俘获了一艘，致使安东尼②兵败窜逃，他们大获全胜。站在他身边的那位青年是他的独子，在这次战役中阵亡了。他接着说，他自恃有功，战争一结束就到了罗马，请求奥古斯都③朝廷提拔他到另一艘更大的战舰上任职，那艘战舰的舰长阵亡

① 公元前 31 年，奥古斯都的军队在希腊西部的艾克丁姆海战中击败了安东尼。
② 安东尼（前 83—前 30），罗马后三雄之一。
③ 奥古斯都（前 63—公元 14），罗马帝国的第一个皇帝，原名屋大维，也是罗马后三雄之一。击败安东尼后建立罗马帝国，并自称奥古斯都，意思是"神圣"。

了。可是朝廷对他的要求睬都不睬，竟将舰长一职给了一名连大海都未见过的青年，他是皇帝的一个情妇的侍从李柏丁那的儿子。回到自己原来的舰上，他就被加上了玩忽职守的罪名，战舰则移交给了海军副将帕勃利可拉的一位亲随。从此他退居到远离罗马的一个穷困的乡村，并在那里了结了自己的一生。我极想知道这个故事的真相，就请求长官把那次战役中任海军大将的阿格瑞帕召来。阿格瑞帕来了，他证明舰长所说全是事实。他还说了舰长许多别的好话，舰长因为生性谦逊，自己的大部分功劳不是少说就是只字不提。

我很奇怪在这个帝国里，奢侈之风新近才进来，腐化堕落怎么一下就会发展得这么厉害，这么迅速；所以，在各种罪恶早已猖獗的其他国家里，出现种种与这类似的情形，我倒也不觉得有什么奇怪的了。在那些国家里，颂扬和掠夺来的财富都被总司令一个人独占着，而事实上最不配拥有这两者的也许就是他。

每个被召见的人，出现时的样子和他在世时完全一样。看到我们人类在这一百年中退化了那么多，我感到伤心、丢脸。名目不同后果不一的各种花柳梅毒，完全改变了英国人的面貌，使他们变得身材矮小、神经涣散、肌肉松弛、面色灰黄、膘肉恶臭。

我还让自己身份大降，提出要召几个古代的英国农民来见见面。这些人风俗淳朴，衣食简单，做买卖讲公平，具有真正的自由精神，勇敢、爱国，他们的这些美德在过去曾经是很有名的。我把活人和死人一比，真是不无感慨。

祖宗所有这一切纯朴本色的美德，都被他们的子孙为了几个钱给卖光了。这些后生出卖选票、操纵选举，只有在宫廷才能学得的罪恶和腐化行为，每一样他们都掌握了。

第九章

作者回到马尔多纳达——航行至拉格奈格王国——作者被拘禁——被押解到朝廷——他被接见的情形——国王对臣民十分宽大。

动身的日子到了,我辞别格勒大锥的长官阁下,与我的那两位同伴一起回到了马尔多纳达。我在那里等了两个星期,终于有一艘船要开往拉格奈格去了。两位先生还有其他几个人非常慷慨友好,他们给我准备了食物,送我上了船。这次航行历时一个月。我们遇上了一次强风暴,不得不向西航行,才乘上了信风一直又往前驶了六十多里格。一七〇九年四月二十一日,我们驶入了克兰梅格尼格河。这是一座港口城市,位于拉格奈格的东南角。我们在离城不到一里格的地方抛锚,发出信号要求派一名引水员来。不到半个小时,两名引水员就来到了船上。他们领着我们穿过部分浅滩与岩石,航道十分危险,最后才进入一个很大的内湾,在这里,一支舰队可以在离城墙不到一锚链长

220

的地方安全停泊。

我们船上有几名水手，不知是有意要害我还是一时疏忽，对两位引水员说我是个外乡人，还是个大旅行家。引水员把这话向一名海关官员做了汇报，结果我一上岸就受到了十分严格的检查。这位官员用巴尔尼巴比语同我说话，因为两地间贸易往来频繁，这个城市的人，尤其是水手和海关人员，一般都懂得巴尔尼巴比语。我简要地跟他说了我的一些经历，尽量地把事情讲得可信并且前后一致。不过我觉得有必要隐瞒我的国籍，就自称是荷兰人，因为我的计划是到日本去，而我知道欧洲人中只有荷兰人才被准许进入这个王国。于是我就对海关官员说，我的船在巴尔尼巴比海岸触礁沉没了，我被抛在了一块礁石上，后来被接上了勒皮他，也叫飞岛（他经常听说有这么一座飞岛），现在正设法去日本，也许到那里后可以再找机会回国。那官员说，在接到朝廷命令之前，得先把我拘禁起来。他说他这就给朝廷写信，希望两个星期内能得到朝廷的答复。我被带到一处舒适的住所，门前有哨兵看守，不过住处有一个大花园，我可以在里面自由地活动。我受到了相当人道的待遇，拘禁期间一切费用都由皇家负担。也有一些人前来看我，那主要是出于好奇，因为据说我来自十分遥远的国度，那些地方他们从来就没有听说过。

我雇了和我同船来的一位青年做翻译。他是拉格奈格人，但在马尔多纳达住过几年，所以精通两地语言。在他的帮助下，我得以同前来看我的那些人进行交谈，不过谈话只限于他们提问我回答。

朝廷的文件差不多就在我们预计的时间到了。那是一张传票，要求由十名骑兵把我连同我的随从带往特拉尔德拉格达布，或者叫特利尔德洛格格德利布（就我记忆所及，这个词有两种读法）。我所有的随从就是那个做翻译的可怜的小伙子，还是经我劝说才答应帮我忙的。在我的哀求下，我们俩一人弄到了一头骡子骑。一位信使早我们半天出发，他去报告国王我就要到了，请他陛下规定一个日子和时辰，看看他什么时候高兴见我，好让我有幸去"舔他脚凳子跟前的尘土"。这是朝廷的规矩，不过我发现它并不仅仅是一种形式，因为我到达两天后被引见的时候，他们命令我把肚子贴在地上朝前爬，一边爬一边舔地板；但因为我是个外国人，他们倒注意事先将地板打扫得干干净净，这样尘土的味道倒还不是很讨厌。不过，这是一种特殊的恩典，只有最高级的官员要求入宫时才能得到。不但如此，要是被召见的人碰巧有几个有权有势的仇敌在朝，有时地板上还会被故意撒上尘土。我就看到过一位大臣满嘴尘土，等他爬到御座前规定的地点时，已经一句话说不出来了。这也没有什么办法，因为那些被召见的人如果当着国王陛下的面吐痰或抹嘴，就得处以死刑。另外还有一种风俗，说实话我也不能完全赞同：如果国王想到要用一种温和宽大的方法来处死一位贵族，他就下令在地板上撒上一种褐色的有毒粉末，舔到嘴里，二十四小时内肯定能将人毒死。但是说句公道话，这位君王还是非常仁慈的，对臣子的性命相当看重（这一点上，我很希望欧洲的君主都能向他学习）。为了他的荣誉，我必须说一下：每次以这种方法将人处死后，他都下严令叫人将地板上有毒粉的地方洗刷干净，侍从们要是疏忽了，就有招惹他生气的危险。我曾亲耳听他下令要把他的一个侍从鞭打一顿，因为有一次行刑之后，轮到那个侍从去通知人洗刷地板，他却故意不通知；由于这一玩忽职守，一位很有前途的贵族青年就在一次被召见时不幸中毒身亡了，而国王那时倒并没有打算要他的命。不过这位好君王非常宽厚，饶了那个可怜的侍从一顿鞭子，只要他保证，以后没有特别的命令，不许再干这样的事。

言归正传，当我爬到离御座不到四码的地方时，就轻轻地抬起身来，双膝跪着，在地上磕了七个响头，接着按照前一天晚上他们教我的样子说了以下的话："Ickpling gloffthrobb squutserumm blhiop mlashnalt zwin tnodbalkguff slhiophad gurdlubh asht." 这是一句颂词，当地法律规定，所有朝见国王的人都要这么说，译成英语意思就是："祝天皇陛下的寿命比太阳还要长十一个半月！"国王听后回答了一句什么，虽然我听不懂，可还是照别人教我的话答他道："Fluft drin yalerick dwuldum prastrad mirplush." 严格地说意思就是："我的舌头在我朋友的嘴里。"我说这话的意思就是希望国王能准许我将我的翻译叫来。于是，前面已经提到的那位青年就被领了进来，通过他从中传话，在一个多小时的时间里，我回答了国王陛下提出的许多问题。我说巴尔尼巴比语，我的翻译把我的意思译成拉格奈格话。

国王很高兴和我在一起谈话，就吩咐他的"布里夫马克拉伯"（即内侍长）在宫中给我和我的翻译分配一处住所，每天提供我们饮食，另外还给了一大袋金子供我们日常使用。

我在这个国家待了三个月，那完全是遵从国王的旨意。他对我恩宠有加，并几次要我任荣耀的官职，可我觉得我余年还是同妻子家人在一块度过要更安稳妥当一些。

第十章

拉格奈格人受到作者的赞扬——关于"斯特鲁德布鲁格"的详细描写；作者与一些著名人士谈论这个话题。

拉格奈格人是一个讲礼貌的、慷慨的民族。虽然所有东方国家的人特有的那种骄傲他们不免也沾了几分，但对于外乡人他们还是很客气的，特别是那些受到朝廷重视的外乡人。我结识了不少上流社会的人，我的翻译又一直陪在我身边，所以我们的谈话倒还挺愉快。

一天，我和许多人在一起，有一位贵族问我有没有见过他们的"斯特鲁德布鲁格"，意思是"长生不老的人"。我说我没见过，就请他给我翻译一下，在凡人头上安这么一个名称到底是什么意思。他告诉我，虽然很罕见，但有时会有人家恰好就生下这么一个孩子来：他的额头上有一个红色的圆点，就长在左眉毛的正上方，这一标记就绝对表明，这孩子将永远不死。他描述道，这个圆点大约有一枚三便士的银币那么大，不过会随着时间变大、变色。

孩子长到十二岁时，它就变成绿色，那样一直到二十五岁，之后又变成深蓝色。四十五岁时渐渐变成煤黑色，大小如一枚英国的先令，以后就不再变了。他说这种孩子生得极少，相信全王国内男女"斯特鲁德布鲁格"不会超过一千一百个，都城里他估计有五十名，其中有个小女孩是大约三年前生下来的。这类产儿并非任何一家特有的，生这样的孩子纯属凑巧，就是"斯特鲁德布鲁格"自己的孩子，也和别人一样都是有生有死的。

我坦率地承认，听他这一番叙述我真是说不出来的高兴。我的巴尔尼巴比语说得很不错，而跟我说那番话的这个人恰好又懂巴尔尼巴比语，于是我就情不自禁地叫出了几句也许是过于夸张的话。我像发了狂一般高声叫道："幸福的民族啊，你的每一个孩子至少都有希望长生不老！幸福的人民啊，你们拥有那么多古代美德的活典范，能有大师们随时来把所有过去时代的智慧教给你们！但最最幸福的还是那些伟大的'斯特鲁德布鲁格'，他们生来就不用遭受人类那共同的灾难，不用时刻担心死会临头，所以心无负担、精神畅快。"可是我表示惊奇，这么一些杰出的人物，我怎么在朝廷里一个都没有见到？前额上有颗黑痣是个非常明显的特点，我不可能轻易看不到的。而这样一位贤明的君王，又怎么可能不找一大帮这样智慧而能干的顾问在自己身边呢？不过也许是那些受人敬重的圣贤的品德过于整肃，不适合朝廷腐化放浪的作风。根据经验我们也常常看到，年轻人总是太有主见，并且反复无常，不肯接受老年人认真严肃的指导。但是，既然国王准许我接近他，那么，我决定以后一有机会就要通过翻译就这件事坦率而详尽地向他陈述自己的意见。不论他愿不愿接受我的劝告，有一件事我是定了主意的：既然国王陛下一再要我留在这个国家任职，我就感恩戴德地接受他的恩典，只要那些"斯特鲁德布鲁格"超人愿意接纳我，我就一辈子住在这里同他们相处。

我前面已经说过，与我谈话的那位先生会讲巴尔尼巴比语。他面带着一种微笑——这种微笑通常都是因为对无知的可怜——跟我说，只要有机会留我下来和他们在一起，他都是很高兴的，他同时要我允许他把我刚才说的话向大家解释一下。他解释过后，他们又在一起用本国话交谈了一会儿，不过我一个字也听不懂，从他们脸上我也看不出我的话到底给他们留下了什么印象。短暂的一阵沉默之后，还是这位先生对我说，他的朋友们和我的朋友（指他自己，他觉得这样说比较恰当）在听了我关于长生不老的幸福和好处的一番高论后，都非常高兴，很想具体知道，如果我命中注定生下来就是个"斯特鲁德布鲁格"，我会打算怎样来安排我的生活。

我回答说，对于这样一个丰富而令人愉快的话题，侃侃而谈地说上一通是不难的，特别是对于我，因为我常常喜欢设想，要是我做了国王、将军或者大臣，我会做些什么。就这件事来说呢，我也通盘考虑过好多次了，如果我可以长生不老，我该做些什么事，我该怎样来度过我的时光。

我说，如果我命好成了"斯特鲁德布鲁格"中的一员，一旦我明白了生与死的不同从而发现自己是幸福的，第一，我就要下决心千方百计发财致富，在这过程中，靠着勤俭节约与苦心经营，大约两百年之后，我就很有可能成为全王国最富有的人。第二，我从小就要致力于艺术和科学研究，这样到最后我将在学问上超过其他所有的人。最后，我要仔细记录下公众的每一项重要活动和事件，不偏不倚地根据自己观察所得，将历代君王和大臣的性格勾画出来。我要准确无误地记录下风俗、语言、服装、饮食和娱乐方面的种种变化。有了所有这一切学问，我将成为知识和智慧的活宝库，并无疑要成为民族的先知。

过了六十岁我就绝不再结婚。待人好客，但还是要讲节俭。我要培养和教导有希望的青年的心灵，以自己的记忆、经历和观察并证以无数范例，使他们相信，公私生活中，道德还是有用处的。但是我挑选出来经常和我相伴在一起的，却必须是一帮同我一样长生不老的弟兄。我要从古代到我同时代选出这么十二个同伴。如果这些人中有谁没有产业，我会在我自己的产业附近给他准备一处方便舒适的住所。有些朋友我会永远请他们上我的餐桌同我一起进餐。至于你们这些凡人，我只能让少数几个最有价值的进来同我交往交往，不过时间一长我的心肠也就硬了，你们死了我也不怎么会惋惜，或者根本就不惋惜；对你们的后代也是一样。这就像一个人年年都在花园里种石竹和郁金香玩，前一年种的花枯萎了，他并不会感到悲伤。

这些"斯特鲁德布鲁格"和我会相互交流我们在岁月流逝的过程中观察和回忆起的一切。我们会谈论腐化怎样渐渐地悄然侵入了这个世界。我们会不断地警告并指导人类，以阻止任何一级出现腐化。这样，我们自己作为榜样，就会产生更大的影响力，从而有可能遏止人性的继续堕落；这种堕落每一个时代都在悲叹。

除此之外，我还能看到小邦、帝国发生种种革命；上流、下层社会发生种种变化；古城变废墟；无名村庄变成君王的帝都；著名河流缩成浅水小溪；海洋的一边变成旱地，另一边被海水吞没；许多至今还不为人知的国家被发现；野蛮民族侵入文明国家，最野蛮的人渐渐文明起来。看到这一切我该有多高兴呢！那时我还能看到人们发现黄经、永恒运动和万应灵药，还有许许多多其他尽善尽美的伟大发明。

在天文学上，我们将会有多么神奇的发现！我们活着就可以看到自己的预言变成事实；我们可以观察到彗星的运行和再现，以及日月星辰的种种运行变化。

长生不老的自然欲望和尘世的幸福又使我在许多其他方面滔滔不绝地说了一大堆。我说完之后，那位先生又像前面那样把我谈的要点翻译给了其他的人听。接着他们就用本国话说了好一阵子，并不时地嘲笑我。最后，刚才做我翻译的那位先生说，大家都要求他改正我几个错误；我之所以会犯这些错误，也是由于人性中那共有的愚蠢，这样倒也可以不叫我负什么责任。他说，"斯特鲁德布鲁格"这一人种是他们国家所特有的，巴尔尼巴比和日本都没有，他曾有幸受国王派遣在这两个国家做过大使，发现当地人都很难相信会有这样的事。以前他初向我提起这事的时候，我也是惊讶不已，这就表明我当时也是觉得这事十分新奇，难以置信。他在上面提到的那两个王国居留期间曾和人广泛交谈，发现长寿是人类普遍的愿望。无论什么人，一只脚都已进了坟墓，却肯定还要死命保住另一只脚。年岁极高的人依然希望还能再多活一天，而把死亡看作是最大的痛苦；天性随时都在促使他躲避死亡。只有在这拉格奈格岛上，生的欲望才不那么迫切，因为他们的眼前时时有"斯特鲁德布鲁格"作为警戒。

他说，我构想的那种生活方式是不合理的、不公平的，因为那必须以永远的青春、健康和精力为先决条件；作为理想，怎么胡想都可以，可谁会这样去痴心妄想呢？所以问题不在于一个人愿不愿意永葆青春、永远健康幸福，而在于他在老年所带来的种种常见的不利条件下，如何来安排他那永恒的生命。虽然很少有人愿意在这么坏的情形下长生不老，可是在前面提到的巴尔尼巴比和日本这两个王国里，他发现每一个人都希望把死亡朝后再推迟一点，来得越迟越好；他也几乎没听到有什么人心甘情愿地死掉，除非他遭受了极度的痛苦和折磨。他请我告诉他，在我旅行过的那些国家以及我本国，我是否也发现了这种相同的、普遍存在的心理。

这一通开场白之后，他给我详细叙述了他们那儿"斯特鲁德布鲁格"的情况。他说，大约三十岁之前，他们一般和凡人没有什么两样，之后就一点点变得忧郁和沮丧，并逐渐加深，一直到八十岁。这是他听他们亲口承认的，要不然，一个时代这种人都降生不到两三个，人数这么少，无法进行普遍的观察。当他们活到八十岁时（在这个国家，八十岁就被认为是寿命的极限了），不但其他老人所有的毛病和荒唐行为他们都具备，而且还因为这些人有永远不死这么一个可怕的前途，他们就又有了许多别的毛病和荒唐行为。他们不仅固执、暴躁、贪婪、忧郁、愚蠢、爱唠叨，而且什么友谊和自然情爱也谈不上了，顶多只是对儿孙还有点感情。嫉妒和妄想是他们主要的情感。但引起他们嫉妒的事情，主要是年轻人的道德败坏和老年人的死亡。想想年轻人，他们发现一切的欢乐自己都无法享受了；而每当看到一支送葬的队伍，他们就伤心、羡慕，别人进入一个港湾去安息了，自己却永远没有指望。他们除了自己在青年及中年时代学到和观察到的东西外，别的什么也记不起来了，而就是那一点点东西也很不完整；所以任何事实，要想知道真相或细节，安全一点还是相信一般传统的说法，他们最好的记忆也是靠不住的。他们中最不悲惨的似乎倒是那些年老昏聩、完全丧失了记忆的人；这些人因为不像别人那样有许多恶劣品质，倒还比较的能得到大家的怜悯和帮助。

如果一个"斯特鲁德布鲁格"恰好跟他的同类结婚，按照王国的恩典，夫妇二人中较年轻的一人一到八十岁，婚姻就自然解除。法律认为这种优惠待遇是很合理的，因为那些无辜受惩罚要在世上永远活下去的人，不应再受妻累而使自己加倍痛苦。

他们一满八十岁，在法律上就被认为已经死亡，后嗣立刻就可以继承其产业，只留极可怜的一点钱供他们维持生活，贫穷的则靠政府救济过活。过了八十岁，大家认为他们不能再担任任何工作，他们既不能叫人信任，也不能为公众谋福利。他们不能购买和租赁土地，也不准他们为任何民事或刑事案件作证，甚至都不准他们参加地界的勘定。

九十岁上，他们的牙齿、头发全都脱落。活到这把年纪已不能辨味，有什么吃什么，有什么喝什么，没有食欲，不谈胃口。患的老毛病既不加重也不减轻，一直就这么拖下去。谈话时连一般事物的名称、人们的姓名都忘掉了，即使是自己的至亲好友也记不起来。由于这同样的原因，读书自娱也永远不可能了，因为记忆力太差，一个句子看了后面忘了前面，这一缺陷把本来还有可能享受的唯一的乐趣也给剥夺掉了。

这个国家的语言总在变动之中，所以一个时代的"斯特鲁德布鲁格"听不懂另一个时代中他们同类的话，两百年一过，他们也不能同周围的凡人们交谈，顶多不过说几个一般的词儿。因此，他们生活在自己的祖国却倒像外国人一样感到很不方便。

这就是我记忆所及他们给我做的关于"斯特鲁德布鲁格"的一番叙述。后来我见到了五六个不同时代的这样的人，最年轻的还不到两百岁，他们都是由我的几个朋友在不同的时间领到我这里来的。可是，虽然他们听说我是位大旅行家，世界各地都见识过，却一点也不感到好奇，不提出个把问题来问我。他们只希望我能给他们一个"斯兰姆斯库达斯克"，就是一件纪念品。这其实是一种委婉的乞讨，为的是躲避严禁他们这样做的法律，因为虽然给他们的津贴确实很少，他们却是由众人供养着的。

他们受到各色人等的鄙视和仇恨。生下一个这样的人来，大家都认为是不祥之兆。他们出生的情况记载得十分详细，所以查一查登记簿就可以知道他们的年龄。不过登记簿上记载的还不到一千年，要不就是因为年代久远或者社会动乱，一千年前的记载早都被毁掉了。但是，通常计算他们年龄的方法，还是问一问他们脑子里记得哪些国王或者大人物，然后再去查历史，因为他们记得的最后一位君王，毫无疑问不可能在他们八十岁之后才登基。

他们是我生平所见到的最受屈辱的人，而女人比男人还要来得可怕。除了极度衰老的人所有的一般缺陷外，他们还有别的一些可怕的地方；这种可怕的程度是与他们的年岁成正比的，简直无法形容。我在五六个人当中很快就能辨出谁年龄最大，虽然他们彼此之间相差还不到一两百年。

读者不难相信，我的所见所闻已经使我长生不老的热切欲望为之大减。我为自己原先那些美妙的幻想感到由衷的羞愧，心想，与其这样活着真还不如死掉，无论什么暴君发明什么可怕的死法，我都乐于接受。我和我的朋友们在这件事上所谈论的一切，国王都听说了，他于是十分得意地挖苦我，说希望我能送一对"斯特鲁德布鲁格"回自己的国家，使我国人民不至于再怕死。不过这似乎是这个王国的基本法律所禁止的，否则我还真乐意费些力气花些钱把他们运回去。

我不得不同意，这个王国制订关于"斯特鲁德布鲁格"

的法律具有最强有力的理由，任何别的一个国家处在这相同的情况下，都有必要执行那些法律。要不然，因为贪婪是老年的必然结果，那些长生不老的人最终会成为整个国家的财产的业主，独霸全民的权力，却又因为缺乏经营管理的能力，最终必然导致整个社会的毁灭。

第十一章

作者离开拉格奈格，坐船前往日本——又从那儿坐一
艘荷兰船到阿姆斯特丹，再从阿姆斯特丹回到英国。

关于"斯特鲁德布鲁格"的这一段叙述，我想对读者
来说还有几分意思吧，因为这似乎多少有点不同寻常，至
少在我读过的游记中，我记得还不曾碰到过这一类的叙述。
如果我记错了，我得请大家原谅，因为旅行家们在描述同
一个国家时，常常免不了都会在相同的一些细节上长篇大
论，他们不应该受到借用或抄袭前人著作的指责。

这个王国与日本国之间确实一直有着贸易往来，所以
很有可能日本的作家已经有过关于"斯特鲁德布鲁格"的
描述；不过我在日本停留的时间很短，对他们的那种语言
又是一窍不通，因此没有办法去进行调查。我倒是希望荷
兰人，经我这么一提，能产生好奇心，同时也有足够的能
力来弥补我的不足。

国王陛下多次要我接受他朝廷的官职，可他见我决

意要回自己的祖国，也就准许我离开了。我很荣幸地得到他亲笔为我给日本天皇写的一封介绍信。他又送了我四百四十四块大的金子（这个民族喜欢偶数），还有一块红宝石，我回英国后卖了一千一百英镑。

一七〇九年五月六日，我向国王及我所有的朋友郑重告别。这位君王仁义之至，派了一支卫队把我送到了这座岛西南部的皇家港口格兰古恩斯达尔德。过了六天，我找到一艘船可以把我带到日本。路上我们航行了十五天。我们在位于日本东南部的一个叫滨关的港口小镇上了岸。那镇在港口的西端，那儿又有一条狭窄的海峡，往北通向一个长长的海湾，都城江户①就坐落在这海湾的西北岸。一上岸我就将拉格奈格国王给天皇陛下的信拿给海关官员看。他们对上面的御玺非常熟悉。御玺有我的手掌那么大，印记是一个国王从地上扶起一个瘸腿的乞丐。镇上的地方官听说我有这么一封信，就待我以大臣之礼。他们为我备好车马和仆从，免费送我去江户。到那儿后我就被召见了。我呈上信，拆信的仪式十分隆重，一名翻译将信的内容解释给天皇听。随后，翻译转达天皇的命令，通知我说，我得把我的要求说出来，无论是什么要求，看在他拉格奈格王兄的面上，都可以照准。这位翻译是专门同荷兰人打交道的，他从我的面相立即就猜出我是个欧洲人，于是又用纯熟的低地荷兰语把天皇陛下的命令重复了一遍。我按照原先拿定的主意回答说，我是一名荷兰商人，在一个遥远

---

① 江户，即现在的东京，日本的首都。

的国家航海时翻了船，之后从那里先海路后陆路一直到了拉格奈格，再后来就坐船来到了日本。我知道我的同胞常在这里经商，就希望有机会能随他们中的一些人同回欧洲去。说完我就极为低声下气地请求天皇开恩，希望他能下令把我安全地送到长崎。我还提出了另一个请求，能否看在我的恩主拉格奈格国王的面上，免我履行踩踏十字架这一仪式[①]；我的同胞到这儿来都得履行这样的仪式，可我是因为遭遇了不幸才到他的王国来的，丝毫没有做生意的意思。当翻译把我的后一个请求说给天皇听之后，他显得有几分吃惊，说他相信我在我的同胞中还是第一个不愿履行这种仪式的人，因而开始怀疑我不是真正的荷兰人；他疑心我一定是个基督徒。尽管如此，由于我提的那些理由，而更主要是看在拉格奈格国王的面上，他就特别开恩迁就了我这与众不同的脾气。不过事情还得安排得巧妙，要吩咐他的官吏像是一时忘了那样把我放过去，因为要是我的同胞荷兰人发现了其中的秘密，他们一定会在途中将我的喉管割断。我通过翻译感谢天皇对我格外开恩。那时正好有一支军队要开到长崎去，天皇就命令指挥官安全护送我前往，关于十字架的事还特别做了关照。

　　一七〇九年六月九日，我经长途跋涉到了长崎。不久，我就结识了一些荷兰的水手，他们都是阿姆斯特丹的载重达四百五十吨的"阿姆波伊纳号"大商船上的。我在荷兰生活过很长时间，那时在莱顿求学，所以我的荷兰话说得

---

① 踩踏十字架是日本人探明外人是否为基督徒的一种仪式。

很好。水手们不久就知道我之前是从哪儿来的了。他们十分好奇地询问我的航海及生活经历。我尽可能地把故事编得简短而可信，绝大部分都隐瞒了下来。我在荷兰认识不少人，我可以捏造两个我父母的名字，假说他们是海尔德兰省出身寒微的百姓。我本来准备付给船长（一个名叫西奥朵拉斯·凡格鲁尔特的人）我到荷兰应付的船费，可他听说我是名外科医生后，就愿意只收半价，条件是我在我本行业务方面为他服务。开船前，有几名船员一再问我有没有履行以上提到的那种仪式。我避开了这个问题，只大概地回答他们说，天皇和朝廷的每一点具体的要求我都满足他们了。尽管这样，还是有一个叩头虫一样的歹毒的流氓跑到一位官员前，指着我对他说，我还没有踩过十字架。可是官员早已接到放我过去的命令，反而用一根竹子在这流氓的两个肩膀上打了二十下。从此以后就再也没有人拿这样的问题来烦我了。

航行途中没有发生值得一提的事情。我们一路顺风驶到好望角，在那儿停留也只是为了取点淡水。四月十日，我们安全抵达阿姆斯特丹，路上只有三名水手病死，还有一名在离几内亚海岸不远的地方从前桅上失足掉进了海里。之后不久，我搭乘阿姆斯特丹的一艘小船从那里启程回英国。

一七一〇年四月十六日，我们进入唐斯锚地。第二天早晨我上了岸，在离开了整整五年六个月之后，终于又见到了祖国。我径直往瑞德里夫而去，当天下午两点就到了家，看到妻子儿女全都身体健康。

第四卷　慧骃国游记

第一章

作者出外航海，当了船长——他的部下图谋不轨，把他长期禁闭在舱里，后又弃他于一块无名陆地——他进入这个国家——关于一种奇怪动物"野胡"的描写——作者遇见两只"慧骃"。

我跟妻子儿女在家快快活活地过了大约五个月。要是我当时懂得怎样才算是我的好日子就好了。我离开我那可怜的妻子时，她的肚子又大了。我接受了一份待遇优厚的邀请，到载重三百五十吨的"冒险号"大商船上当了船长，这是因为我对航海非常熟悉。另外，尽管有时也可以干干本行，但我对在海上做外科医生这样的工作已渐渐地感到厌倦了，于是我就招了一位技术熟练的年轻医生罗伯特·普里福伊到船上来担任外科大夫。一七一〇年八月七日，我们从朴茨茅斯扬帆起航；十四日，在特内里费岛①遇到了

_____

① 特内里费岛，距非洲西北海岸六十英里的加那利群岛中最大的一座岛。

布里斯托尔的坡可克船长，他那时正要到坎佩切湾①去采伐洋苏木。十六日，一场风暴把我们吹散了。后来我回到家才听说他的船沉没了，除一名船舱的服务员之外，无一人幸免。这人很诚实，是位优秀的海员，不过有点固执己见，因此他和另外的一些水手一样毁灭了自己。如果当时他听了我的话，也许这时候会同我一样平平安安地和自己的家人在一起了。

我船上有几名水手患热病死了，所以我不得不在巴巴多斯②和背风群岛③招募新水手；雇我的商人曾经指示我在这两地做短暂停留。可我不久就懊悔不已，因为我事后发现，这些新水手中大部分人都做过海盗。我船上一共有五十名水手，雇主的吩咐是，要我到南洋地区同印度人做生意，并尽可能地发现一些新的生意渠道。我招募来的这帮恶棍把我船上的其余水手全部拖下了水，他们一起策划了一个阴谋，要夺下这船，并且把我囚禁起来。一天早上，他们动手了，冲进船舱就把我手脚捆了起来，并威胁说，如果我动一动，就把我扔到海里去。我对他们说，我是他们的俘虏了，愿意听话。他们就强迫我发誓表示就范，然后给我松绑，只用一根链子将我的一条腿拴在床跟前。他们在我的门口设了一个哨，让他枪弹上膛，只要我企图脱身，就开枪把我打死。他们把吃的和喝的给我送到下面的舱里来，已开始指挥这船上的一切。这些人的计划是去当

---

① 坎佩切湾，北美洲东南岸的墨西哥湾的西南部分。

② 巴巴多斯岛，西印度群岛中的一个小岛。

③ 背风群岛，西印度群岛的一个岛群，位于巴巴多斯的西北方。

海盗，抢劫西班牙人，不过他们还得等纠集到更多的人时再干。他们决定先把船上的货物卖掉，然后去马达加斯加招募新手，因为我被囚禁起来之后，他们中已经死了几个。他们航行了好几个星期，同印度人做了一些生意，可是我一直被严严实实地禁闭在船舱里，就不知道他们走的是哪条航线了。他们一再威胁说要把我弄死，我也就认为自己只有死路一条了。

一七一一年五月九日，一个名叫詹姆斯·威尔契的人来到了我下面的船舱里，说是他奉船长之命来放我上岸。我向他哀告，却毫无结果；他也不肯告诉我他们的新船长是谁。他们让我把最好的一身衣服穿上，那其实是一身新衣服，又让我带了一包内衣，可是除腰刀之外不准我带任何武器。就这样，他们逼我上了一艘长舢板。不过他们还算讲点文明，没有搜查我的口袋，那口袋里放着我所有的钱和其他一些日常用品。他们划了大约有一里格，随后就把我丢到了一片浅滩上。我求他们告诉我这是什么国家，他们却一起发誓，说他们和我一样不知道这是什么地方，只说这是船长（他们这么称呼他）的主意，船上的货卖光，一见有陆地，就把我赶下船去。他们立刻将船划了开去，倒还劝我赶紧走开，要不潮水涌来就要把我吞没。就这样，他们和我告了别。

我在这荒凉的境地朝前走着，一会儿倒也走上了坚实的土地。我在一处堤上坐下来歇歇气，考虑我最好该怎么办。稍稍缓过劲来之后，我就进入了这个国家，决定一碰上什么野人就投降，用些手镯、玻璃戒指以及别的玩具向他们讨买一条性命；这些玩意儿当海员的在那样的航海途中总要带着，而我倒也带了几件在身上。这儿的土地被一长排一长排的树木相隔着；树并非人工种植，天然地长在那儿，没有什么规则。到处是野草，还有几块燕麦田。我十分小心地走着，生怕受到突然袭击，或者突然有一支箭从身后或两边飞来将我射死。我走上了一条由人踩出来的小路，看见上面有不少人的脚印，还有一些是牛蹄印，不过多数是马蹄印。最后我在一块地里看到了几只动物，还有一两只同类在树上坐着。它们的形状非常奇特、丑陋，让我感觉到几分不安，所以我就在一处灌木丛后面躺下来把它们看个仔细。其中有几只往前一直走到了我躺着的地方，这使我有机会把它们的样子看得清清楚楚。它们的头部和胸脯都覆盖着一层厚厚的毛发，有些蜷曲，有些挺直。它们长着山羊一样的胡子，脊背上和腿脚的前面部分都长着长长的一道毛，不过身上其他地方就光光的了，所以我倒能看到它们那浅褐色的皮肤。它们没有尾巴，臀部除了肛门周围以外也都没毛，我想那是大自然因为它们要坐在地上，才让它们在那儿长些毛以保护肛门的吧。它们常常采用这种坐姿，有时也躺下，还经常性地用后腿站立。它们爬起高树来像松鼠一样敏捷，因为它们的前后脚都长着尖利如钩的长爪。它们时常蹦蹦跳跳，蹿来蹿去，行动极其灵活。母的没有公的那么大，头上长着长而直的毛发，脸上没有毛发；除了肛门和阴部的周围，身上其他地方就都只有一层茸毛。乳房吊在两条前腿的中间，走路时几乎常常要碰到地面。公兽和母兽的毛发都有褐、红、黑、黄等几种不同的颜色。总之，在我历次的旅行中，我还从未见到过这么让我不舒服的动物，也从来没有一种动物天然地就叫我感到这般厌恶。我想我已经看够了，心中充满了轻蔑和厌恶，就站起身来走到了原先那条人行道上，希望顺着路走去最终能找到一间印第安人的小屋。我还没走多远，就碰上了一只这样的动物实实地挡在路上，并且直冲着我走来。那丑八怪见到我，就做出种种鬼脸，两眼死盯着我，就像看一件它从未见过的东西。接着它走过来靠我更近了，不知是出于好奇还是想伤害我，一下抬起了前爪。我拔出腰刀，用刀背猛击了它一下；我不敢用锋刃的一面砍它，怕当地居民知道我砍死或砍伤了他们的牲口会被激怒。那畜生吃了这一记就往后退去，一面狂吼起来，这一下马上就有至少四十头这样的怪兽从邻近的地里跑过来将我团团围住，它们又是嗥又是扮鬼脸。我跑到一棵树干底下，背靠着树，一面挥舞着腰刀不让它们靠近我。有几只该死的畜生抓住了我身后的树枝蹿到了树上，从那儿开始往我的头上拉屎。我把身子紧贴在树干上，总算躲了过去，但差点儿被从四周落下来的粪便的臭气闷死。

正当我这么痛苦不堪的时候，我看到这些畜生忽然全都飞快地跑开了，于是我就斗胆离开那树，继续上路，一面心里在想，会是什么东西把它们吓成这个样子呢？可是我往左边一看，却看到了地里有一匹马在慢悠悠地走着，原来虐待我的那些畜生比我先看到了它，所以全都跑了。这马走近我身边时先是小小地一惊，可很快就镇定了下来，它对着我的脸一个劲地看，显然非常惊奇。它看看我的手，又看看我的脚，围着我走了几圈。我本想继续赶路，它却硬挡在那儿，不过样子倒很温和，丝毫没有要硬来的意思。我们站在那儿互相盯着看了半天，最后我竟壮起胆子，摆出职业骑师驯野马时的架势，吹着口哨，伸手要去抚摸它的脖子。可是这只动物对我的这番好意似乎不屑一顾，它摇摇脑袋皱皱眉，轻轻地抬起右前蹄把我的手推开了。接着它又发出了三四声嘶叫，可每次音调全不一样，我不由觉得它那是用自己的什么语言在跟自己说话。

　　正当我和它这么相持不下的时候，又有一匹马过来了。它很庄重地走到第一匹马的跟前，互相轻轻地碰了碰右前蹄，然后轮流嘶叫了几声，声音各不相同，简直像是在说话。它们走开几步，像是要一起商量什么事；又肩并肩地来回走着，仿佛人在考虑什么重大事件，可是眼睛又不时地转过来朝我这边看，好像要监视我，怕我会逃跑似的。看到没有理性的畜生这种行为举止，我非常惊讶，不由得自己在那儿推断，马都这么有灵性，要是这个国家的居民具有相应的清醒的头脑，他们一定是世上最聪明的人了。这一想法给了我不少安慰，我因此决定继续往前走，直到我找着房屋或村庄，或者碰到个把当地的居民。那两匹马愿意谈就随它们在那儿谈吧。可是第一匹马（那是匹灰色的斑纹马）见我要悄悄地溜走，就在我身后长嘶起来。那声音极富意义，我都觉得我明白了它是什么意思。我于是转过身走到它跟前，看看它还有什么指示，一边却尽量掩饰自己内心的恐惧，因为我已经开始感到有几分痛苦，不知道这场险事到底会怎样收场。读者也不难相信，我是不大喜欢我当时的处境的。

两匹马走到我跟前，非常认真地端详我的脸和手。那匹灰色马用右前蹄把我的礼帽摸了一圈，弄得它不成样子，我只得脱下来整理一下后重新再戴上去。它和它的伙伴（一匹栗色马）见此似乎非常惊讶。栗色马摸了摸我的上衣襟，发现那是松松地在我身上挂着时，它俩就露出了更加惊奇的神色。它摸摸我的右手，手的颜色和那柔滑的样子似乎使它十分羡慕。可是它又将我的手使劲地在它的蹄子与骹中间猛夹，疼得我大叫起来。这么一来，它们倒又尽量温存地抚弄我。它们对我的鞋和袜感到十分困惑，不时地去摸一摸，又互相嘶叫一阵，做出种种姿势，倒像是一位想要解决什么新的难题的哲学家。

总之，这两只动物的举止很有条理、很有理性，观察敏锐而判断正确，所以我到最后做出了这样的判断：它们一定是什么魔术师，用了某种法术把自己变成现在这个样子，见路上来了个陌生人，就拿定主意同他来寻开心。要么它们可能真的是吃惊了，见到一个人，无论服装、外形与面貌也许都和生活在这么遥远的一个地方的人完全不同。我觉得这么推断很有道理，就大着胆子对它们说了以下的话："先生们，如果你们是会变戏法的人，我想你们一定是的，你们肯定什么语言都能懂，所以我要冒昧地告诉两位阁下，我是一名可怜的、不幸的英国人，遭遇不幸漂到你们这海岸上来了，我请求你们中哪一位允许我骑到背上，就像是骑真的马一样，把我驮到某个人家或者村庄，那样我就有救了。为了报答你们的恩德，我把这把刀和手镯当礼物送给你们（说话间我就把它们从口袋里取了出来）。"我说话时，这两只动物一声不响地站在那儿，似乎在极用心地听我说。我说完之后，它们互相嘶叫了好一阵子，仿佛是在进行什么严肃的谈话。我清楚地感觉到它们的语言很能表达感情，那词儿不用费多大劲就可以用字母拼写下来，比拼写中国话要容易。

我不时地可以分辨出有一个词是"野胡"，它们都把这词儿反复地说了几遍，虽然我猜不出那是什么意思，可当这两匹马忙着在那里交谈的时候，我就试着在嘴里练习起这个词来。它们的交谈一停止，我就壮了胆子高声地叫了一声"野胡"，同时还尽量地模仿那种马嘶叫的声音。它们俩一听，显然都十分吃惊，那灰色马还又把这词儿重复了两遍，意思好像是要给我正正音。我就尽力跟着它学了几遍，虽然还远谈不上尽善尽美，但每一次都有明显的进步。接着那匹栗色马又试着教我第二个词儿，可是比第一个难发多了；按照英语的拼写法，它可以拼作"Houyhnhnm"（慧骃）。这个词我发得不如前一个成功，可又试了两三次之后，也好多了。见我有这样的才能，它们都显得非常惊讶。

又谈了一些话之后（我当时推想可能与我有关），那两位朋友就分手了，同样又行了互相碰碰蹄子的礼节。灰色马示意我在它前头走，我想我在找到更好的向导之前还是依了它好。我一放慢脚步，它就会叫"混，混"。我猜到它是什么意思，就竭力设法让它明白，我累了，再快就走不动了。于是它就停下来站一会儿，让我歇歇脚。

第二章

作者由一只"慧骃"领到家中——关于房屋的描写——作者受到接待——"慧骃"的食物——作者因吃不到肉而感到痛苦，但最终找到了解决的办法——他在这个国家吃饭的方式。

大约走了三英里路之后，我们来到了一座长长的房子的前面。房子是先用木材插在地上，再用枝条编织建成的；房顶很低，上面盖着干草。这时我开始感到少许安慰，就把几件玩具拿了出来（旅行家们通常会带一些这样的玩意儿，把它们当礼物送给美洲等地的印第安野人），希望这家人会因此友好地接待我。那马对我做了一个姿势要我先进去。这是一间很大的房间，光光的泥土地面，一边是整整一长排秣草架和食槽。房间里有三匹小马和两匹母马，都不在吃料，有几匹倒是屁股着地坐在那儿，这叫我非常惊奇；可让我更加惊奇的是，剩下的那几匹在那儿做家务。看上去它们只不过是普普通通的牲口，可是却证实了我起初的那个想法：一个能把野兽教化成这样的民族，其智慧一定超过世界上所有的人。灰色马随后跟了进去，这样，其他的那些马就没有能够虐待我，否则我也许要吃些苦头。它以一种威严的姿态对它们嘶叫几声，它们则报以回答。

除了这间房以外，这一座长房子的尽头另外还有三间，通过相对的三扇门，把房间连在一起，构成一个深景。我们穿过第二个房间向第三个房间走去。这时灰色马先走了进去，示意我在外面等候。我就在第二个房间里等着，一边将送这家主人和主妇的礼物准备好；它们是两把小刀、三只假珍珠手镯、一面小镜子和一串珠子项链。那马嘶了三四声，我等着，希望能听到人声的回答，可是除了同样是马的嘶叫之外，我什么也没有听到，只是有一两声叫得比灰色马更尖利一些。我心里开始嘀咕，这房子一定属于他们中的什么大人物，因为我在得到召见之前似乎要经过许多礼节。可是，一位贵人的一切都得由马来侍候却是我弄不明白的。我怕自己被这种种遭遇和不幸弄得精神失常了，于是就振作起精神，把我一个人在的这个房间四面看了一下。房里的摆设还是同第一个房间一样，只是更雅致一些罢了。我擦了好几次眼睛，但看到的还是那些东西。我拧拧胳膊捏捏腰让自己清醒过来，这不是在梦里吧？然后我坚决地得出了这样的结论：出现的这一切肯定只是妖术和魔法。不过我来不及再往下细想了，那匹灰色马已经来到门口，它做了一个姿势让我跟它走进第三个房间。一进去，我就看到一匹非常漂亮的母马，它正和一匹小公马和一匹小母马屁股着地坐在相当考究、极其整洁的草席上。

我进房间后不久，那母马就从草席上站了起来。它走近我跟前，仔仔细细地把我的手和脸打量一番之后，竟露出了极为鄙夷的神色。接着它就转过身去向着那匹灰色马了。我听到它们一再地说起"野胡"这个词儿，虽然那是我学会说的第一个词，可它的意思我那时还不明白。不过没过多久我就弄清楚了，这使我永远感到耻辱。灰色马用它的头朝我点了点，又像刚才在路上时那样"混，混"叫了几下，我明白那是叫我跟它走。它带我出了房间，来到一个像院子一样的地方，那儿还有一座房子，离马住的房子不远。我们一走进去，我就看见三只我上岸后最先看到的那种叫人厌恶的畜生。它们正在那里吃树根和兽肉，我后来才发现那是驴肉和狗肉，有时也吃病死或意外死亡的母牛肉。它们的脖子上都拴着结实的枝条，另一头拴在一根横木上。它们用两只前爪抱住食物，再用牙齿撕下来吃。

马主人吩咐它的一名仆人（一匹栗色小马）将最大的一头解下来牵到院子里。我和那野兽被紧挨着排到一起后，主仆二马就开始认认真真地比较起我们的面貌来，随后即一遍又一遍地说"野胡"，"野胡"。当我看到这只可恶的畜生竟完完全全是个人的样子时，我的恐惧和惊讶简直无法形容。它的脸真是又扁又宽，塌鼻子，厚嘴唇，大嘴巴，但这些差别在所有野蛮民族的人身上都是很平常的，因为野蛮人总让他们的小孩子趴在地上，或者背在背上，孩子的脸贴着母亲的肩膀擦来擦去，面部轮廓就走了样。"野胡"的前爪除了指甲长、手掌粗糙、颜色棕黄、手背长毛之外，和我的手没有什么两样。我们的脚也有同样的相似之处，差别也和手的一样，这我心里非常清楚，然而马不知道，因为我有鞋和袜穿在脚上。我们身上其他各处也都相同，只是它多毛，颜色也不一样，这一点我刚才已经说过了。

这两匹马感到极其困惑的问题，大概是看到我身体的其他部分和"野胡"的大不相同，这我得归功于我的衣服，对于衣服它们是毫无概念的。那匹栗色小马给了我一段树根，它把它夹在蹄子和骹之间（它们拿东西的方法我以后有合适的机会再来细说）。我用手接了过来，闻了闻，重又十分礼貌地还给了它。它又从"野胡"的窝里拿来一块驴肉，可是气味极其熏人，我恶心得只好把头歪向一边；它于是就把这块驴肉扔给了"野胡"，结果一下就给它们狼吞虎咽地吞吃了。之后它又给了我一小捆干草和一马球节①燕麦，可我都是摇摇头，表示这两样都不是我吃的东西。说真的，我现在倒真担心起来了，要是我遇不上什么同类的人，我绝对要饿死了。至于那些龌龊的"野胡"，虽然那时没有人比我更热爱人类了，我也无论如何不能承认它们就是我的同类，我还从未见到过这么可憎厌的生物；我住在这个国家的那段时间里，越接近它们就越觉得它们可恨。这一点，那马主人从我的举止上也已经看出来了，于是它吩咐把"野胡"带回窝里去。接着它将前蹄放到嘴上，动作看上去非常从容自然，却令我大为惊讶。它又做了一些别的姿势，意思是问我要吃什么。可是我无法做

---

① 球节，马腿后部蹄子以上生距毛的突起部分。

出让它明白我意思的回答，而即使它明白了，我也不知道能想到什么办法为自己弄到食物。正当我们处在这种境况下时，我看到旁边走过一条母牛，我因此就指了指它，表示想上前去喝母牛的奶。这一下倒是起了作用。它把我领回家来，吩咐一匹做仆人的母马打开一间房间，里面整整齐齐、干干净净地存放着大量陶盆和木盆装着的牛奶。母马给了我满满一大碗，我十分痛快地喝了下去，顿时精神大振。

　　大约中午时分，我看到四只"野胡"拉着像雪橇一样的一种车子朝房子这边走来。车上是一匹老马，看上去像是有些身份的。它下车时后蹄先着地，因为它的左前蹄不小心受了伤。老马是来我的马主人家里赴宴的，马主人十分客气地接待了它。它们在最好的一间屋里用餐，第二道菜是牛奶熬燕麦，老马吃热的，其余马都吃冷的。它们的食槽在房间的中央摆成一个圆圈，分隔成若干格，它们就围着食槽在草堆上坐成一圈。食槽圈的中间是一个大草料架，上有许多尖角，分别对准食槽的每一个格子；这样每一匹公马和母马都能规规矩矩、秩序井然地吃自己那一份干草和牛奶燕麦糊。小马驹似乎行动很讲规矩，马主人夫妇对它们客人的态度则极为殷勤。灰色马让我在它的身边站着，它就和它的朋友谈了许多关于我的话，因为我发现客人不时地朝我看，而且又一再地说到"野胡"这个词儿。

　　我那时恰好戴着一副手套，那匹灰色马主人见了非常不解，它看我把我的前蹄子弄成这样，不觉露出种种惊奇的神色。它用蹄子在我的手套上碰了三四下，意思好像是要我把我的前蹄子恢复原样。我立即照办，将手套脱了下来放进了口袋。这一举动引起了它们更多的谈论。我看出大家对我这么做都感到很满意，不久我也看出了这一举动产生了很好的影响。它们让我说出我明白的那几个词。它们在吃饭时，马主人又把燕麦、牛奶、火、水等东西的名称教给了我，由于我从小就有很好的学习语言的本领，所以跟着它很容易就念了出来。

饭吃完以后，马主人把我拉到一边，又做姿势又说话让我明白，我没有东西吃它很担心。燕麦在它们的话里叫"赫伦"，我把这个词儿念了三四遍，因为虽然我起先拒绝吃这东西，可是再一想，我觉得我可以设法把它做成一种面包，到时和牛奶一起吃下去，或者就可以让我活命了，以后再设法逃往别的国家，找到我的同类。马主人立即吩咐它家里的一匹白母马仆人用一种木盘子给我送来了大量燕麦。我就尽量拿它们放在火上烤，接着把麦壳搓下来，再设法吹去麦皮。我把它们放在两块石头中间磨碎，接着加上水，做成了一种糊或者饼一样的东西，再拿到火上烤熟，和着牛奶趁热吃了下去。这东西其实在欧洲许多地方也是一种相当普通的食品，可是我刚开始吃觉得非常没有味道，时间一长也就过得去了。我这一生常常要落到吃粗饭的地步，可人的天性是很容易满足的，这也不是我第一次从经验中得到证明。另外我还不得不说一下，我在这座岛上居留期间，连一个小时的病都没有生过。当然我有时也设法用"野胡"的毛发编织罗网来捉一只兔子或鸟儿什么的；也常常去采集一些卫生的野菜，煮熟了和着面包一起吃，或者就当生菜吃；间或我也做点奶油当稀罕物，而且把做奶油剩下来的乳清也都喝了。开头我吃不到盐简直不知该怎么办，可是习惯成自然，不久以后，没有它也无所谓了。我相信，我们老是要吃盐其实是一种奢侈的结果，因为把盐放到饮料中起初是用来刺激胃口的，所以除了在长途的航海中，或者在远离大市场的地方贮存肉食需要用盐以外，食盐是没有必要的。我们发现，除了人，没有一种动物喜欢吃盐。至于我自己，离开这个国家之后，一直到过了好长一段时间，我才吃得下有咸味的食物。

关于我的饮食问题已经说得够多的了。其他的旅行家在他们的书中也都大谈这个题目，好像读者个个都很关心我们这些人是吃得好还是坏。不过这件事还是有必要提一下的，否则说我在这样一个国家和这样一群居民一起生活了三年，世人哪会相信！

傍晚到来的时候，马主人吩咐给我预备一个住处。住处离马住的房子有六码远，跟"野胡"的窝是分开的。我弄了一些干草，身上盖着自己的衣服，睡得倒也很香。但很快我就住得更好了，我后面还要详细叙述我的生活方式，读者到时会知道的。

第三章

作者得到"慧骃"主人的帮助和教导，认真学习它们的语言——关于这种语言的介绍——几位"慧骃"贵族出于好奇前来看望作者——他向主人简单报告他的航海经过。

我那时主要是想努力学习它们的语言。我的主人（我以后就一直这么叫它）和它的子女们以及家中的每一名仆人都愿意教我。一头畜生竟有理性动物的种种表现，它们觉得这真是一种奇迹。每样东西我都是用手指着问它们叫什么名称，我一个人的时候就把这些名称记到自己的日记本里，发音不好，我就请家里的马多发几遍帮我纠正过来。这方面，有位当仆人的栗色小马随时都愿意帮我的忙。

它们说话主要是用鼻音和喉音，就我所知道的欧洲语言来看，它们的语言和高地荷兰语或者德语最接近，不过要优雅得多，含义也更为丰富。查尔斯五世[1]就发表过类似的见解：他要是同他的马说话，就用高地荷兰语。

我的主人异常好奇且很没有耐心，空闲的时候就花上好几个小时来教我。它坚信（这是它后来告诉我的）我是一只"野胡"，可是我可教、有礼貌、干净，这样一些与"野胡"那样的动物完全相反的品质令它大为惊奇。最叫它困惑的就是我的衣服了；有时它自己在那儿想，这些东西会不会是我身体的一部分呢？因为我从来都是等它们全家都睡了才脱衣服，早晨它们还没有醒倒又穿上了。我的主人急于想知道我是从哪儿来；我的一举一动看来都很有理性，这又是怎样获得的。它还极想要我亲口对他讲我的故事；我学它们的语言，单词和句子现在都能说得很熟练了，所以它希望我不久就能亲口把我的经历告诉他。为了帮助记忆，我把学过的所有单词全都用英文字母拼好，连同译文一起写了下来。一段时间之后，这最后一件事，我当着我主人的面也敢做了。不过我费了不少劲向它解释我那是在干什么，因为这些马民根本就不知道书或者文学是怎么回事。

大约十个星期之后，它提的大部分问题我都能听懂了，而三个月一过，我已经能够勉强地回答它的问题。它极想知道我来自这个国家的哪一个地区，怎样学到了模仿理性动物的本领，因为"野胡"（仅仅从可以看得到的头、手和脸来看，它认为我完全像一只"野胡"）虽看似有几分机灵，却最爱捣鬼，据说是一切兽类中最不可调教的畜生。

---

① 查尔斯五世，神圣罗马帝国皇帝。据说他曾说过，他跟他的上帝谈话说西班牙语，跟他的情妇说意大利语，跟他的马说德语。

我回答说，我来自一个遥远的地方，和许多同类坐着一个用树干做成的中凹的巨大容器，漂洋过海到了这里。我的同伴强迫我在这里的海岸登陆，丢下我让我自己听天由命。我费了相当的口舌，又借助于不少手势，才使它明白了我的意思。它回答说，我肯定是弄错了，要不就是我说的事并非它本来的那个样子（它们的语言中没有任何表示说谎或者虚假的词儿）。它知道海那边是不可能还有什么国家的，一群畜生也不可能随心所欲地在水面上移动一个木头容器。它肯定，现在活着的"慧骃"中还没有哪一个能制造出这么一个容器，也不放心让"野胡"设法做这样的事。

"慧骃"这个词在它们的语言中意思是"马"，就它的词源而言，是指"大自然之尽善尽美者"。我对我主人说，我不知道该怎样表达自己的意思，不过一定尽快争取进步，希望短时间内就能告诉它种种稀奇古怪的事。它非常高兴，就指示它自己的母马、小马以及家中的仆人利用所有的机会来教我，而它自己每天也要花上两三个钟头教我。住在附近的几位男女马贵族听说我们家来了一只神奇的"野胡"，能像"慧骃"那样说话，言谈举止似乎还显露出几分理性，就经常上我们家来访问。这些马贵族很高兴同我谈话。它们向我提了许多问题，我则尽我所能地给予回答。所有这一切便利条件倒使我大获进步，从我到这地方后算起，五个月之后，它们无论说什么我都能听懂了，也能够相当不错地表达我自己的意思。

为了想看看我并且想同我交谈而来拜访我主人的"慧骃"，都不大相信我真是一只"野胡"，因为我的身上盖着一层东西，和我的"野胡"同类不一样。它们感到非常惊讶，看到我身上除了头、脸、手之外，没有那通常的毛发和皮肤。然而，大约两个星期前发生的一桩意外事件却使我向主人泄露了我的秘密。

我已经跟读者说过，每天晚上等全家都入睡之后，我是习惯要把衣服脱下来盖到身上的。有一天大清早，我的主人派它的贴身仆人栗色小马来喊我过去。它进来时我睡得正酣，衣服掉到一边去了，衬衫都在腰部以上。它发出的声音把我吵醒，我见它把主人吩咐的话说得有点颠三倒四，说完就跑回主人那里，惊慌失措地把它看到的情况胡乱报告了一通。这我立刻就知道了，因为我一穿好衣服就去拜见主人时它问，它的仆人所报告的情况到底是怎么回事，为什么我睡觉时的样子和别的时候不同。它的贴身仆人告诉它，我身上有的地方是白色的，有的地方是黄色的，至少不是那么白，还有的地方则是棕色的。

为了尽可能显示我与那该死的"野胡"不是一个族类，我至此一直严守着我穿着衣服这一秘密，可是现在却再也守不住了。另外，考虑到我的衣服和鞋子已越来越糟，很快就要穿破，我得想法子用"野胡"或者别的兽类的皮另做一套替上，那样一来，整个秘密就要被它们知道了。因此我就对主人说，在我来的那个国家，我的那些同类总是用加工过的某种动物的毛皮来遮蔽身体，那一方面是为了体面，另一方面也是为了防御炎热和寒冷的恶劣气候；这一点，要是它愿意看，我自己立即就可以证明。不过要请它原谅，有些地方不能暴露，因为大自然教我们要把那些地方遮掩起来。它说我讲的话真是稀奇，特别是最后那一句，因为它不明白，大自然既已赋予我们的东西，为什么又要教我们藏起来。它说，不论它自己还是它家人，对自己身上的任何部分都不觉得有什么羞耻。不过，我愿意怎样就怎样吧。它这么一说，我就先解开上衣把它脱了下来，接着我又同样把背心脱掉，再把鞋、袜和裤子都扯了下来。我把衬衣放下来盖到腰部，再拉起下摆拦腰打一个结，盖住赤裸裸的肉体。

我的主人十分惊奇地观看了我的整个脱衣表演。它用马骹把我的衣服一件件拿起来仔细观察，随后十分轻柔地抚摸我的身体，又前前后后地打量了我好几遍，完了它说，显然我是一只地地道道的"野胡"，不过我和其他的同类比还是有很大的不同，我的皮肤柔软、洁白、光滑，身上有些地方没有毛，我的前后爪都短，形状也不同，而且我还总爱用两只后脚走路。它表示不想再看了，就准许我把衣服重新穿上，因为我已经冻得发抖了。

它时时把我叫作"野胡"，我只好向它表示我感到很不安，对这种可恶的动物，我有的只是彻底的痛恨和鄙夷。我求它不要再用这个词儿叫我了，也请它吩咐家人和得到它允许前来看我的朋友都不要这样叫我。我还请求它为我保密，至少是只要现在的这身衣服还可以穿，除了它自己，就别再让他人知道我身上有这一层伪装了；至于说它的贴身仆人栗色小马看到了真相，它可以命令它瞒着不说。

所有这些我的主人都十分宽宏大量地答应下来了，这样秘密就一直守到我的衣服再也不能穿的时候。我不得不想些办法来添置衣服，这件事我后面还要提到。与此同时，它还要我继续努力学习它们的语言，因为它最感到惊奇的还是我那说话和推理的能力，而对我身体的样子，则不论有没有穿着衣服，它都不像对前者那样感到惊奇。它又说，我曾答应过给它讲一些稀奇古怪的事，它都有点等不及了。

从这时候起，它就加倍努力来教我学习。它带我见每一位客人，并让它们以礼待我，因为它私下里对它们说，那样会使我高兴，我也就会变得更加好玩了。

每天我在侍候它的时候，除了它不厌其烦地教我之外，它总还要问几个关于我的问题，我就尽我所能地回答它。它用这些方法已经大致了解了一些情况，不过还很不全面。至于我怎么一步步提高到能同它做更加正规的交谈，说起来就未免冗长乏味了，不过我第一次比较详细而有条理地叙述我身世的谈话，内容大致是这样的：

我早已试图告诉它，我跟我的大约五十个同类来自一个十分遥远的国家，我们乘坐一只比它阁下的房子还要大的木制的中凹容器在海上旅行。我用最好的措辞把我们的船描述给它听，又借助于手帕，向它解释风怎样把船吹向前去。一次我们发生争吵后，我就被抛到了这里的海岸上。我往前走着，不知道身在何处，后来为那些可恶的"野胡"所困，还是它把我救了出来。它问我船是谁造的，我们国里的"慧骃"怎么能把船交给一群畜生去管理。我回答说，我不敢再往下说了，除非它保证听后不生气，那样我才能把之前经常答应要跟它说的奇事告诉它。它答应不生气，我这才继续往下说，告诉它船就是由像我这样的人造的；

在我旅行过的所有国家里，在我的祖国也是一样，我这样的人类是唯一的统治者，也是唯一的有理性的动物。我到这里以后，看到"慧骃"的一举一动像是有理性的动物，感到非常吃惊，这就仿佛它或者它的朋友在一只它愿意叫作"野胡"的动物身上发现有几分理性时也感到吃惊一样。我承认我身上各处都像"野胡"，可我无法明白它们的本性竟这般堕落、凶残。我又说，如果我命好还能回到祖国去，说起在这儿旅行的情况（我是决定要说的），大家都要认为我说的事属于"子虚乌有"，是我自己脑子里凭空捏造出来的。我虽然对它自己、它的家人、它的朋友都非常尊敬，同时它也曾答应不生我的气，可我还是要说，我们的同胞很难相信，"慧骃"竟能做一个国家的主宰，而"野胡"却是畜生。

第四章

"慧骃"的真假观——主人不同意作者的说法——作者更为详尽地叙述自己的身世和旅途经历。

我的主人听了我的话后，脸上露出了十分不安的神色，因为"怀疑"或者"不相信"在这个国家几乎没有人知道是怎么回事，遇到这样的情形，居民们都不知道怎么办才好。我记得，在我和主人关于世界上其他地方的人的人性的多次谈话中，我有时也曾说到"说谎"或者"说瞎话"，它听懂我的意思非常困难，尽管它在别的方面有极强的判断力。它是这样论证的：言语的作用是使我们能彼此了解，还有就是使我们对事实的真相获得了解；好了，如果一个人把没有的事说成有，言语的那些作用就被破坏了，因为我不能说是了解了对方，也远不能说是了解了事实的真相，他搞得我把白当成黑，长认作短，简直比无知还要糟糕。这就是它对于"说谎"这种本领的全部看法，而我们人类对此早已了解得一清二楚了。

言归正传。当我断言在我们国家"野胡"这种动物是唯一的统治者时，我的主人说那完全是它没有想到的。它想知道，我们那儿有没有"慧骃"，它们又做些什么工作。我告诉它我们那儿有很多；夏天它们在田野里吃草，冬天就养在家吃干草和燕麦；做仆人的"野胡"替它们擦身子、梳鬃毛、剔蹄垢、喂食料，还给它们铺床。"我非常明白你的话。"我主人说，"很显然，从你所说的一切来看，不论'野胡'自以为有多少理性，'慧骃'还是你们的主人。我衷心希望我们的'野胡'也能像你们那样驯良。"我请求它原谅我不再说下去了，因为我非常肯定，那些它等着我说下去的话一定会叫人极不愉快。可是它坚持要我跟它说，不论好坏它都要听听。我就对它说遵命。我承认，我们那儿的"慧骃"（我们管它叫"马"）是我们所有动物中最宽厚、最英俊的一种，在力量与速度方面超过其他一切动物；假如它们属于那些贵族，就会被用于旅行、比赛或者拉车；它们会受到十分友好和周到的照料，一直到病倒或者跌折了脚，才会被卖掉去从事各种各样的苦力，一直到死；死后皮被剥掉按价出售，尸体则丢给狗和猛禽吞食。可是普通的马就没有这样的好福气了，它们由农夫、搬运工和其他一些下等人豢养，被迫出苦力，吃的却不如别的马。我把我们骑马的方法，缰绳、马鞍、踢马刺、马鞭、马具和轮车的形状及用处尽可能地描述了一番。我还说，我们在它们的脚底安上叫作"蹄铁"的一种硬铁板，因为我们经常在石子路上旅行，这样它们的蹄子就不会被磨破。

我的主人听完我的描述大为愤慨，它感到奇怪我们怎么敢骑到"慧骃"的背上，因为它十分肯定，它家中最孱弱的仆人也能把最强壮的"野胡"掀翻在地，或者躺下来在地上打个滚也能把那畜生压死。我回答说，我们的马从三四岁起就接受训练，让它去做我们要它做的事情。如果有的马顽劣不驯，就用它去拉车。马小的时候玩任何花招，都要被狠狠地教训。一般用来骑坐或拉车的公马，通常在两岁左右就被阉割了，这样挫其锐气，使它们的性情变得柔顺而温良。它们还确实能分得清什么是赏，什么是罚。可是阁下应考虑到，它们所具有的理性一点也不比这个国家的"野胡"来得多。

我费尽口舌啰啰唆唆说了老半天才使我那主人听明白了我的话。它们的语言词汇不够丰富，因为它们的需要和情欲比我们的要少。可是我简直无法形容它对我们野蛮地对待"慧骃"种族有多痛恨，特别是在我说明阉马的方法和作用，使它们不能繁殖后代，使它们更加顺从以后，它更是深恶痛绝。它说，要是有可能有这么一个国家，其中只有"野胡"才具有理性，毫无疑问它们应该成为统治者，因为理性最终总是战胜蛮力。但是就我们的体格来看，特别是我的体格，它认为同样大小的动物再没有比我们这种构造更糟糕的了，日常生活中根本就无法应用理性。它因此又想知道，和我们在一起的那些"野胡"是像我呢，还是像它们那个国家的"野胡"。我告诉它，我和我的大多数同龄人长得一样健全，而年纪小一点的人和女人长得要柔嫩得多，女人的皮肤一般都像牛奶一样洁白。它说我倒是确实和别的"野胡"不一样，身上比它们干净得多，样子也不那么难看。可是，从是否真正占优势这一点来看，我与别的"野胡"之间的这些差别，使我反倒还不如它们：我的前后脚上的指甲就没有什么用场；至于我那前脚，它简直就不能管它们叫前脚，因为它从来就没有见我用前脚走过路，太柔嫩了，经不起在地上走；走路时前脚通常也不戴套子，有时候戴的那个形状也不同，也不如后脚那套子结实。我走起路来一点也不可能稳当，因为两只后脚中只要有一只滑一下，我就必然跌倒在地。它接着又开始对我身上其他地方挑毛病：面部太扁，鼻子太高，两只眼睛直朝前，不转动一下头，两旁的东西就都看不到。它又说我如果不把其中的一只前脚举到嘴边就吃不到食物，为了满足这一需要，大自然倒还给我安上了那些关节。可它不明白我后脚上也那么分几个口子又派什么用场；我的后脚太柔嫩，不穿上用别的兽皮做成的套子就无法在又硬又尖的石子上走路。我的整个身上也缺少一种抗热御寒的防护物，每天都得把那一身衣服拿来穿上脱下，真是不胜其烦。最后它说，这个国家的每一只动物生性就讨厌"野胡"，比它们弱的躲着它们，比它们强的就把它们从身边赶开。因此，就算我们具有理性的天赋，它也看不出怎样才能去除所有动物对我们怀有的那种天然的厌恶，这样我们又怎能驯服它们，使它们为我们效劳呢？不过它说，这件事它不再和我辩论下去了，因为它更想知道我个人的故事、我出生的那个国家的情况，以及我来这里之前的一些生活经历。

我向它保证，我是多么愿意把方方面面的情况都告诉它让它满意，不过我又很怀疑，不知道能否把有些事情解释清楚，因为我要说的那些事，我在它们国内还没见到有相同的，主人阁下可能一点概念都没有。即使如此，我还是会尽力，会设法通过种种近似的事物来表达自己的意思，如果一时找不到恰当的字眼，还乞请它予以帮助。它听了欣然应允。

我说我出生在一个名叫英格兰的岛上，那岛离这个国家很远，就是主人最强壮的仆人也要走上一年才能走到。我的父母都是忠厚人，他们培养我做一名外科医生，这种职业就是给人治疗身上的各种创伤，那有可能是由意外造成的，也有可能是由暴力带来的。我的国家由一个女人统治着，我们管她叫"女王"。我离开祖国是为了发财，这样回去后就可以靠挣来的钱养活自己和家人。在我最近的一次航海中，我是那船上的船长，手下大约有五十个"野胡"，其中不少人在航海途中死了，我因此不得不从沿途各国招募新人来补充缺额。我们的船有两次险些沉没，第一次是遇上了大风暴，第二次是触了礁。说到这里，我的主人插了一句，它问我，既然我蒙受了那么多损失，又遭遇了种种危险，我怎么还能说动不同国家的陌生人跟我一道出来冒险。我说他们都是一些亡命之徒，由于贫穷所迫或是犯了什么罪，才不得不逃离故土。有的是因为吃官司弄得倾家荡产；有的则因为吃喝嫖赌把财产全部花光；有的是背叛祖国；还有不少人是因为犯了凶杀、偷窃、放毒、抢劫、假证、伪造、私铸假币、强奸、鸡奸、变节、投敌等罪行才被迫出走的。这帮人大多是越狱的，没有一个敢

267

回到祖国去，他们害怕回去受绞刑或者关在牢里饿死，所以只好到别的地方去另寻生路。

在这次谈话中，我的主人曾好几次打断了我的话。我绕来绕去费了不少口舌向它说明那几种罪行的性质，我船上的大部分水手就是因为犯了那些罪才不得不逃离祖国的。这桩费劲的事我们谈了好多天才谈完，它也终于明白了我的意思。它本来完全不理解干那些恶劣的事有什么用处，又有什么必要。为了让它搞清楚，我就尽力把争权夺利以及淫欲、放纵、怨恨、嫉妒的可怕后果解释给它听。在解释和描述这一切时，我只能凭借举例和假设的方法。它听我说完之后，不由得抬起眼，显得惊奇而愤慨，就像一个人看到或听到了见所未见、闻所未闻的事时受了震惊一样。权力、政府、战争、法律、刑罚以及许许多多其他的东西在它们的语言中根本就找不到可以表达的词汇。在这种情况下，要使我的主人弄明白我说话的意思，那几乎是不可克服的困难。但是，它的理解力非常出色，又经它沉思细想，加上我们的交谈，它的理解力大有提高，因此终于对我们那部分世界里的人类能做出些什么事来，有了充分的了解。它同时又希望我能把我们叫作欧洲的那块土地，特别是我自己国家的情形，详细地说明一下。

第五章

作者奉命向主人报告关于英国的情况——欧洲君主之间发生战争的原因——作者开始解释英国宪法。

读者请注意，以下是我同我的主人多次谈话的摘录，它包括了两年多的时间里我们几次交谈的最重要的内容。我学习"慧骃"语有了更进一步的提高，主人阁下就常要我更详细地谈一谈让它听个满意。我尽力把整个欧洲的情况都对它说了；我谈到了贸易和制造业，艺术和科学；它提的每一个问题我都做了回答，因为这些问题涉及许多学科，是丰富的谈话资料，一时都说不完。不过我这里只想把我们之间就我自己的国家所谈的要点记录下来，我将尽量记得有头有绪一点，但不受时间先后或其他情况的限制，同时我还将严守事实。我唯一担心的是，我可能很难表达好我主人的论点和看法，因为我能力不够，而又不得不把它的话译成我们这粗野的英语。

接下来我奉主人阁下的命令，给他讲述了奥伦治亲王①领导的革命和对法国所进行的长期战争；那次战争是由亲王发动的，之后由他的继承者当今女王②重新开战，基督教世界的列强都参战了，战争至今仍在进行之中。我根据它的要求算了一下，整个战争过程中，大约有一百万只"野胡"被杀，一百多座城市被攻陷，五百多艘战舰被焚毁或击沉。

　　它问我，一个国家和另一个国家交战通常是什么原因或者动机。我回答说，那可不胜枚举，不过我只能把几个主要的提一提。有时是因为君王们野心勃勃，总认为受他们统治的土地和人民不够多；有时是因为大臣们腐化堕落，唆使自己的主子进行战争，以此压制或者转移老百姓对他们腐败的行政管理的强烈不满。意见不合也曾使千百万人丧生，比如说，究竟圣餐中的面包是肉呢，还是肉就是面包？某种浆果（葡萄）汁是血还是酒③？吹口哨是坏事还是好事④？那棍子（十字架）是吻它一下好呢，还是最好把它扔进火里？什么颜色的上衣最好？是黑的？白的？还是红的？灰的？是长一点呢还是短一点？瘦一点呢还是肥

---

① 奥伦治亲王威廉（1650—1702），一六八九至一七○二年任英国国王，资产阶级和地主贵族阶级的傀儡。他在一六八八年政变（所谓"光荣革命"）后即位。一六八八至一六九七年，英国、荷兰等国对法国作战。

② 指一七○二至一七一四年在位的英国安女王（1665—1714）。一七○二至一七一四年，英国联合奥地利、荷兰、葡萄牙、丹麦对法国和西班牙作战，这场战争历史上称为西班牙王位继承战争。

③ 指基督教关于化体（圣餐面包和酒变成耶稣的肉和血）的辩论。

④ 指关于教堂礼拜时是否奏乐的辩论。

一点？是脏一点好呢还是干净一点好[①]？诸如此类的争论还有许多许多。也没有什么战争像由意见不合引起的战争来得那么凶残、血腥而持久，尤其是当他们在无关紧要的事情上意见不合时，引起的战争就更是如此了。

有时两位君王为谁该夺取第三位君王的领土而发生争吵，但事实上他俩谁也无权占领那块领土。有时一位君王跟另一位君王争吵，是怕那一位君王要来跟他争吵。有时发动战争是因为敌方太强大了，有时则又因为敌方太软弱。有时候是因为我们的邻国没有的东西我们有，或者我们没有的东西他们有，结果双方打起来，直到他们抢了我们的东西，或者把他们的东西给了我们，仗才会结束。如果一个国家的人民为饥荒、瘟疫所害，或者国内党派纷争，局势紊乱，这时发动战争侵略这个国家就有了十分正当的理由。如果我们最紧密的盟国有一座我们唾手可得的城市，或者有一块领土我们夺过来就可以使我们的疆土圆满完整，那我们就很有理由同他们干一仗。如果一个国家的人民又贫穷又无知，那么君王把军队一开进这个国家，就可以合理合法地将一半的人都处死，剩下的叫他们做奴隶，这么做是为了让他们开化，放弃那野蛮的生活方式。一位君王为了抵御别国的侵略请求另一位君王的援助，那位援助者把侵略者赶走之后，竟自己抢占下这领土，而把他前来援助的那位君王或杀或监禁或流放；这样的事时有发生，真不失为体面光彩的君王之道。血缘或者婚姻关系也常常

---

① 指关于十字架和教士衣着的辩论。

是君王之间发生战争的原因，关系越亲，还越容易引起争吵。穷国挨饿，富国骄横，骄横与饥饿则永不能相容。由于这种种原因，士兵这一职业在所有职业中最最受人尊敬，因为士兵也就是一只受人雇用的"野胡"，尽管它的同类从来都没有冒犯过它，它却可以将它们无情屠杀，并且杀得越多越好。

在欧洲还有一类穷得像叫花子一样的君王，自己无力发动战争，却把军队出租给富有的国家，出租一个士兵每天收取多少租金，这其中四分之三的收入就归君王自己，而他们主要也就靠这部分收入来维持其开支；德国和北欧许多国家的君王就属于这一类。

我的主人说："有关战争这个问题你告诉我的一切，倒真是极妙地揭示了你们自以为有的那个理性所产生的后果；不过所幸的是，你们的羞耻心倒还大于你们的危险性，这一本质就使你们根本不可能更多地为非作恶。你们的嘴平平地长在脸上，除非彼此同意，相互之间很难咬得起来。再说你们的前后爪，又短又嫩，我们这里的一只'野胡'就可以将你们的一打赶跑。这样，我再重新计算一下在战争中伤亡的人数，我只能认为你所说的事实属乌有。"

我不禁摇头笑了笑，笑它没有见识。我对战争这一行并不陌生，就把什么加农炮、重炮、滑膛枪、卡宾枪、手枪、子弹、火药、剑、刺刀、战役、围攻、撤退、进攻、挖地道、反地道、轰炸、海战等等描述给它听。我还讲到载有千名士兵的许多战舰被击沉，双方各有两万人丧生；还有那临死时的呻吟、飞在半空中的肢体，硝烟、嘈杂、混乱，马蹄下人被践踏至死;逃跑、追击、胜利;尸横遍野,等着狗、狼和猛禽来吞食;掠夺、抢劫、强奸、烧杀。还有,为了说明我亲爱的同胞的勇敢,我还告诉它我曾亲眼看到在某次围城战役中他们一次就炸死了一百个敌人,还看过他们炸死一艘船上的一百个敌人;看到被炸得粉碎的尸体从云端里往下掉,在一旁观看的人大为快意。

我正准备更为详细地往下讲,我的主人却突然命令我打住。它说,任何了解"野胡"本性的"慧骃"都不难相信,如此万恶的畜生,要是其体力和狡诈赶得上其凶残的性情,那么,我说到的每一件事它都是可能做出来的。但是,因为我的谈话更增加它对整个"野胡"一族的憎厌,它倒觉得自己心绪不安起来,这种情况是它以前从来都不曾碰到过的。它想自己的耳朵听惯了这种可恶的词儿,会不会逐步也就接受了它们,而不再像原先那样对"野胡"生厌了。它说虽然它憎恨这个国家的"野胡",痛责其可恶的本性,然而其憎厌也不过像对一只残暴的"格拿耶"(一种猛禽)或一块割伤了它蹄子的尖石头一样罢了。可是,既然一只自以为有理性的动物能做出如此罪大恶极的事来,它就怕理性堕落到后来比残暴本身还要来得糟糕。因此它似乎很肯定地认为,我们所拥有的并不是理性,而只是某种适合助长我们天生罪恶的品性而已,仿佛一条被搅动的溪水,丑陋的影像映照出来不仅比原物大,还更加丑陋。

它又说,关于战争这个题目,它在这次以及前几次谈话中已经听得太多了,现在有一点它还弄不太明白。我曾告诉过它，我们的水手中有些人是因为被法律弄得倾家荡产才离开祖国的，而我也曾向它解释过法律一词的意思，所以它就搞不懂本来旨在保护每个人的法律，怎么竟会将人家毁掉。因此它就希望知道得更详细一点，我所谓的法律到底是什么意思。一经他们的手，任何人的财产不是得到保护，却反而丢失，那到底是些什么人？它又说它看不出名叫"法律"的这个东西有什么必要，因为一切理想和目标都可以听从自然与理性的支配而得以实现；既然我们自命为理性动物，那么自然与理性就足以指示我们什么该干，什么不该干。

我对主人阁下说，法律这门科学我几乎没有什么研究，仅有的一点法律知识还是因为有几次自己的权利受了侵害而去聘请律师得来的，结果请了他们也还是没有用。再有就是我和用了与我同样的方法的人交谈也获得了些许法律的知识；那些人丢了财产后，感到失望而屈辱，就离开了自己的祖国。尽管如此，我还是要尽我力将我知道的全都告诉它。

我说，干律师这一行的人，数量多得几乎同毛毛虫相等；他们的程度、等级、名目各有不同。因为他们的人数太多，所以干这一行如果想公正合理地赢利赚钱，那好处就太少，根本不足以维持大批大批的后继者体面而阔绰的生活。结果呢，他们发现有必要靠刁滑和奸诈才能获取正当和诚实的手段所得不到的东西。为了更好地实现这一目标，我们那里就有那么一帮人，从年轻时起就接受培养，学习怎样通过搬弄文字将白说成黑、黑说成白这么一种本领；他们怎么说全看你给他们多少钱而定。这帮人狂妄自大，厚颜无耻，却还赢得群众的信任，群众还都依附他们，这样他们也就以某种方式使群众变成了他们的奴隶；干律师这一行的最大一部分收入也就到了他们的手中。这些律师是由所谓能明辨是非的讼棍担任的（实际是一些混淆是非的人，或者说得更确切一点，是公理的破坏者）。我和我的一些朋友就是运气不好曾不幸落到干那一行的一类人手中。我希望主人阁下能理解，我下面要描述的事和我已经诉说的那些倾家荡产的事，都只和这一部分人有关。因为这些人的手段，我们蒙受了种种不幸，我最好是举个例子来向主人说明这些人一步步是怎么做的，那样它就更容易明白那些手段是怎么回事了。

比方说，我的邻居看中了我的一头母牛，他就会聘请这么一位律师来证明，牛是他的，该由他把牛从我这儿牵走。由于任何人都不准为自己辩护，那是违反法律的所有规定的，所以我就必须聘请另一位律师来替自己的权利辩护。好，就这桩案子来说，我作为母牛的真正的主人，却有两大不利之处。第一，我的律师几乎从摇篮时代起就一直是为虚假辩护的，现在要他来为正义辩护，他就很不适应；由于违反他的常规，即使他不对我怀有恶意，辩护起来也一定是极不熟练的。第二个不利之处是，我的律师还得谨慎行事，因为那么多人都得靠干执法这一行活着，速判速决，律师的生意就要减损，这样他既会招来法官们的不开心，还会引起同行弟兄的敌意和仇恨。这种情况下，要保住我那头母牛，我只有两种办法。第一是出双倍的钱将我对手的律师买通，因为他所受的训练就是那样，我完全有理由指望他受金钱诱惑背叛他本来的当事人而倒向我这一边。第二种办法是让我的律师不要硬坚持说公理在我这边，要说得好像那母牛就属于我的对手似的。这种办法要是用得巧妙，我最终就会赢得有利于我的裁决，这是通过对种种事件的仔细观察而发现的；在这些法官的筹划安排下，错的一方更有机会获胜，特别是当那指派来裁决财产纠纷以及审判罪犯的人，是经前面提到的那一宗派中的大宠臣或朝廷贵妇推荐，从律师这一职业中挑选出来的最有学问、最聪明的人时（我和我朋友的案子就碰到了这种情况），错的一方就更有机会获胜了。这帮人因为一辈子都对公正和公道持有强烈的偏见，所以极需搞欺骗、伪证和压制的手段；我就知道其中有些人宁可拒收正义一方的一大笔贿赂，也不肯损害自己这种能力；另外，由于年老体弱脾气坏，到头来变得又懒又随便，几乎完全无力胜任与他这一职业的责任要求相符合的任何工作。如此教养、如此素质的人所做出的裁决，我们完全可以想到是有利于错误的一方的；这也并不奇怪，那些能把高谈阔论、吵吵嚷嚷就当是论理说道的人（只要说得慷慨激昂、洋洋洒洒），可以推断出谁在那儿使劲地辩护，谁就是论争的胜利方。

　　这些人还有这样一条准则：无论他们以前做过什么事，再做的话都可以算是合法的。因此，他们特别注意将以前所做的每一次裁决都记录在案，即使是那些由于他们无知或腐化而做出的与普通公理原则和一般的人类理性相背的裁决也统统记录下来。这些他们名之曰"判例"，拿出来当权威的典据，凭借这些东西企图使他们最最偏私的意见公正合理化，而他们这么做运气还偏偏就极好，所做出的裁决难得不是称心如意的。

在辩护时，他们故意不论案件的是非曲直，而是大着嗓门、言辞激烈、喋喋不休地大谈特谈与案件毫不相干的其他所有情况。比如就拿前面提到的那个案子来说吧，他们根本不想知道我的对手有什么理由或权利要占有我那头母牛，却只是问那母牛是红色还是黑色，牛角是长还是短，我放牧的那块地是圆还是方，是在家挤奶还是在户外挤奶，那牛容易得什么病，等等。问完之后，他们就去翻以前的判例，这案子则一拖再拖，十年，二十年，三十年之后弄出一个结论来。

还有一点值得注意，这帮人有只属于他们自己的行话和术语，外人是无法搞懂的，他们所有的法律条文就都用这样的术语撰写，他们还特别注意对其进行增订。依靠这些东西，他们把真和假、对和错的实质差不多全都搞混了。所以他们要花上三十年的时间来裁决，经六代祖传留到我手上的一块地，到底是真的属于我呢，还是属于三百英里外的一名外乡人。

他们审判叛国罪犯的方法倒要简单得多，这倒是很值得称道的。那些掌权的人十分清楚应该怎样挑选合适的工具来实现自己的目的，如果他们谨慎推荐出一名合适的人选，那么只要此人对主子的意图能心领神会，他所接受的教育和办事的方法可以使他轻而易举就决定，是给罪犯判刑，还是判决无罪释放，同时却还可以说他是严格遵守了所有正当的法律规定。

　　说到这里，我的主人插嘴说，照我描述的情形来看，像这些律师这样具有如此巨大才能的人，你们却不鼓励他们去教导别人、传授智慧和知识，实在是可惜了。听它这话，我回答说，律师们所有的心思和时间都用在处理和研究本职工作上了，其他任何事都关心不上，所以除了他们自己的本行，在别的任何方面他们大多是又无知又愚蠢；从一般的交谈中，还真很难找得出别的行业中有什么人像他们这么可鄙的。大家也都认为他们是一切知识和学问的公开的敌人，无论跟他们谈哪一门学问，他们都会像在本行业务中表现的那样，违背人类的普遍理性。

第六章

再谈安女王统治下的英国——欧洲宫廷中一位首相大臣的性格。

我的主人还是完全不能明白这一帮律师为什么仅仅为了迫害自己的同类而要这么不厌其烦地搞来搞去，没有安宁，还要去组织那么一个不义的集团，这其中的动机到底是什么呢？它也搞不明白我说他们干这事是受人之雇究竟又是怎么回事。于是我又只好费尽口舌向它说明钱的用处，解释钱是由哪些材料制成的，各种不同金属的价值如何。我告诉它，当一只"野胡"储有大量这样的贵重物质时，它想买什么就都能买到，比如最好的衣服，最华丽的房屋，大片的土地，最昂贵的肉食和酒类，还可以挑选到最漂亮的女人。所以，既然金钱一项就能建立这种种功劳，我们的"野胡"就认为，不论是用钱还是存钱，钱总是越多越好，永远也不会有够的时候，因为他们发现自己天性就是这样，不是挥霍浪费就是贪得无厌。富人享受着穷人的劳动成果，而穷人和富人在数量上的比例是一千比一。我们的人民大多数被迫过悲惨的日子，为了一点点工资每天都得辛苦劳作，为的是能让少数人过富裕的生活。我在这些问题以及许多别的类似的细节上谈了很多，可主人阁下还要往下问，因为它是这样推想的：地球上出产的东西，所有动物都有权享受一份，尤其是主宰其他动物的更有享受的权利。因此它要我告诉它，那些昂贵的肉食到底是些什么肉，我们怎么偏偏就想吃它们。我于是就把能想得到的各种肉类一一列举出来，同时还列举了各种不同的烹调的方法；如果不是派船只航海到世界各地去采办酒类、调料以及数不清的别的食品，那一切是办不到的。我告诉它，给我们的一只境况较好的母"野胡"弄一顿早餐或者搞一只盛早餐的杯子，至少得绕地球转三圈才办得到。它说，一个国家连自己居民的饭都供不起，肯定是个悲惨的国家。可是它感到奇怪的主要还是，在像我描述的这么大片的土地上怎么竟然完全没有淡水，人们必须到海外去弄饮料？我回答说，英国（那是我亲爱的出生地）生产的粮食据估算是其居民消费需求的三倍；从谷物和某种树木的果实中提取或榨取的液体可制成极好的饮料，它们和每一样别的日常食用品一样，也都是居民消费需求的三倍。但是，为了满足男人的奢侈无度和女人的虚荣，我们都把绝大部分的必需品送到国外去，而由此换回疾病、愚蠢、罪恶的材料供自己消费。于是我们大多数人民就无以为生，只好靠讨饭、抢劫、偷窃、欺骗、拉皮条、作伪证、谄媚、教唆、伪造、赌博、说谎、奉承、威吓、搞选举、滥作文、星象占卜、放毒、卖淫、侈谈、诽谤、想入非非以及种种类似的事来糊口过日子。这其中的每一个名词我都费了不少劲来解释，才使它搞懂了它们的意思。

我又说，我们从国外进口酒类倒并不是因为我们缺少淡水或其他饮料，而是因为酒是一种喝了可以使人糊涂因而让人开心的液体；它可以排遣我们所有的愁绪，在脑海中唤起狂野奔放的想象，增加希望，驱除恐惧，使每一点理智一时都失去效用，使四肢不能运动，直到我们沉沉睡去。可是我们必须承认，一觉醒来总是病病恹恹、精神萎靡，而总喝这种液体只会给我们带来种种疾病，使我们的生命痛苦而短暂。

可是除了所有这一切之外，我们的大多数人民还得靠向富人提供日常必需品或者相互之间提供这些东西来维持自己的生活。比如我在家的时候，身上穿得像模像样，那一身衣服就是一百名工匠的手艺；我的房子和房子里的家具也同样需要这么多人来制造，而把我的妻子打扮一下，则需要五百名工匠的劳动。

接下来我又跟它谈到另一类人，他们是靠侍候病人来维持生活的，我前面也曾几次跟主人说过，我船上有许多水手就是因生病而死。可是我真是好不容易才使它明白了我的意思。一个"慧骃"在死前几天会慢慢变得衰弱无力、行动迟笨，或者遇上什么意外会弄伤一条腿，这它都是很容易就能理解的。可是，大自然将万事万物都创造得尽善尽美，竟会让我们的身体遭受痛苦？它认为这是不可能的，所以它就想知道，如此不可解释的灾难，原因到底何在。

我就对它说，我们吃的东西不下千种，吃下去却互不相容；还有，我们肚子不饿却还要吃，嘴巴不渴却只管喝；通宵达旦坐在那儿喝烈性酒，东西却不吃一点，喝得人慵懒松散、身体发烧，不是消化太快就是无法消化。卖淫的女"野胡"身上得了一种病，谁要是投进她们的怀抱就得烂骨头，而这种病和许多别的病一样，都是由父亲传给儿子的，所以许多人生到这个世上来，身上就已经带有种种复杂的疾病了。要是把人身上的所有疾病一一说给它听，一时真还说不完，因为这些病不下五六百种，遍布人的四肢和每一个关节——总之，体外体内每个部分都各有毛病。为了治疗这些疾病，我们中间就培养了一类专以治病为业的人，不过有的也只是冒充能治病而已。因为我在这一行上有点本事，为了感谢主人对我的恩德，我愿意把那些人行医的秘密和方法全都说给它听。

他们的基本原理是：一切疾病皆由饮食无度而起。因此，他们就得出了这样的结论：有必要对身体内部来一次大清除，这既可以通过自然排泄的渠道，也可以从上面的嘴里吐出来。他们的下一步就是，用药草、矿物质、树脂、油、贝壳、盐、果汁、海藻、粪便、树皮、蛇、癞蛤蟆、青蛙、蜘蛛、死人的肉和骨头、鸟、兽、鱼等等，想尽办法做成一种气味和味道都最最让人难受、恶心和反感的混合物，一吃进胃里就叫你恶心得往外吐；这种混合物他们管它叫催吐剂。或者是用同样的这些药再加进别的几样有毒的东西制成一种同样叫人翻胃的药，命我们从上面的孔（嘴）或者下面的孔（肛门）灌进去（从哪个孔灌要看医生当时的意向如何）。这种药使肚子松弛，把里面的东西统统泻了出来；他们管这种药叫泻药或者灌肠剂。据这些医生说，造物本来是安排我们用长在前面的上孔（嘴）吃喝，用长在后面的下孔（肛门）排泄，而一切疾病的发生，在这帮聪明的医生看来，都是因为造物的安排全被暂时强行打乱了，所以为了恢复正常秩序，就必须用一种完全相反的方法来治疗身体的疾病，即把上下孔对调使用，将固体和液体硬从肛门灌进去，从嘴里排泄出来。

但是，除了这些真正的疾病之外，我们还会生许多仅仅是空想的病，对此医生们则发明了空想的治疗方法；这些病各有其不同的名称，而每一种对症药也各有其名。我们的女"野胡"们就老是会染上这些空想病。

这帮人有一个极其了不起的本事，那就是预测病症的后果，这方面他们难得会弄错。真正的疾病到了严重恶化的地步，通常死亡就在眼前了，无法再好，那他们的预言就总是有把握的。所以，要是他们已经宣判了病人的死刑，而病人却出乎意料地渐有好转的迹象，他们也不会就这样任人去骂他们是假的预言家；他们知道如何及时地给病人用上一剂药就可以向世人证明，他们还是有先见之明的。

对于对自己的配偶已感到厌倦的丈夫或妻子，对于长子、大臣，以及对于君王，他们也往往都有特别的用处。

我前面已经跟我的主人谈过政府的一般性质，尤其是我们那优越的宪法，那真是值得全世界惊叹和羡慕的。这里我又偶然提到了大臣这个词，它就要我接着跟它说说，我所称的"大臣"到底是怎样一种"野胡"。

我对它说，我要描述的这位首相大臣是这样一个人：他整个儿是无喜也无悲，无爱也无恨，不同情不动怒；至少你可以说，他除了对财富、权力和爵位有强烈的欲望外，别的一概不动感情。他说的话当什么用都可以，就是不表明他的心。他每说一句实话，却总要想你会把它当成谎言，而每次说谎又都以为你会信以为真。那些被他在背后说得一塌糊涂的人肯定是他最喜欢的人，而每当他向别人或当你的面夸奖你时，从那天起你也就算完了。最糟糕的标志是你得到了他的一个许诺，如果他是发着誓向你许的愿，那就尤其糟糕。他这么做，每一个聪明人都会自行引退，一切希望全都放弃。

一个人爬上首相大臣的位置可以通过三种办法。第一，要知道怎么样以比较慎重的方式出卖自己的妻女或姐妹；第二，背叛或者暗害前任首相大臣；第三，在公开集会上慷慨激昂地抨击朝廷的种种腐败。但是英明的君王一定愿意挑选惯于采用第三种办法的人，因为事实证明，那些慷慨激昂的人总是最能曲意逢迎其主子的旨意和爱好。这些大臣一旦控制了所有的要职，就会对元老院或者大枢密院中的大多数人进行贿赂，以此来保全自己的势力。最后，他们还借一种"免罚法"（我向它说明了这条法令的性质）以保证自己事后不受清算，满载着从国民身上贪污来的赃物，从公职上悄然引退下来。

首相官邸是他培养同伙的温床。他的随从、仆人和看门人通过效仿其主子，也都在各自的区域内做起大官来。他们向主人学习蛮横、说谎和贿赂这三种主要本领而能青胜于蓝。于是他们也就有了自己的小朝廷，受到贵族的奉承。有时他们还靠机巧和无耻，一步步往上爬，终于做上了他们老爷的继承人。

首相大臣往往受制于色衰的荡妇或者自己的亲信仆人，一切趋炎附势、企求恩宠的人都得通过他们这个渠道，所以说到底，讲他们是王国的统治者，倒是蛮恰当的。

有一天，交谈中我的主人听我提到我国的贵族，它倒是说了我一句好话，不过我是不敢当。它说，它敢肯定我是出身于贵族家庭，因为我的模样好，肤色白，身上干净，这几方面都远远超过它们国内所有的"野胡"；虽然我似乎不及它们那样身强力壮、动作敏捷，可那是因为我的生活方式与那些畜生不一样。除此之外，我不但具有说话的能力，而且还有几分理性，以致它所有的相识都认为我是一个奇才。

它叫我注意，"慧骃"中的白马、栗色马和铁青马样子长得跟火红马、深灰色斑纹马和黑马并不完全一样，生下来才能就不同，也没有变好的可能，所以它们永远处在仆人的地位。它们从来也没想到要在同类中出人头地，那样的话，在这个国家中就要被认为是一件可怕而反常的事。

我的主人对我有这样的好感，我向它表示万分的感激。不过我同时又告诉它，我其实出身低微，父母都是普普通通的老实人，只能供我接受一点勉强还说得过去的教育。我说我们那里的贵族可跟它想象的完全不同；我们的年轻贵族从孩提时代起就过着游手好闲、奢侈豪华的生活；一到成年，他们就在淫荡的女人中鬼混，消耗精力，并染上一身恶病；等到自己的财产差不多全花光时，就娶一个出身卑贱、脾气乖戾而身体还不好的女人做太太，那只是因为她有几个钱，其实他对这女人是既恨又瞧不起的。这种婚姻的产物，生下来的孩子通常不是患瘰疬病、佝偻病，就是残废。做妻子的如果不注意在邻居或用人中给她的孩子找一个身体强健的父亲以改良品种传宗接代，那这家人一般是传不到三代就要断子绝孙。身体虚弱多病，面貌瘦削苍白，是一个贵族常见的标志。健康强壮的外表在一位贵族看来反倒是一种极大的耻辱，因为世人会认为他真正的父亲一定是个马夫或者车夫。他的头脑也和他的身体一样大有缺陷，那是古怪、迟钝、无知、任性、荒淫和傲慢的合成品。

不得到这一帮贵族的同意，任何法令都不能颁布，既不能废除，也不能修改。这些贵族还对我们所有的财产拥有决定权，而不用征求我们的意见。

第七章

作者对祖国的热爱——主人根据作者的叙述对英国的宪法和行政发表看法，并提出类似的事例加以比较——主人对人性的看法。

读者也许要感到奇怪，我怎么能在这一族凡庸的生物面前如此随便地揭露自己的同类呢？它们可是认为我和它们的"野胡"完全没有两样，早就要对人类做出最坏的评价了呀。但是我必须坦率地承认，这些杰出的四足动物的许多美德与人类的腐化堕落形成了直接的对照；至此它们已打开了我的眼界，也扩大了我认识的范围，使我以一种不同的眼光来看待人类的行为和感情，同时也让我觉得真是不值得设法来保住什么同类的尊严；再说了，在一位像我的主人那样判断敏锐的"慧骃"面前，我也没办法保住我们的尊严：它天天都让我觉得我身上有上千种错误，这些错误我以前半点都没有觉察到，而在我们看来它们甚至根本就算不上是什么人类的缺点。我倒是从它这个榜样身上学会了彻底憎恨一切的虚假和伪装。真实，在我看来是多么的可爱，我决心为了真实而牺牲一切。

让我向读者说得更坦率一点吧，我这么大胆地揭露那些事，我承认还有更为强有力的一个动机。我在这个国家虽然还不到一年，却已经对它的居民非常热爱和尊敬了，拿定主意永不再回到人类中去，而要在这些可敬的"慧骃"中间度过我的余生，对它们的每一种美德进行认真的考虑并付诸实践。在那儿，我没有坏榜样，没有什么会诱使我去作恶。但是我永远的敌人——命运却决定了这么大的福气落不到我的头上。好在我现在回想起来多少还得到点安慰，因为在那样一位严厉的考问者面前谈到我的同胞时，我竟还敢于尽量地少说他们的缺点，只要情况允许，每件事情上我都是尽可能地说好话。真的，活在世上的人哪个不对自己的家乡有几分偏心呢？

在我有幸侍奉主人的大部分时间里，我们进行了好几次交谈，谈话的主要内容前面已经说过了。可是，为了简洁之故，我省掉的实际比记在这里的要多得多。

在我回答了它所有的问题之后，它的好奇心似乎已完全得到了满足，于是一天大清早它就把我叫了去，吩咐我在离它不太远的地方坐下（这样的恩典它以前从来还没有给过我）。它说它一直在十分认真地考虑我说的关于我自己和我祖国的一切事情。它说，它认为我们是偶然得到了一丁点儿理性的一种动物，至于我们怎么偶然得到了那点理性，它就想不出来了。对那点理性我们不做别的用处，却借它来使我们堕落的天性更加堕落，并且连大自然没有

288

赋予我们的坏习性，我们也靠了它学到了。我们将大自然赋予我们的有限的几种本领弃之不用，原有的欲望倒一直在十分顺利地不断增多，而且似乎还在枉费毕生的精力通过自己的种种发明企图来满足这些欲望。至于我，很显然，力气和行动的敏捷上都不如一只普通的"野胡"，两只后脚走起路来就很不稳当，还想出办法使自己的爪子既无用处又不能防卫，下巴上那本是用来抵御太阳和恶劣气候的毛发也给拔掉了。最后还有，我既不能快速地奔跑，又不能爬树，和我在这个国家的"野胡"弟兄们（它这么称呼它们）就是不一样。

我们之所以有行政和司法机构，很显然是因为我们在理性继而也在道德上有严重的缺陷。约束一只理性的动物仅仅靠理性就够了，所以即使我为自己的同胞说了一番好话，我们还是没有资格自以为就有了理性。它分明已察觉到，我偏袒自己的同胞，为此许多具体的事情我都对它瞒了下来，还常常说一些乌有之事。

它对自己的这一看法更加确信无疑了，因为它认为我身体上各个特征都与"野胡"的一致，真正不及它们的地方是我力气小、速度慢、动作笨、爪子短，还有一些缺点那就跟大自然没有关系了。所以从我向它叙述的关于我们的生活、风俗和行为来看，它发现我们的性情也跟"野胡"的近似。它说，大家都知道"野胡"互相之间的仇恨要胜过它们对别的任何动物的仇恨；一般认为这是因为它们的样子太可恨，而这种可恨的样子"野胡"们都只能在同类身上看到，却不见自身其实也同样可恨。它因此开始认为我们发明衣服把身体遮盖起来倒不失为一种聪明的办法，靠这一办法，彼此的许多缺陷我们就看不到了，要不然我们真还难以忍受。可是它现在发现，它以前是弄错了，它们国内这些畜生之间的种种不和，原因和我们的都一样，正如我所描述的那样。它说，如果把够五十只"野胡"吃的食物扔到五只"野胡"中间，它们就不会安安静静地吃；每只"野胡"都迫不及待地要想独占全部，这样它们就会扭打起来。所以，它们在室外吃东西的时候，通常还得派一名仆人站在一旁监视；关在屋里的那些则必须用绳子拴住，彼此隔开。如果有一头母牛因年老或者意外死了，"慧骃"还没来得及把它弄给自己的"野胡"吃，附近的"野胡"倒成群结队地前来抢夺了，这样就会像我描述的那样引来一场战争，双方被爪子抓得一塌糊涂，不过因为它们没有我们发明的那种方便的杀人武器，倒是很难得会互相残杀。有时候，附近几处的"野胡"没有任何明显的原因也会这样大打一场；一个地区的"野胡"瞅准一切机会，趁另一个地区的"野胡"还没有准备好，就向对方发起突然袭击。要是它们发现偷袭计划失败，就跑回家去，敌人没有了，就进行一场我所说的那种内战。

在它的国家有些地方的田野里，有几种颜色不同的、闪闪发光的石头，"野胡"们极其喜爱。有时这些石头的一部分在土里埋着，它们就会整天整天地用爪子去把石头挖出来，然后运回去一堆堆地藏在自己的窝里，可是一面藏一面还要十分小心地四下里张望，生怕伙伴们会发现它们的宝贝。我的主人说，它始终都不明白它们怎么会有这么一种违反天性的欲望,这些石头对"野胡"又有什么用处。但是它现在相信,这也许是由于我所说的人类的那种贪婪的习性。它说它曾经做过一次试验,悄悄地将它的一只"野胡"埋藏在某处的一堆这样的石头搬走。那利欲熏心的畜生见它的宝贝丢了,就放声哀号起来,弄得所有的"野胡"都跑到这地方来。它在那里惨叫着,对别的"野胡"又是撕又是咬,这之后便日见消瘦,不吃不睡也不干活。这时主人就命一个仆人私下里将这些石头运回原来的坑里并照原样埋好。它的这只"野胡"发现后,精神立刻就恢复了,脾气也变好了,只是越发小心地将石头埋到了另一个更安全的地方。从此以后这畜生一直十分听话。

我的主人还告诉我,我自己也看出来了,在像这种有很多很多的闪闪发光的石头的田地里,由于邻近的"野胡"不断来入侵,往往会发生最激烈、最频繁的战争。

它说,两只"野胡"在地里发现了这样的一块石头,正在为此相争不下的时候,第三者占了便宜将石头拿走了,这样的事也是常有的。我的主人偏要认为这跟我们在法庭上打官司有点相似,我则觉得为了我们的名声最好还是不让它知道真相的好,因为它提到的那种裁决的方法比起我们的许多法律来要公平得多;在它们那里,原告和被告除丢了它们争夺的那块石头外,并没有别的损失,可在我们的公平法庭上,不把原告和被告整得一无所有,法庭是决不会结案的。

我的主人继续往下讲。它说,"野胡"最叫人厌恶的是它们那好坏都不分的食欲,无论碰到什么,草也好,根也好，浆果也好，腐烂的兽肉也好，或者乱七八糟全都混在一起的东西也好，它们统统吞吃下去。它们还有一种怪脾气，家里给它们准备得好好的食物放着不吃，却喜欢到老远的地方去偷或者抢。弄来的东西如果一时吃不完，它们还是吃，直吃到肚子要炸。这之后大自然会指引它们去吃一种草根，吃下去肚子就会拉得干干净净。

还有一种草根，汁很多，可是比较稀罕，不容易找到。"野胡"们找起这种草根来劲头很大，一找到就兴味盎然地吮吸一阵。这种草根在它们身上产生的作用就像我们喝了酒一样。它们一会儿搂搂抱抱，一会儿又厮打起来；它们号叫、狞笑、喋喋不休、发晕、打滚，最后在烂泥地里酣然睡去。

我在这个国家里也确实发现只有"野胡"这种动物才会生病，不过它们生的病比我们的马生的病还是要少得多，而且得病也不是受了什么虐待，而是这种下贱畜生又脏又贪嘴所致。所有这些病在它们的语言中也只有一个总的名称，那是从这畜生的名字上借来的，叫作"赫尼·野胡"，也就是"野胡病"。治疗这种病的方法就是，将"野胡"自己的屎和尿混到一起，再强行从它的喉咙里灌下去。据我所知，这种疗法常常极为灵验；为了公众的利益，在此我愿免费向同胞们推荐，治疗因饮食过度而引起的一切疾病，这确是一种值得推崇的特效疗法。

至于学术、政治、艺术、工艺等方面，我的主人承认，它看不出它们国家的"野胡"和我们之间有什么相似之处，因为它只想看看我们在本性上有什么共同点。它也确曾听一些好奇的"慧骃"说过，在大多数"野胡"群中有一类是居于统治地位的（就像我们这儿的公园里，一群鹿当中总有一头是领头的或者为首的）。这种"野胡"总是长得比别的"野胡"更难看，性情也更刁滑。这领头的一般总要找一只尽可能像它自身一样的"野胡"做宠儿，它的差使就是给主人舔脚舔屁股，还有就是把母"野胡"赶到主人窝里去，为此主人常常会赏它一块驴肉吃。大家都恨这个宠儿，所以为了保护自己，它总是一步不离地跟着它的主人。在找到比它还要恶劣的"野胡"之前，它一般是不会被解职的；可是它一被蹬开，继任它的"野胡"就会率领这一地区的男女老幼"野胡"们一齐赶来，对着它从头到脚撒尿拉屎。不过这种现象与我们这里的朝廷、宠臣和大臣到底有几分相像，我的主人说只有我最能说得准了。

对它这种恶毒的影射我不敢反驳。它把人类贬损得还不如一头普通的猎犬聪明；猎犬倒还有相当好的判断力，能够在一群狗当中分辨出哪一只最有本领并跟随它狂吠，从来都不出错的。

我的主人说，"野胡"还有几种特性很突出，在我谈人类的特性时它倒没有听我提起过，就是提起，至多也只是一带而过。它说，那些动物也和别的畜生一样，有供它们共用的母"野胡"，但是在下面这一点上它们跟别的畜生不一样，就是，母"野胡"怀了孕还照样让公"野胡"和它交媾；另外，公"野胡"和母"野胡"也会像公"野胡"跟公"野胡"那样激烈地吵嘴、打架。这两件事都达到了极其无耻残暴的地步，任何别的有感情的动物都是永远也赶不上的。

"野胡"身上还有一点令它觉得不解：它们怎么竟然偏爱肮脏污秽？其他所有的动物似乎都有爱好清洁的天性。至于前面那两项责难，我还是愿意不作回答搪塞过去了事，因为我没有一句话可以说出来为自己的同类辩护；否则，按我的愿望是肯定要为他们辩护一番的。但是最后那一条，它指责我们有不爱清洁的怪毛病，如果这个国家有猪（可惜它们没有），我本来满可以为我们人类辩解一下的。猪这种四足动物虽然可能比"野胡"要来得温顺，可是说句公道话，在下以为它没有资格说自己也比"野胡"更干净。要是主人亲眼看到猪那脏兮兮的吃相，看到猪在烂泥中打滚、睡觉的习惯，它自己也一定会承认我说的话是对的。

我的主人还提到了另外一个特性，那是它的仆人在几只"野胡"身上发现的，在它看来却完全不能理解。它说，"野胡"有时不知怎么会想到要躲进一个角落里去，在那里躺下来，又是号叫又是呻吟，谁走近它都把人家一脚踢开，虽然年轻体胖，不缺吃不缺喝，仆人们却也想不出它可能哪里会不舒服。后来它们发现，唯一可以治疗它的办法是让它去干重活，重活一干，肯定恢复正常。因为我偏向自己的同类，所以听了这话我只好默不作声。可是这倒分明使我找着了忧郁症的真正病根，也只有懒惰、奢侈的人以及有钱人才会生这样的病，如果强迫他们接受这同样方法的治疗，我可以保证一定能把他们的病治好。

主人阁下继续说，一只母"野胡"常常会站在一个土堆或者一丛灌木的后面，两眼紧盯着过往的年轻公"野胡"，一会儿出，一会儿藏，做出种种怪样和鬼脸，据说这时候它的身上会发出一种极其难闻的气味。要是有一只公"野胡"这时走上前来，它就会慢慢地往后退，一边却不住地回头看，装出一副很害怕的样子，接着就跑进一个可以方便行事的地方。它知道，那公"野胡"一定会尾随而至。

有时它们中间来了一只陌生的母"野胡"，三四只母"野胡"就会团团围着它又是打量又是议论，一会儿冷笑，一会儿将它浑身上下闻个遍，然后做些动作就走开了，似乎表示它们非常瞧不起它。

这些都是我主人自己的观察所得，或者也可能是别人告诉它的，当然话也许可以再说得文雅一点。不过我想起来倒不免有几分惊讶，同时也很悲哀：在女性的本能中竟都可以找到淫荡、风骚、苛刻和造谣的萌芽。

我时刻都等待着我的主人来指责公母"野胡"身上都有这些违反自然的欲望，那在我们中间是十分普遍的。可是大自然似乎还不是一位手段非常高明的教师；而这些较为文雅的享乐，在我们这一边的地球上，却完全是艺术和理性的产物。

第八章

作者关于"野胡"的几种情况的叙述——"慧骃"的伟大品德——青年"慧骃"的教育和运动——它们的全国代表大会。

我想我对人性的了解总该比我的主人要清楚得多,所以我觉得它所说的关于"野胡"的性格用到我和我同胞的身上很是合适,同时我还相信,根据我自己的观察,我还可以有进一步的发现。因此我就常常请求它准许我到附近的"野胡"群中去。对我的请求,它每次总是很宽宏大量地答应了,因为它绝对相信,我非常痛恨那些畜生,不会被它们引诱坏的。它还命令它的一名仆人给我做警卫,那是一匹强壮的栗色小马,非常诚实,脾气又好,没有它保护我,我还真不敢去冒这样的险。因为我已经告诉过读者,刚到这地方时我就吃过这帮可恶的畜生的不少苦头,后来又有三四回我也险些落入它们的魔掌,那是我到远处去溜达,不巧身上没有带腰刀。我有理由相信,它们多少能想到我是它们的同类，因为我跟我的警卫在一起的时候，常常会当它们的面卷起袖子，裸露出胳膊和胸脯以壮声势。这种时候它们就会大着胆子走上前来，像猴子一样模仿我的动作，不过总是露出极其仇视的神色；我倒像一只被人驯服的寒鸦，戴着帽子穿着长筒袜凑巧跑到野生的鸟群中去时，总是要受到迫害。

　　它们从小动作就极其灵活。不过有一次我倒是捉住了一只三岁的小公"野胡"，我做出各种温存的表示想设法让它平静下来，可是那小东西又是哭又是抓，还拼命咬我，我只得将它放了。这时一大群老"野胡"闻声赶来将我们围住，不过它们见小家伙已经很安全（因为它已跑开），我那栗色小马又在我身边，所以就没敢近我们的身。我发现那小畜生的肉发出一股恶臭味，既有点像黄鼠狼的味儿，又有点像狐狸的味儿，不过还要难闻得多。我还忘了一件事（如果我把这件事完全略去，读者也许还是会原谅我的），我把那只可恶的畜生抓在手里的时候，它忽然拉起一种黄颜色的稀屎来，把我全身衣服都弄脏了，幸亏旁边就有一条小河，我跑到里面洗了个干净，一直到身上的臭气全消之后，才敢去见我的主人。

　　据我所见到的情况来看，"野胡"也许是所有动物中最不可教的，它们除了会拖拉和扛抬东西外，绝没有别的本领。可是我倒认为，这一缺陷主要还是因为它们性情乖张、倔强。它们狡猾、恶毒、奸诈、报复心强；它们身强体壮，可是性情懦弱，结果变得蛮横无理、下贱卑鄙、残忍歹毒。据说红毛的公母"野胡"比别的"野胡"更要来得淫荡而恶毒，在体力和动作的灵活方面也远胜于它们的同类。

"慧骃"把随时要使唤的"野胡"养在离它们房子不远的茅屋里，其余的则全赶到外面的田里去。它们就在那里刨树根，吃野草，四处寻找动物的死尸，有时还去捉黄鼠狼和"鲁黑木斯"（一种野鼠），一捉到就狼吞虎咽地吃个精光。大自然还教会了它们用爪子在土坡旁边挖一些深深的洞穴，它们就在这样的洞穴里睡觉。母"野胡"的窝要大一些，还可以容得下两三只小崽。

它们像青蛙一样从小就会游泳，还能在水底待很长的时间，在那里它们常常会捉到鱼，母"野胡"捉到鱼之后就拿回家去喂小崽。说到这里，我还要讲一件奇遇，希望读者能够原谅。

一天，我跟我的警卫栗色小马出游在外，天气异常地热，我请求它让我在附近的一条河里洗个澡。它同意后，我立刻就脱得精光，然后慢慢走进了河里。这时正巧有一只母"野胡"站在一个土堆的后面，它看到这整个过程后，一下子欲火中烧（我和小马都是这样猜想的），就全速跑过来，在离我洗澡处不到五码的地方跳进了水里。我的一生中还从来没有这么恐惧过。小马那时正在远处吃草，想不到会出什么事。它以一种极其令人作呕的动作将我搂进怀里，我拼着命大声叫喊。小马闻声奔来，它才松手，可还是恋恋不舍。它跳到了对面的岸上，我穿衣服的时候，还一直站在那里死盯着我直叫。

我的主人及其家人都把这件事引为笑谈，我自己却感到非常耻辱。既然母"野胡"把我当成自己的同类，自然就对我产生了爱慕之情，我可再也不能否认自己浑身上下无处不像一只真正的"野胡"了。那畜生的毛发也不是红的（这也许是它欲望有点不正常的借口），而是像黑刺李一般黑，面貌也并不像其他"野胡"那样叫人厌恶，我想它的年龄不会超过十一岁。

我在这个国家已经生活了三年，我想读者们一定希望我像别的旅行家那样能把当地居民的风俗习惯跟他们说一说；实际上这也是我主要想努力了解的东西。

因为这些高贵的"慧骃"生来就具有种种美德，根本不知道理性动物身上有罪恶是怎么一回事，所以它们的伟大准则就是培养理性，一切都受理性支配。理性在它们那儿也不是一个会引起争论的问题，不像我们，一个问题你花言巧语地从正面谈可以，从反面谈也可以；它们的理性因为不受感情和利益的歪曲和蒙蔽，所以必然立即就让你信服。我记得我好不容易才使我的主人明白"意见"这个词的意义，也好不容易才使它搞懂为什么一个问题会引起争议：因为理性教导我们，只有我们确认的事情我们才会肯定或者否定，不知道的事，肯定或者否定都做不到。所以争议、吵闹、争执、肯定虚假或无把握的命题等等都是"慧骃"闻所未闻的罪恶。同样，当我把我们自然哲学的几种体系解释给它听的时候，它总要笑起来，它笑一个冒充有理性的动物竟然也会重视别人的设想，那些东西就是了解得很确切，也没有什么用处。这方面它完全赞同柏拉图表述的苏格拉底的思想，我提到苏格拉底的思想是因为我对这位哲学之王怀有最崇高的敬意。从那以后我也常常想，这么一种学说不知要摧毁欧洲图书馆里的多少图书，学术界不知又有多少成名之路会因此被堵死。

友谊和仁慈是"慧骃"的两种主要美德，这两种美德却不限于个别的"慧骃"，而是遍及全"慧骃"类。从最遥远的地方来的生客和最亲近的邻居受到的款待是一样的，无论它走到哪里，都像到了自己的家一样。它们非常讲礼貌，可是完全不拘泥于形式。它们不溺爱小马，教育子女全以理性为准绳。我就曾经看到，我的主人爱抚邻居家的孩子跟爱抚它自己的孩子没有两样。它们遵循大自然的教导热爱自己所有的同类；有些人德行更高一点，可也只能凭理性把人分为不同的等级。

母"慧骃"生下一对子女后就不再跟自己的配偶同居了，除非出什么意外其中的一个孩子夭折，不过这样的事很少发生，只有在那样的情况下它们才再次同居；要么就是别的"慧骃"遭遇了这种不幸而它的妻子又过了生育的年龄，这种时候其他某一对夫妇就会将自己的一个孩子送给它，然后它们再同居，一直到母的怀孕为止。采取这一措施是必要的，它可以防止国家人口过剩。但是培养做仆人的下等"慧骃"可不受这种严格的限制，它们每对夫妇可以生三对子女，这些子女日后也到贵族人家当仆人。

在婚姻方面，它们非常注意对毛色的选择，这样做是为了避免造成血统混乱。男方主要是看它的力气，女方则看它是不是漂亮，这倒并不是为了爱情，而是为了防止种族退化。如果偶有女方力气过人，就找一个漂亮的伴侣配给它。它们对求婚、谈情说爱、送礼、寡妇得丈夫遗产、财产赠送等等概念一无所知，它们的语言中也没有可用来表达这些概念的术语。年轻夫妇的结识和结合全由它们的父母和朋友来决定；它们每天都看到这样的事，并认为那是理性动物必要的一种行为。婚姻受到破坏或者不忠不贞的事却从来都没有听说过，夫妇俩像对待它们碰到的所有同类一样，相互友爱、相互关心着度过一辈子，没有嫉妒，没有溺爱，不吵架，舒心满意。

它们教育男女青少年的方法令人敬佩，非常值得我们效仿。孩子们在十八岁以前，除了某几天之外，一粒燕麦也不给吃，牛奶也很难得喝到。夏天，它们早晚各在户外吃两个钟头的青草，父母同样在一旁监督。不过仆人吃草的时间还不到它们的一半；仆人们将大部分青草带回家去，不干活最空当的时候就抽出身来吃。

节制、勤劳、运动和清洁是青年男女都必须学习的功课。我的主人认为我们除家务管理方面的一些功课外，对女子的教育和对男子的教育不一样，实在太荒唐了。它说得很对，这样我们的人就有一半什么事也不能做，除了把孩子一个个生到这个世上来。它说将我们的子女交给这么一些无用的动物去照看，就更足以证明我们的残忍。

但是"慧骃"却要训练它们的孩子在陡峭的山坡上跑上跑下，或者在坚硬的石子地上奔来奔去，以此来锻炼孩子们的体力、速度和胆量；跑得浑身出汗时，就命令它们一头扎进池塘或者河中。一个地区的青年每年聚到一起四次，表演它们在跑、跳以及其他体力和技巧方面的本领，大家以一曲赞歌来歌颂男女优胜者。在这样的节日里，仆人们就会赶着一群"野胡"驮运干草、燕麦和牛奶到表演场地去给"慧骃"们享用。东西送到，那些畜生立即就被赶了回来，免得它们在会场上吵吵闹闹。

　　每隔四年，在春分时节，要举行全国代表大会，开会地点在离我们家大约二十英里的一片平原上，会议一连要开五六天。会上它们要了解各地区的情况，它们的干草、燕麦、母牛、"野胡"是富足有余还是短缺不足。无论哪里缺少什么（这种情形很少），大家一致同意全体捐助，马上就供应那个地方所缺少的物资。会上孩子们的调整问题也可以得到解决。比方说，一个"慧骃"有两个男孩子，就可以同有两个女孩子的"慧骃"交换一个；如果孩子出事故死亡了，而母亲又已过了生育的年龄，大家就来决定哪家再生一个来补偿这一缺损。

第九章

"慧骃"全国代表大会上的大辩论，辩论结果是如何决定的——"慧骃"的学术——它们的建筑——它们的葬礼——它们的语言缺陷。

我在那地方的时候，它们就召开过这样的一次全国代表大会，那是在我离开前大约三个月的时候，我的主人作为我们这个地区的代表前去参加了大会。在这次会议上，它们还是对一个老问题进行辩论，实际上那也是这个国家自古以来唯一辩论的问题。我的主人回来后就把辩论的详情告诉了我。

辩论的问题是：要不要把"野胡"从地面上消灭干净。一位持肯定意见的代表提出了几个很有力并且很有分量的论点。它认为，"野胡"是大自然造就的最肮脏、最讨厌、最丑陋的动物，它们最倔强、最不可驯、最爱捣鬼、最恶毒。如果不时时加以看管，它们就会偷吃"慧骃"的母牛的奶，把它们的猫弄死吞吃掉，践踏它们的燕麦和青草，还会干出许许多多别的放肆无礼的事来。它注意到了这么一个流行的传说："野胡"在这个国家并不是一向就有的，而是多少年前忽然在一座山上出现了一对。至于它们是由太阳晒着烂泥生出来的，还是海里的淤泥和渣滓变的，则永远无从知道。后来这一对"野胡"开始繁殖，短时间内它们的后代越来越多，以致遍布全国，上下为害。"慧骃"为了除此一害，曾举行过一次大狩猎，终于将整个"野胡"群包围了起来；它们将大的"野胡"杀死，每只"慧骃"留两只小的养在窝里，驯养它们拖拉或者背东西。本性这么野蛮的动物能驯服到这地步，也算是难得了。这一传说看来很有道理。那动物不可能是"依林赫尼阿姆锡"（意思是当地的土著），因为"慧骃"和所有别的动物都对它们十分痛恨；虽说它们生性恶毒，完全应当受到痛恨，但如果它们是土生土长的动物，大家也绝不会恨它们到这样的地步，否则老早就把它们给消灭了。当地居民还忽发奇想，想用"野胡"来为自己服务，结果十分轻率地忽略了对驴这一种族的培养。驴这种动物文雅、温顺、规矩，容易养，也没有任何难闻的气味，虽然身体不如"野胡"那么灵活，但干活的力气还是绰绰有余的。假如说它们的叫声不大好听，可比起"野胡"那可怕的号叫来，总还是要讨喜得多。

　　另外几个代表也发表了相同的意见。这时我的主人就向大会提出一个权宜之计，实际上它是受了我的启示才想到这个办法的。它同意前面发言的那位高贵的代表所说的，说是有这么一个传说，并且肯定那两只据说是它们那儿最早被看到的"野胡"是由海上漂到这儿来的；它们被同伴遗弃，来到这陆上，后来躲进山里，逐渐退化，年深日久就变得远比它们在祖国的同类要野蛮。它之所以提出这样的看法，是因为它现在就有那么一只神奇的"野胡"（它指的就是我自己），这是大多数代表都听说过的，不少代表也都亲眼见过。它接着向大家叙述最初它怎样发现了我；我的全身都用别的动物的毛皮制成的东西遮盖着；我还有自己的语言，也完全学会了它们的话；我也曾告诉过它我来到这里的种种奇遇；它看到我身上没有遮盖物的时候，每个地方都完完全全像一只"野胡"，只是皮肤较白，没有那么多毛，爪子也短些。它又说，我曾经想努力说服它，使它相信在我的祖国和别的一些国家里，"野胡"是处在统治地位的理性动物，"慧骃"却受到奴役。它说它发现我身上有"野胡"的全部特性，不过稍有几分理性而略为文明罢了，然而从某种程度上说却远不如"慧骃"，就像它们国家的"野胡"远不如我一样。它说我还曾提到过我们的一种习惯做法，为了使"慧骃"变得温顺，它们小的时候我们就把它给阉割了，那手术既简单又安全。它说，向畜生学习智慧也不是什么没有脸面的事；蚂蚁不是教我们勤劳，燕子不是教我们筑窝吗（我把"利航赫"这个词译成燕子，其实它比燕子大多了）？所以那项发明不妨用到这里的小"野胡"身上，这样不但可以使它们变得较为驯良可用，而且用不着杀生，一代之后就可以将所有"野胡"全都灭绝。同时还应该鼓励"慧骃"养驴；从各方面来讲，驴比别的兽类更有价值，此外它们还有这么一个优点：驴子养到五岁就可以用了，别的兽类却一直要养到十二岁。

这就是我的主人当时认为可以告诉我的关于全国代表大会的一切情况。可是它却隐瞒了关系到我个人的一件事，这事的不幸后果我不久以后就感受到了，我生命中随之而来的所有不幸由此而始；这事儿到下面适当的地方读者会知道的。

"慧骃"没有自己的文字，所以它们的知识全都是口耳相传的。因为这个民族团结一致，天赋各种美德，完全受理性支配，跟别的国家又没有任何往来，所以几乎没有什么重大事件发生，关于历史的那部分，不用费脑子去苦记就可以很容易地保留下来。我前面已经说到过，它们不会生病，所以也用不着医生。可它们倒是有用药草配制的良药，用来治疗蹄骹或蹄楔上偶尔因尖利的石头造成的碰伤或割伤，也可以用来治疗身体其他各部的损伤。

它们根据日月的周转运行来计算一年的时间，但不再细分为星期。它们对这两个发光体的运行情况十分熟悉，也明白日食和月食的道理。这些就是它们在天文学方面的最高发展。

在诗歌方面，必须承认它们超过了其他所有有生命的动物。它们的诗歌比喻贴切、描写细致而恰到好处，实在不是我们所能学得来的。它们的韵文富于比喻和描写，内容一般不是写友谊和仁慈的崇高观念，就是歌颂赛跑和其他体力运动中的优胜者。它们的建筑虽然十分简陋，却还是很方便，设计巧妙，可以抵御寒暑的侵袭。它们有一种树，长到四十岁树根就松动了，风暴一刮就倒。这种树长得很直，"慧骃"就用尖利的石头把它们削成木桩（它们不知道用铁器），每隔十英寸左右就插一根到地上，然后在木桩与木桩之间编上燕麦秸，有时也用枝条。屋顶和门也用同样的方法做成。

"慧骃"利用前足的骹和蹄子中间那一部分凹的地方拿东西，就像我们用手拿东西一样，起初我真是想不到它们的蹄子会这样灵巧。我曾经见过家里的一匹白色母马用那个关节穿针（针线是我特意借给它用的）。它们挤牛奶，收割燕麦，所做的一切需要用手的劳动，都是用这种方法进行的。它们有一种坚硬的燧石，把它跟别的燧石摩擦，就能磨成可以代替楔子、斧子、锤子的工具。它们同样也用这种燧石制成的工具切干草，收燕麦；燕麦是天然从地里长出来的，"野胡"把燕麦一捆捆运到家里，接着由仆人们在茅屋里把它们踩碎，踩出的麦粒收进仓里。它们也制造粗糙的陶器和木器，陶器是放在阳光下烘晒而成的。

如果它们能避免意外伤亡，就只会终老而死，死后尽可能埋葬在最偏僻的地方。它们走了，亲友们既不表示高兴也不表示悲伤。临死的"慧骃"也丝毫不会因为自己要告别这个世界而感到遗憾，它只是像刚访问过一位邻居，现在要回家了。我记得我的主人有一次曾约了它的一位朋友及其家人到家里来商量什么重要情况。到了约定的日子，女客人带着它的两个孩子很晚才赶到。它两番表示了歉意，首先是代丈夫致歉，说是碰巧它今天早上"西奴恩赫"了。这个词在它们的语言中表现力极丰富，可是译成英语很难，它的意思是："回到它的第一个母亲那儿去了。"接着它又为自己没能早点来致歉，说是它丈夫早上死的时候已经很晚了，它和仆人们商量了好半天该怎样去找一个方便的地方来安葬它丈夫的遗体。我发现它后来在我们家和别的人一样愉快。大约三个月之后，它也死了。

它们一般都活到七十或者七十五岁，很少有活到八十岁的。临终前几个星期，它们感到自己渐渐地衰弱下去，可是并没有痛苦。这段时间里朋友们常常来看望，因为它们不能像平时那样安闲舒适地外出了。不过在它们死前十天左右（它们很少算错），它们会坐在方便舒适的橇里由"野胡"拉着去回访那些住在附近的最亲近的朋友。这种橇它们不仅仅是这种时候才使用，上了年纪，出远门，或者出意外跌折了腿都要用它。临死的"慧骃"回拜它的朋友的时候，都要向它们郑重告别，仿佛它要去这个国家某个遥远的地方，并打算在那儿度过自己的余年。

我不知道这是否值得一提："慧骃"在它们的语言中没有可以表达罪恶这个意思的词汇，仅有的几个还是从"野胡"的丑陋形象和恶劣品性那儿借来的。因此，当它们要表达仆人愚蠢、小孩子疏忽、石头划伤了脚、恶劣天气连绵不断等等意思的时候，总要在每一个上面加上"野胡"一词；例如，"赫恩姆·野胡"、"呼纳霍尔姆·野胡"、"银尔赫姆恩德威赫尔玛·野胡"。一座设计得不好的房子就叫作"银霍尔姆赫恩姆罗赫尔恩乌·野胡"。

我非常愿意继续叙述这个优秀民族的种种习俗和美德，可是我打算不久以后就出版一本书专门来谈那个问题，我请读者到时去参考那一本书。这里我要继续往下说我自己的悲惨遭遇。

第十章

作者的日常生活安排，他跟"慧骃"在一起的幸福生活——因为他经常跟它们交谈，他在道德方面有很大的进步——他们的谈话——作者接到主人通知必须离开这个国家——他十分伤心，昏倒在地，可还是顺从了——他在一位仆人的帮助下设法制成了一艘小船，冒险出航。

我把我那一点点日常生活安排得称心如意。我的主人吩咐，在离它家大约六码的地方，按照它们的式样给我盖了一间房。我在四壁和地面涂了一层黏土，然后铺上我自己设计编制的蒲席。我把那儿的野生麻打松做成一种被套一样的东西，里边填进几种鸟的羽毛；那些鸟都是我用"野胡"毛制作的网捕得的，鸟肉也都是上好的食品。我用小刀做了两把椅子，比较粗重的活是栗色小马帮我干的。我的衣服都穿烂了，我就用兔子皮和另一种跟兔子一样大小的美丽动物的皮另做了几件。这种美丽的动物叫"奴赫诺赫"，它的皮上长了一层细软的茸毛。我还用这两种皮做了几双蛮说得过去的长筒袜。我用从树上砍下来的木片做鞋底，上到帮皮上，鞋帮穿烂了就再用晒干的"野胡"皮做鞋帮。我常常能从树洞里找到一些蜂蜜，掺上水喝，或者搭着面包吃。有这么两句格言，说"人的需要是很容易满足的"，"需要是发明之母"，没有人比我更能够证明这两句话说得真是有道理。我身体非常健康，心境平和。没有朋友会来算计我、背叛我，也没有公开或者暗藏的敌人来伤害我。我不必用贿赂、谄媚、诲淫等手段来讨好任何大人物和他们的奴才。我不用提防会受骗受害。这儿没有医生来毁我的身体，没有律师来毁我的财产，没有告密者在旁监视我的一言一行，没有人会受人雇用捏造罪名对我妄加指控。这儿没有人冷嘲热讽、苛责非难、背地里咬人，也没有扒手、拦路强盗、入室窃贼、讼棍、鸨母、小丑、赌徒、政客、才子、脾气乖戾的人、说话冗长乏味的人、辩驳家、强奸犯、杀人犯、强盗、古董收藏家；没有政党和小集团的头头脑脑以及他们的扈从；没有人用坏榜样来引诱、鼓励人犯罪；没有地牢、斧钺、绞架、笞刑柱或颈手枷；没有骗人的店家和工匠；没有骄傲、虚荣、装腔作势；没有花花公子、恶霸、醉汉、游荡的娼妓、梅毒病人；没有夸夸其谈、淫荡而奢侈的阔太太；没有愚蠢却又自傲的学究；没有蛮缠不休、盛气凌人、爱吵好闹、吵吵嚷嚷、大喊大叫、脑袋空空、自以为是、赌咒发誓的伙伴；没有为非作歹却平步青云的流氓，也没有因为其德行而反被削为庶民的贵族；没有大人老爷、琴师、法官和舞蹈能手。

　　我有幸能见到来拜访我主人或者同它一起进餐的一些

"慧骃"，这种时候它总是十分仁慈地准我在房里侍候，听它们谈话。它和它的客人常常会屈尊问我一些问题并且听我回答。我有时也很荣幸能陪主人出去拜访朋友。除了要回答问题，我从来都不敢擅自开口，而就是回答问题的时候，我内心也感到遗憾，因为这使我丧失了不少改进我自己的时间。我非常喜欢做这么一个谦卑的听众，听它们在那儿交谈。这些交谈没有废话，言简意赅，最讲礼貌，却丝毫不拘于形式；没有人说话不是自己说得高兴，同时又使听的人听着开心；没有人会打断别人的话头，会冗长乏味地说个不停，会争得面红耳赤，会话不投机。它们有一个看法：大家碰在一起的时候，短暂地沉默一会儿确实对谈话大有好处。这一点我倒发现是真的，因为在那短时间的沉默里，新的见解会在它们的脑子里油然而生，谈话也就越发生动。它们谈论的题目通常是友谊和仁慈、秩序和节俭，有时也谈到自然界的各种可见的活动，或者谈古代的传统；它们谈道德的范围、界限，谈理性的正确规律，或者下届全国代表大会要做出的一些决定，还常常谈诗歌的各种妙处。我还可以补充一点，这倒不是我虚荣，我的在场还往往给它们提供充分的谈话资料，因为我的主人可以借此机会向它的朋友介绍我和我的祖国的历史。它们都很喜欢谈这个话题，可是对于人类不是很有利，我因此也就不想在此把它们的话复述了。只有一点我想请大家允许我说一下，我的主人似乎对所有国家的"野胡"的本性了解得比我要深刻得多，这是非常令我钦佩的。它把我们的罪恶和蠢事全都抖了出来，其中有许多我却是从来都没有向它提起过，它只是从它们国家的"野胡"来推想：这种品性的"野胡"要是再有几分理性，可能会干出什么样的事来呢？它的结论颇为肯定：这样的动物该是多么的卑鄙而可怜啊！

我坦率地承认，我所有的那一点点有价值的知识，全都是我受主人的教诲以及我听它跟它的朋友们谈话而得来的；我听它们谈话比听欧洲最伟大、最聪明的人在集会上发表演讲还要感到自豪。我钦佩这个国家的居民身强力壮、体态俊美、行动迅捷；这么可爱的马儿，有着灿若群星的种种美德，使我对它们产生了最崇高的敬意。说实在的，起初我也不明白为什么"野胡"和所有别的动物会天然地对它们那么敬畏，可是我后来也一点点对它们产生敬畏了，而且比我想象的还要快得多。除了敬畏，我还对它们充满了敬爱和感激，因为它们对我另眼相看，认为我不同于我的同类。

当我想起我的家人、朋友、同胞或者整个人类的时候，我认为不论从形体还是从性情上看，他们确实是"野胡"，只是略微开化，具有说话的能力罢了。可是他们只利用理性来增长罪恶，而他们在这个国家的"野胡"兄弟们倒只有天生的一些罪恶。有时我碰巧在湖中或者喷泉旁看到自己的影子，恐惧、讨厌得只能把脸别过一边去，觉得自己的样子丑不忍睹，还不如一只普通的"野胡"来得好看。因为我时常跟"慧骃"交谈，望着它们也觉得高兴，渐渐地就开始模仿它们的步态和姿势，现在都已经成了习惯了。朋友们常常毫不客气地对我说，我走起路来像一匹马，我倒认为这是对我的极大的恭维。我也不能不承认，我说起话来往往会模仿"慧骃"的声音和腔调，就是听到别人因此而嘲笑我，也丝毫不觉得丢面子。

我正享受着这种种快乐，想自己就此安居度日，忽然一天早晨，比平时还更早一些，我的主人把我叫了过去。我看到它面有难色，不知道怎么开口对我说它要说的话。短短的一阵沉默过后，它说，听了它的话不知我会有什么感想；上次全国代表大会上谈起"野胡"一事时，代表们都对它家里养着一只"野胡"（指我）很反感，而且养"野胡"不像养"野胡"，倒像对待"慧骃"一样。大家都知道它经常同我交谈，好像它与我在一起能得到什么好处或者乐趣似的。这样的做法是违反理性和自然的，也是它们那里听都没有听说过的。大会因此郑重规劝它，要么像对我的同类一样使用我，要么命令我还是游回我原来的那个地方去。凡是曾经在主人家或者它们自己家见到过我的"慧骃"都极其反对第一种办法；它们认为，我除了那些动物天生的邪恶品性外，还有几分理性，这就让它们担心，我可能会引诱"野胡"们跑到这个国家的森林或者山区，到了夜里再带着它们成群结队地来残害"慧骃"的家畜，因为我们不爱劳动，生性贪婪。

我的主人又说，附近的"慧骃"每天都来催促它遵照执行代表大会的劝告，它也不能再往下拖了。它怀疑我要游到另一个国家去是不可能的，所以希望我能想法做一种像我曾经向它描述过的、可以载着我在海上走的车子；做的过程中，它自己的仆人和邻居家的仆人都可以帮我的忙。

它最后说，就它自己来讲，是很愿意留我下来一辈子给它做事的，因为虽然我本性低贱，却也在尽自己最大的能力努力效仿"慧骃"，并因此改掉了自己身上的一些坏习惯和坏脾气。

这里我得向读者说明一下，这个国家的全国代表大会的法令，用它们的词儿表达出来叫作"赫恩赫娄阿乌恩"，我所能想到的最近似的译法是"郑重劝告"，因为它们不知道怎样强迫理性动物去做什么事，它们只能劝解或者郑重劝告它，没有谁能违反理性，否则就放弃了做理性动物的权利。

听了我主人的话，我一下子悲伤绝望透顶，痛苦得无法自支，就昏倒在了它的脚下。我醒过来之后它对我说，它刚才都断定我已经死了，因为这里的"慧骃"不可能天生那么没有用。我以微弱的声音回答说，真要是死了倒是莫大的幸福。我说虽然我不能怪代表大会提出那样的劝诫，也不能怪它的朋友们来催促它，然而从我浅薄而又错误的判断来看，我想它们对我稍许宽容一点，也还是符合理性的吧。我连一里格都游不到，而离它们这儿最近的陆地可能也要在一百多里格以外的地方。做一只可以把我载走的小小的容器，所需要的许多材料这个国家根本就没有。我断定这事是做不成的，因而觉得自己已经只有死路一条了。尽管如此，为了顺从主人的意见，也为了感激它，我还是想来试一试。我还说，我肯定是不得善终了，可那还是我最小的不幸，因为我万一碰上什么奇遇而成功逃命，就又要跟"野胡"在一起过日子，堕落的故态也会复萌，没有榜样的指引，没有表率使得我永远沿着道德之路前进，想到这些，我心情怎么能够不差呢？我也非常清楚，英明的"慧骃"做出的一切决定都是有实实在在的理由的，不会被我这么一只可怜的"野胡"提出的什么论据动摇。于是，我先是谦恭地向它表示感谢，感谢它主动提出让它的仆人来帮忙造船，同时也请求它给我充分的时间来做这么一件艰巨的工作。然后我对它说，我一定尽力保住自己这一条贱命，万一还能回到英国去，或者还有希望对自己的同类有所用处，我可以歌颂赞美著名的"慧骃"，建议全人类都来学习它们的美德。

我的主人很谦和地答了我几句。它答应给我两个月的时间让我把船造好，同时吩咐那匹栗色小马也就是我的伙计（现在我们相隔这么远，我可以冒昧地这样称呼它了）听我的指挥，因为我对主人说过，有它帮忙也就够了，我知道它对我是很亲切的。

我要做的第一件事就是由它陪着到当初反叛我的那些水手逼我上岸的那一带海岸去。我爬上一处高地，向四面的海上望去。我仿佛看到东北方向有一座小岛。我拿出袖珍望远镜，结果清清楚楚地辨认出大约五里格以外（我估算）还真有一座小岛。可是在栗色小马看来那只是一片蓝色的云，因为它不知道除了它自己的国家外还有别的国家存在，所以也就不能像我们这些人一样可以熟练地辨认出大海远处的东西，我们却是熟谙此道的。

我发现了这座岛之后，就不再考虑别的了。我决定，如果可能的话，那就是我的第一个流放地，结果会怎样就听天由命吧。

回到家里，我和栗色小马商量了一下之后，就一起来到不很远的一处灌木林里；我用小刀，它用一块尖利的燧石（按它们的方法很巧妙地绑在一根木柄上），我们砍了几根大约有手杖粗细的橡树枝，有的还要更大一些。不过我不想烦读者来听我详细描述我是怎么来做那些事的，简而言之，六个星期之后，在栗色小马的帮忙下（最吃苦的那部分活都是它干的），我成功制造了一只印第安式的小船，不过比那种船要大得多。我用自己搓的麻线将一张张"野胡"皮仔细缝到一处把船包起来。我的帆也是用"野胡"皮做成的，不过我找的是最小的"野胡"，老一点的"野胡"皮太粗太厚。我还为自己准备了四把桨。我在船上存放了一些煮熟的兔肉和禽肉，还带了两只容器，一只盛着牛奶，一只装着水。

我在我主人家附近的一个大池塘里试航了一下我的小船，把有毛病的地方改造了一番，再用"野胡"的油脂将每一处缝隙堵死。最后，我见小船已经结结实实，可以装载我和我的货物了。当我尽力将一切准备完毕之后，我就让"野胡"把小船放到一辆车上，在栗色小马和另一名仆人的引导下，由"野胡"慢慢地拖到了海边。

一切准备就绪，行期已到，我向我的主人、主妇和它们全家告别。我的眼里涌出泪水，心情十分沉痛。可是主人出于好奇，或者部分也是出于对我的友好（我这么说也许不是自负吧），决定要去送我上船，还叫了它邻近的几位朋友随它一道前往。为了等潮水上来，我不得不等了一个多钟头，后来见风正巧吹向我打算航行过去的那座小岛，就再次向我的主人告别。可是正当我要伏下身去吻它的蹄子的时候，它却赏脸将蹄子轻轻地举到了我的嘴边。我并不是不知道我因为提到刚才这件事曾受到不少责难；诋毁我的人都认为，那么卓越的一个"慧骃"是不大可能赐如此大的荣耀给我这样的下等动物的。我也没有忘记，有些旅行家很喜欢吹嘘自己曾受到什么特殊的恩典。但是，如果这些责难我的人对"慧骃"那高贵、有礼的性格有更深的了解，他们马上就会改变自己的看法了。

我向陪我的主人前来的其他几个"慧骃"致敬，然后上船，推船离开了岸边。

第十一章

作者的危险航程——他到达新荷兰，打算在那儿定居——被一个当地人用箭射伤——被葡萄牙人所捉，强行带到他们的船上——船长对他的热情招待——作者回到英国。

一七一四年（也许是一七一五年）二月十五日上午九点，我开始了这一次险恶的航行。风很顺，不过开始我只是用桨在那里划，但考虑到这样划下去人很快会疲劳，而风向也可能会改变，我就大胆地扯起了小帆。这样，在海潮的帮助下，我以每小时一里格半的速度行驶着（这是我尽可能的估计）。我的主人和它的朋友一直站在岸上，差不多到看不见我时才离开。我还不时听到那匹栗色小马在喊（它一直是爱我的）："赫奴伊·伊拉·奴哈·玛加赫·野胡！"（"多保重，温顺的野胡！"）

我的打算是，只要有可能，就找那么一座无人居住的小岛，依靠自己的劳动，也足可以为自己提供一切生活的必需品，我想那比在欧洲最文雅的宫廷里做首相大臣还要来得幸福。我一想到要回到那个社会中去受"野胡"们的统治，就非常恐惧。因为如果能像我希望的那样过上隐居的生活，我至少可以自由自在地思考，可以愉快地思考那些无与伦比的"慧骃"的种种美德，不可能再堕入我同类的罪恶和腐化中去。

读者也许还记得，我前面曾叙述过我的那些水手如何谋反，把我囚禁在船舱里，使我一连几个星期不知走的是什么航线，后来又把我押上长舢板将我丢到岸上；水手们还赌咒发誓地说他们也不知道我们到了世界的哪个部分，不知是真是假，尽管这样，我还是偷听到了他们的一些话，猜想他们是在往东南方向行驶，打算航行到马达加斯加去。所以我确信，我们当时是在好望角以南大约十度的地方，也就是在南纬四十五度左右一带。虽然这仅仅是一种推测，可我还是决定向东行驶，希望能到达新荷兰的西南岸，也许在新荷兰的西面可以找到我所期望的某个无人小岛。这时风向正西，到晚上六点钟，我估算我至少已向东行驶了十八里格。这时我看到约半里格外有一座小岛，不一会儿工夫我就到了那里。这岛只是一整块岩石，仅有一个由暴风雨侵袭、冲刷而成的小港湾。我把小船停在这里，爬上一处岩石，从那里我清清楚楚地看到东面有一片陆地由南向北延伸。我在小船里躺了一整夜，第二天一早继续上路。七个小时之后，我到达了新荷兰的东南角。这就证实了我长期以来一贯的一个看法：地图和海图把这个国家的位置标错了，图上的方位至少比该国的实际位置东移了三度。我想我许多年前就跟我的好友赫尔曼·莫尔先生[1]谈过，并且还向他说了我的理由，可是他还是选择了别的作家的意见。

我在登陆的那个地方没有看到什么居民，可是由于没有武器，不敢深入内地。我在海滩上找到了一些蚌蛤，因为怕被当地人发现，不敢生火，就生吃了下去。为了节省自己的食品，我一连三天吃些牡蛎和海蛳。非常幸运，我还找到了一溪极好的淡水，使我大为宽慰。

到了第四天，我壮着胆子往境内走远了一点，发现在离我不到五百码的一个高地上有二三十个当地的土人。他们都一丝不挂，男人、女人和小孩全都围着一堆火，因为我看到有烟。其中一人发现了我，马上告诉了其余的人。五个人向我走了过来，留下女人和小孩还围在火堆边。我拼命向海边跑去，跳上船，划了开去。这些野人见我逃跑，就在我后面追，我还没有划出去多远，他们就放了一支箭，深深地射伤了我的左膝盖（我要带着这个伤疤进坟墓了）。我怕那箭可能有毒，把船划出他们射程以外后（那天风平浪静），赶紧设法用嘴吮吸伤口，并尽量把它包扎好。

这时我不知道怎么办好了，我不敢回到我原先登陆的那个地方。没有办法，只得向北划。风虽然很小，可是从西北方朝我迎面吹来。我正在四下里寻找一个安全的登陆地点，忽然发现正北以东有一艘帆船，并且越来越清楚。我有点犹豫了，要不要等一等他们呢？可是我对"野胡"

---

[1]　赫尔曼·莫尔，十八世纪著名地图绘制者。

一族的憎厌终于还是占了上风，就掉转船头，又是张帆又是划桨向南驶去，重新回到了早上从那儿出发的那个港湾，因为我宁可把自己的命舍给那些野蛮人，也不愿意和欧洲的"野胡"们在一起生活。我把小船紧靠在海岸边，自己则躲到那条小溪旁的一块石头后面，我前面已经说过，那小溪的水是极好的。

那船驶到离小溪不到半里格的地方，它放下一条长舢板带着容器前来取淡水（这地方的水看来很出名）。不过我是到这长舢板快要临近海滩的时候才发现它的，再另找一个藏身的地方已经来不及了。水手们一上岸就看到了我的小船，他们仔仔细细地搜查过后，很容易就猜想到船主人不可能走远。四个全副武装的水手将每一处岩缝和可以藏身的洞穴都搜了一遍，终于在那块石头后面发现我脸朝下在那儿趴着。他们惊讶地盯着我那怪异而粗乱的衣服看了一会儿，我穿着皮外衣、木底鞋、毛皮袜，可是他们断定我并不是当地的土人，因为当地人都是赤身裸体的。其中的一个水手说着葡萄牙语叫我起来，并问我是什么人。葡萄牙语我是很通的，所以我就站起来，说我是一只可怜的"野胡"，被"慧骃"放逐了，希望他们能放我离开。他们听到我用他们的母语回话非常惊奇，从我的面貌看，我肯定是个欧洲人，可他们不明白我说的"野胡"和"慧骃"到底是什么意思。同时，我说起话来怪腔怪调，就像马嘶一样，他们听了不禁大笑起来。我既害怕又厌恶，一直在那儿发抖。我再次请他们放我走，一面慢慢地开始向我的小船走去。可他们把我抓住了，问我是哪一国人，从哪儿来，还问了许多别的问题。我告诉他们我出生在英国，大约五年前就出来了，那时他们国家和我的祖国是和平相处的。我对他们没有敌意，所以希望他们也不要把我当敌人看待。我只是一只可怜的"野胡"，想寻找一处荒无人烟的地方度过自己不幸的残年。

当他们开始说话的时候，我觉得我从来都没有听过或者见到过这么不自然的事情，因为在我看来这就像英国的一条狗、一头母牛或者"慧骃"国的"野胡"会说话那样荒谬可笑。那些诚实的葡萄牙人对我的奇异装束和说话时的怪腔怪调同样也感到很吃惊，不过腔调虽怪，他们听得还是很明白的。他们以十分仁慈友好的态度同我说话，说他们船长肯定会愿意把我免费带到里斯本的，从那儿我就可以回自己的祖国去了。他们又说，两名水手将先回大船去，把他们发现的情况报告船长，再请他下命令；同时他们还要把我强行绑起来，除非我郑重发誓决不逃跑。我想我最好还是依了他们的要求吧。他们都十分好奇，想听听我的故事，可我几乎满足不了他们的愿望，于是他们全都猜想，以为是我的不幸遭遇损害了我的理性。两小时之后，装载淡水回去的小船带着船长的命令又回来了，命令把我带到大船上去。我双膝跪地，求他们放我自由，可一切全是白搭；水手们用绳索将我绑好，扔进了舢板，我被带到了大船上，接着就被带进了船长室。

船长的名字叫彼得罗·德·孟德斯，为人十分殷勤大方。他请我介绍一下自己的情况，又问我想吃点什么，喝点什么。他说我将受到同他一样的待遇，还说了许许多多别的客气话,叫我好生奇怪:一只"野胡"怎么会这样有礼貌呢?尽管如此,我还是一言不发,闷闷不乐。闻到他和他的水手身上的那股气味,我都快要昏过去了。最后我要求从我自己的小船上拿些东西来吃,可他却吩咐人给我弄来了一只鸡和一些美酒,接着又下令把我带到一间十分干净的舱房去睡觉。我不肯脱衣服,就和衣躺在被褥上。过了半个小时,我想水手们正在吃晚饭,就偷偷地溜了出来,跑到船边准备跳进海里泅水逃生。我是再不能和"野胡"在一起过了。但是,我被一名水手拦住了,他报告了船长,我就被他们用链子锁进了舱里。

晚饭之后,彼得罗先生来到我跟前,问我为什么要那样舍命逃走;他向我保证,他只是想尽力帮我的忙;他说得非常感人,所以我最终还是把他当作一个略有几分理性的动物看待了。我向他简单地说了说我航行的经过,说了我手下的人怎么谋反,怎么把我弄到了一个国家的海岸上,以及我在那个国家生活了五年的情形。所有这一切他认为就像是一场梦或者是一种幻想,对此我非常反感,因为我已经差不多忘记怎么说谎了。说谎这种本领是在"野胡"统治的所有国家里"野胡"们所特有的,他们因此对自己同类说的实话也加以怀疑。我问他,他们国家是否有说乌有之事的习惯。我对他说,我差不多已经不明白他所谓的"虚假"是什么意思了,就是我在"慧骃"国住上一千年,也决不会听到最下等的仆人说一个谎,信不信由他,我全不在乎。不过为了报答他的恩情,我尽可以原谅他堕落的本性;他如果有什么反对的意见要提,我都可以回答,以后他自然会发现事实是怎么回事。

船长是位聪明人，他好几次都力图想在我说的故事中找出点差错来，可最终还是开始渐渐地认为我的话是真实可靠的。更何况他自己都承认，他就碰到过一位荷兰船长，声称自己曾和五名水手在新荷兰以南的某个岛或是大陆登陆取淡水时，看到过一匹马赶着几只样子跟我描述的"野胡"一模一样的动物；还有其他一些详细的情况，船长说他都记不起来了，因为他当初以为那一切全都是谎话。不过他又接着说，既然我宣称自己那样绝对地忠于真理，我必须说话算话，答应他决不再起舍命逃跑的念头，跟他一起完成这次航行，否则到里斯本以前，他将一直把我禁闭起来。我答应了他的要求，可同时还是向他申明，我宁可受最大的苦，也不愿意回去同"野胡"们一起生活。

我们一路上没有遇到什么重大事件。为了报答船长的恩情，我有时也接受他的恳求陪他一起坐坐。我竭力掩饰自己对人类的厌恶，可它不时地还会爆发出来，船长倒很有耐心，不去注意就放它过去了。但是一天中的大部分时间我还是躲在自己的舱里不见任何水手。船长几次三番请我把那身野蛮人的衣服脱下来，要把他自己那套最好的衣服借给我。他怎么劝说我都不能接受，因为我讨厌把"野胡"穿过的任何东西穿到自己的身上。我只希望他能借我两件干净的衬衫，我想他穿过之后总要洗的，所以不太会玷污了我的身子。这两件衬衫我每隔一天换一次，并且换下之后都亲自来洗。

一七一五年十一月五日，我们到达了里斯本。上岸时，船长硬要我把他的斗篷穿上，免得一帮乌合之众上来围观我。他把我领到他自己家里，在我的恳切要求下，他带我来到房子后部最高的一个房间。我求他不要对任何人讲起我跟他说过的关于"慧骃"的事，因为只要走漏一点风声，不但会引来许多人看我，说不定我还会有被异教徒审判所监禁或者烧死的危险。船长劝说我接受一身新做的衣服，可是我容不得裁缝给我量尺寸，好在彼得罗先生身材跟我差不多，那衣服穿起来倒还相当合身。他还给我准备了其他一些必需品，全都是新的，我把它们晾晒了二十四个小时后才使用。

船长没有妻子，只有三个用人，我们吃饭时不要他们在一旁侍候。他的一举一动都彬彬有礼，加上又非常善解人意，我倒真的开始愿意让他和我在一起了。他赢得了我极大的好感，我也因此敢从后窗往外张望了。后来渐渐地过了一段时间，我搬到了另一间屋子；我从那儿探头朝大街上望了望，但吓得立即把头缩了回来。一个星期之后，他诱使我来到门口，我发现恐惧已经逐渐减少了，可仇恨和鄙视似乎有了增长。最后我已敢由他陪着到街上去走走，但我总是用芸香（有时也用烟草）把鼻子塞得好好的。

我已经跟彼得罗先生说起过我家里的一些事，所以十天以后他就哄劝我说，为了名誉和良心，我都应该回到祖国去跟老婆孩子一起过。他告诉我，港里有艘英国船就要起航了，我所需要的一切都由他来提供。他说了不少理由，我则提出了反对的意见，可这些说起来太长，没有什么意思。他说，找那么一座我理想中的孤岛定居下来是根本不可能的，但我在自己家里可以自己做主，想怎么隐居就怎么隐居。

我发现也没有什么更好的办法，最后还是依了他。十一月二十四日，我乘一艘英国商船离开了里斯本，可船长是谁我从来也没有打听过。彼得罗先生送我上了船，又借给我二十英镑。他与我亲切告别，分手时还拥抱了我，我只好尽量忍着。在最后一段航程中，我和船长、船员都根本不来往，我只推说自己身体有病，一步不离自己的船舱。一七一五年十二月五日上午九点钟左右，我们在唐斯抛锚。下午三点，我平安地回到瑞德里夫我自己的家中。

我的妻子和家人见到我是又惊又喜，因为他们都断定我早就死了。但是我必须坦率地承认，见到他们我心中只充满了仇恨、厌恶和鄙视，而一想到我同他们的密切关系，就更强烈了。因为虽然我不幸从"慧骃"国里被放逐了出来，强忍着同"野胡"们见面，同彼得罗·德·孟德斯先生说话，可我记忆里、想象中还都时时刻刻一直被那些崇高的"慧骃"的美德和思想满满地占据着。而且当我想到自己曾和一只"野胡"交媾过，从而成了几只"野胡"的父亲，心中感到莫大的耻辱、惶惑和恐惧。

我一进家妻子就拥抱我、吻我。多少年不习惯碰这种可厌的动物了，所以她这么一来，我立即就晕了过去，差不多一个小时后才醒过来。现在写这部书的时候，我回英国已经五年了。第一年当中，我都不准我妻子和孩子到我跟前来，他们身上的气味我受不了，更不要说让他们同我在一个房间里吃饭了。时至今日，他们还是不敢碰一碰我的面包，或者用我的杯子喝水，我也从来不让他们任何一个牵我的手。我花的第一笔钱是买了两匹小马，我把它们养在一个很好的马厩里。小马之外，马夫就是我最宠爱的人了；他在马厩里沾染到的那种气味我闻到就来精神。我的马颇能理解我，我每天至少要同它们说上四个小时。它们从不戴辔头和马鞍。我同它们和睦相处，它俩之间也很友爱。

第十二章

作者记事真实可靠——他出版本书的计划——他谴责那些歪曲事实的旅行家——作者表明自己写作并无任何险恶目的——有人反对，作者答辩——开拓殖民地的方法——作者赞美祖国——他认为国王有权占领他描述的那几个国家——征服那些国家的难处——作者向读者做最后告别；谈到他将来的生活方式；提出忠告；游记结束。

好心的读者，我这里已经把我十六年又七个多月来旅行的历史老老实实地对你们说了。我没有刻意讲究文采，注重的只是事实。我也许也可以像别的人那样说一些荒诞不经的故事来使你们大吃一惊，可是我还是愿意用最简朴的方式和文体叙述一些平凡的事实，因为我主要的目的是向你们报道，而不是给你们取乐。

英国人或者欧洲其他国家的人是很难得到一些遥远的国家去旅行的，像我们这种去过那些地方的人，要来写点什么海上陆上的奇异动物那是很容易的。但是，一个旅行家的主要目的应当是使人变得更聪明、更好，应当用异国他乡的正反两方面的事例来提升人们的思想。

我衷心希望能制定一项法律，即每一位旅行家必须向大法官宣誓，保证他想要发表的东西都绝对是真实的，然后才准许他出版自己的游记，这样世人就不会像平常那样受到欺骗了。有些作家为了使自己的作品博得大众的欢心，硬是撒一些弥天大谎来蒙骗缺乏警惕的读者。我年轻的时候也曾以极大的兴趣仔细阅读过几本游记，但自从我走遍地球上的大部分地区，并且能够根据自己的观察反驳那许多不符合事实的叙述以后，我对这一部分读物就十分厌恶了，同时对人类那么轻易地就相信了这些东西也感到有些生气。所以，既然熟识我的人都认为我辛辛苦苦写出来的这本书还可以为国内所接受，我就坚决要求自己永远恪守一条准则：严格遵守事实。实际上我也永远不会受任何诱惑偏离事实，因为我心中一直牢记着我那高贵的主人和其他优秀的"慧骃"的教诲和榜样；我曾有幸在那么长的时间里聆听它们的教导。

"……虽然厄运使西农落难，却不能强使他诳语欺人。"[1]

我非常清楚，写这类作品既不需要天才也不需要学问，只要记忆力强、记录精确，用不着别的能力，写出来也享不了什么大名。我也知道，游记作家也像编字典的人一样，将来一定是湮没无闻，因为后来者居上，以后的人不论在

---

[1]　引自维吉尔《埃涅阿斯记》第二卷第七九至八〇行。

分量和篇幅上都会超过他们。如果那些读了我这部作品的旅行家日后去我描述过的那些国家游历，就会发现我的错误（如果有错误的话），还会增添不少他们自己的新发现，这样就会把我挤出流行作家的圈子，自己取而代之，使世人忘记我曾经也是个作家。这样的事是极有可能发生的。如果我写作是为了求名，这确实是莫大的屈辱；然而我著书的唯一目的是为了大众的利益，这样我根本不会感到失望。因为既然自认为是统治本国的理性动物，谁读到我提到的那些光荣的"慧骃"的种种美德，不会为自己的罪恶感到羞耻呢？关于由"野胡"统治的那些遥远的国家我什么也不想说了；在那些国家当中，布罗卜丁奈格人腐败的程度最轻，所以他们在道德和统治方面的英明准则应该是我们所乐于遵从的。可是我不想再往下说了，怎么评价怎么做，都留给贤明的读者自己去想吧。

我非常高兴我的这部作品可能不会受到什么责难。一个作家，他只叙述发生在那么遥远的国度里的一些平凡的事实，我们既没有半点兴趣同这些国家做生意，又不想同它们谈判，对于这样的一个作家，还有什么可反对的呢？我曾十分谨慎地避免了一般游记作家的每一个毛病，他们因为这些毛病常常受到指责也是罪有应得。另外，我对任何政党的事都不插手。我写作不动怒，不带偏见，对任何人或者任何团体的人都没有敌意。我写作的目的是最高尚的，只想给人类传递见闻，教育人类。我倒并不是不谦虚，我自以为比一般的人可能要略高一筹，因为我曾那么长时间地同最有德行的"慧骃"在一起交谈，我自有优势。我写作既不为名也不为利。我从来都不肯用一个让人感觉到像在责难别人的词儿，即使对那些最爱认为自己是受了指责的人，我也尽可能不去得罪他们。因此，我希望我能够公正合理地表明自己是个绝对无可指责的作家，任何抗辩家、思想家、观察家、沉思家、挑毛病专家、评论家对我都永远无计可施。

我承认，有人曾悄悄地跟我说，作为一个英国的臣民，我有义务一回来就向国务大臣递交一份报告，因为一个英国臣民发现的任何土地都是属于国王的。但是，我怀疑如果我们要去征服我说到的那些国家，是不是会像弗迪南多·科尔特斯[①]征服赤身裸体的美洲人那么容易。利立浦特人，我想征服他们所得的好处几乎都抵不上派遣一支海陆军队的消耗；我又怀疑对布罗卜丁奈格人有所企图是否慎重或安全；而英国军队的头顶上浮着那么一座飞岛他们会不会感到很自在。"慧骃"看来倒真的对战争没有什么准备，它们对战争这门科学，尤其是对大规模的武器完全是外行。尽管如此，假如我是国务大臣，是决不会主张去侵犯它们的。它们审慎、团结、无畏、爱国，足可弥补它们在军事方面所有的缺陷。想想看，两万"慧骃"冲进一支欧洲的军队，冲乱队伍，掀翻车辆，用后蹄将士兵的脸踢得稀烂，因为它们完全担当得起奥古斯都的性格：Recalcitrat undique tutus[②]。但是我不会主张去征服那样一个高尚的民族，我倒希望它们能够或者

---

① 弗迪南多·科尔特斯（1485—1547），西班牙冒险家、殖民者。
② 拉丁文："他只朝后面踢，却四面都安全。"见贺拉斯《讽刺诗》第二卷第一首第二〇行。

愿意派遣足够数量的"慧骃"来教化欧洲人，教我们学习关于荣誉、正义、真理、节制、公德、刚毅、贞洁、友谊、仁慈和忠诚等基本原则。在我们的大多数语言中还保留着这一切美德的名词，在古今作家的作品中也还能碰见这些名词；我自己虽然读书不多，这些名词倒还能说得出来。

但是我还有一个理由不那么赞同国王陛下要用我发现的地方来扩张其领土。说老实话，对于分派君主去那些地方统治的合法性，我已经有些顾虑了。比方说吧，一群海盗被风暴刮到了一个不知名的地方，最后一名水手爬上主桅发现了陆地，于是他们就登陆掠抢。他们遇到一个于人无害的民族，还受到友好招待；可是他们却给这个国家起了一个新国名，为国王把它给正式地占领了下来，再竖上一块烂木板或者石头当纪念碑。他们杀害二三十个当地人，再掳走几个做样品，回到家里就被赦免了。一片新的领土就这样被开辟出来了，名义上它的获得还是神圣的。国王立刻派船前往那地方，把当地人赶尽杀绝。为了搜刮当地人的黄金，他们的君主受尽折磨。国王还对一切惨无人道、贪欲放荡的行为大开绿灯，于是整个大地遍染当地居民的鲜血。这一帮如此效命冒险远征的该死的屠夫，也就是被派去改造并开化那些盲目崇拜偶像的野蛮民族的现代殖民者。

但是我坦率地说，这一段描述跟英国民族毫无关系。英国人在开辟殖民地方面所表现出的智慧、关心和正义可以做全世界的楷模。他们在促进宗教和学术方面具有充分的才能；他们选派虔诚、能干的教士传布基督教义；他们谨慎小心地从本王国挑选出生活正派、谈吐清楚的人移居各地；他们派出最能干、最廉洁的官员到各殖民地管理行政，严守正义；更令人高兴的是，他们派出去的总督都是些最警醒、最有德行的人，一心一意只考虑到治下人民的幸福和他们国王主子的荣誉。

但是，我描述过的那几个国家似乎都不愿意被殖民者征服、奴役或者赶尽杀绝，他们那里也不盛产黄金、白银、食糖和烟草，所以在下以为，他们并不是我们表现热情、发挥勇武或者捞点好处的合适的对象。然而，如果那些和这事更有利害关系的人觉得应该持与我不同的意见，那么我在依法被召见的时候就准备宣誓做证：在我之前还从未有什么欧洲人到过那几个国家。我的意思是说，如果我们相信当地居民的话，事情是不会有什么争议的，除非是关于那两只据说是许多年前出现在"慧骃"国一座山上的"野胡"可能会引起争议。根据那种意见，"野胡"种就是它俩的后裔，而据我所知，那两只"野胡"可能就是英国人。这一点，说实话，从它们后代面容的每一点来看，我是有点怀疑的（尽管这十分有损我们的脸面），但这是否就构成我们占据那地方的理由，我只有留给精通殖民法的人去考虑了。

但至于以国王陛下的名义正式占领那几个地方，我却是从来都不曾想到过，而即使有过那种想法，就我当时的情形来看，为了慎重和自我保护起见，我也许还是等以后有更好的机会再说。

作为一个旅行家，我可能受到的责难也许只有这一个了，而我现在已经做了答辩。在此我谨向我的每一位敬爱的读者最后告别。我要回到瑞德里夫我的小花园中去享受自己静思默想的快乐，去实践我从"慧骃"那儿学来的那些优秀的道德课程，去教导我自己家里的那几只"野胡"，直到把它们都培养成驯良的动物。我要常常照镜子看看自己的形象，如果可能的话，想这样慢慢养成习惯，到以后看到人类不至于忍受不了。我很惋惜我国的"慧骃"的表现，可是看在我那高贵的主人、它的家人、朋友以及全体"慧骃"的面上，我对它们一直还是很尊敬的。我们的"慧骃"每一处轮廓都有幸同"慧骃"国的"慧骃"一样，可是它们的智力却渐渐地退化了。

从上星期开始，我已经准许我妻子与我同桌吃饭了，我让她坐在一张长桌子离我最远的一头，也让她回答我提的几个问题（不过只让她极简单地回答）。可是"野胡"的气味还是非常难闻，我总是用芸香、薰衣草或者烟草将鼻子塞得好好的。老年人虽然旧习难改，可我也不是全无指望，一段时间之后，总可以受得了让邻居的"野胡"与我相聚，而不会像现在这样要担心他用牙齿或爪子来伤我。

如果一般的"野胡"种还能满足于它们那些天生的罪恶和愚蠢，我同它们和睦相处可能还不是很困难。我见到律师、扒手、上校、傻子、老爷、赌棍、政客、嫖客、医生、证人、教唆犯、讼棍、卖国贼等等一点都不动气，这都是很自然的事情。但是当我看到一个丑陋的笨蛋，身上心里都有病，却还骄傲不堪，我所有的耐心一下子全都没了。我怎么也弄不明白这样一种动物怎么会和这么一种罪恶搅和到一起。聪明而有德行的"慧骃"富于理性动物所能有的一切优点，而在它们的语言中却没有表达这种罪恶概念的名词。它们的语言中，除了那些用来描述"野胡"的可恶品性的名词外，没有任何可以表达罪恶的术语。它们因为对人性缺乏透彻的了解，所以在"野胡"身上还辨认不出有这种骄傲的罪恶，可在"野胡"这种动物统治的别的国家里，骄傲一恶是显而易见的。我可是经验要足一些，所以能够清清楚楚地在"野胡"的身上看到几分骄傲的本性。

但是，在理性支配下生活着的"慧骃"却不会因自己具有那些优点而感到骄傲，就像我并不会因为自己没有少一条腿或者一条胳膊而感到骄傲一样；虽说缺胳膊少腿人肯定会痛苦，但头脑正常的人也决不会因为自己四肢齐全就吹嘘起来。这个问题我谈得多了些，为的是想尽一切办法使英国的"野胡"们不至于叫人不能忍受，所以我在这儿请求那些沾染上这种荒谬罪恶的人，不要随便走到我的眼前来。

图书在版编目（CIP）数据

格列佛游记：汉英对照 ／（英）乔纳森·斯威夫特
（Jonathan Swift）著；杨昊成译. —南京：译林出版
社，2023.7
（双语经典）
书名原文：Gulliver's Travels
ISBN 978-7-5447-9630-9

I.①格… II.①乔… ②杨… III.①英语－汉语－
对照读物 ②长篇小说－英国－近代 IV.① H319.4：I

中国国家版本馆 CIP 数据核字（2023）第 048996 号

格列佛游记 〔英国〕乔纳森·斯威夫特 ／ 著 杨昊成 ／ 译

责任编辑 赵丽娟
特约编辑 张艳华
装帧设计 鹏飞艺术
校 对 刘文硕
责任印制 贺 伟

出版发行 译林出版社
地 址 南京市湖南路 1 号 A 楼
邮 箱 yilin@yilin.com
网 址 www.yilin.com
市场热线 010-85376701
排 版 鹏飞艺术
印 刷 三河市中晟雅豪印务有限公司
开 本 889 毫米 ×1194 毫米 1/32
印 张 24.5
版 次 2023 年 7 月第 1 版
印 次 2023 年 7 月第 1 次印刷
书 号 ISBN 978-7-5447-9630-9
定 价 79.80元